权威·前沿·原创

皮书系列为
"十二五""十三五"国家重点图书出版规划项目

皮书系列

2018年

智库成果出版与传播平台

社会科学文献出版社
SOCIAL SCIENCES ACADEMIC PRESS (CHINA)

社长致辞

蓦然回首,皮书的专业化历程已经走过了二十年。20年来从一个出版社的学术产品名称到媒体热词再到智库成果研创及传播平台,皮书以专业化为主线,进行了系列化、市场化、品牌化、数字化、国际化、平台化的运作,实现了跨越式的发展。特别是在党的十八大以后,以习近平总书记为核心的党中央高度重视新型智库建设,皮书也迎来了长足的发展,总品种达到600余种,经过专业评审机制、淘汰机制遴选,目前,每年稳定出版近400个品种。"皮书"已经成为中国新型智库建设的抓手,成为国际国内社会各界快速、便捷地了解真实中国的最佳窗口。

20年孜孜以求,"皮书"始终将自己的研究视野与经济社会发展中的前沿热点问题紧密相连。600个研究领域,3万多位分布于800余个研究机构的专家学者参与了研创写作。皮书数据库中共收录了15万篇专业报告,50余万张数据图表,合计30亿字,每年报告下载量近80万次。皮书为中国学术与社会发展实践的结合提供了一个激荡智力、传播思想的入口,皮书作者们用学术的话语、客观翔实的数据谱写出了中国故事壮丽的篇章。

20年跬步千里,"皮书"始终将自己的发展与时代赋予的使命与责任紧紧相连。每年百余场新闻发布会,10万余次中外媒体报道,中、英、俄、日、韩等12个语种共同出版。皮书所具有的凝聚力正在形成一种无形的力量,吸引着社会各界关注中国的发展,参与中国的发展,它是我们向世界传递中国声音、总结中国经验、争取中国国际话语权最主要的平台。

皮书这一系列成就的取得,得益于中国改革开放的伟大时代,离不开来自中国社会科学院、新闻出版广电总局、全国哲学社会科学规划办公室等主管部门的大力支持和帮助,也离不开皮书研创者和出版者的共同努力。他们与皮书的故事创造了皮书的历史,他们对皮书的拳拳之心将继续谱写皮书的未来!

现在,"皮书"品牌已经进入了快速成长的青壮年时期。全方位进行规范化管理,树立中国的学术出版标准;不断提升皮书的内容质量和影响力,搭建起中国智库产品和智库建设的交流服务平台和国际传播平台;发布各类皮书指数,并使之成为中国指数,让中国智库的声音响彻世界舞台,为人类的发展做出中国的贡献——这是皮书未来发展的图景。作为"皮书"这个概念的提出者,"皮书"从一般图书到系列图书和品牌图书,最终成为智库研究和社会科学应用对策研究的知识服务和成果推广平台这整个过程的操盘者,我相信,这也是每一位皮书人执着追求的目标。

"当代中国正经历着我国历史上最为广泛而深刻的社会变革,也正在进行着人类历史上最为宏大而独特的实践创新。这种前无古人的伟大实践,必将给理论创造、学术繁荣提供强大动力和广阔空间。"

在这个需要思想而且一定能够产生思想的时代,皮书的研创出版一定能创造出新的更大的辉煌!

社会科学文献出版社社长
中国社会学会秘书长

2017年11月

社会科学文献出版社简介

社会科学文献出版社(以下简称"社科文献出版社")成立于1985年,是直属于中国社会科学院的人文社会科学学术出版机构。成立至今,社科文献出版社始终依托中国社会科学院和国内外人文社会科学界丰厚的学术出版和专家学者资源,坚持"创社科经典,出传世文献"的出版理念、"权威、前沿、原创"的产品定位以及学术成果和智库成果出版的专业化、数字化、国际化、市场化的经营道路。

社科文献出版社是中国新闻出版业转型与文化体制改革的先行者。积极探索文化体制改革的先进方向和现代企业经营决策机制,社科文献出版社先后荣获"全国文化体制改革工作先进单位"、中国出版政府奖·先进出版单位奖,中国社会科学院先进集体、全国科普工作先进集体等荣誉称号。多人次荣获"第十届韬奋出版奖""全国新闻出版行业领军人才""数字出版先进人物""北京市新闻出版广电行业领军人才"等称号。

社科文献出版社是中国人文社会科学学术出版的大社名社,也是以皮书为代表的智库成果出版的专业强社。年出版图书2000余种,其中皮书400余种,出版新书字数5.5亿字,承印与发行中国社科院院属期刊72种,先后创立了皮书系列、列国志、中国史话、社科文献学术译库、社科文献学术文库、甲骨文书系等一大批既有学术影响又有市场价值的品牌,确立了在社会学、近代史、苏东问题研究等专业学科及领域出版的领先地位。图书多次荣获中国出版政府奖、"三个一百"原创图书出版工程、"五个'一'工程奖"、"大众喜爱的50种图书"等奖项,在中央国家机关"强素质·做表率"读书活动中,入选图书品种数位居各大出版社之首。

社科文献出版社是中国学术出版规范与标准的倡议者与制定者,代表全国50多家出版社发起实施学术著作出版规范的倡议,承担学术著作规范国家标准的起草工作,率先编撰完成《皮书手册》对皮书品牌进行规范化管理,并在此基础上推出中国版芝加哥手册——《社科文献出版社学术出版手册》。

社科文献出版社是中国数字出版的引领者,拥有皮书数据库、列国志数据库、"一带一路"数据库、减贫数据库、集刊数据库等4大产品线11个数据库产品,机构用户达1300余家,海外用户百余家,荣获"数字出版转型示范单位""新闻出版标准化先进单位""专业数字内容资源知识服务模式试点企业标准化示范单位"等称号。

社科文献出版社是中国学术出版走出去的践行者。社科文献出版社海外图书出版与学术合作业务遍及全球40余个国家和地区,并于2016年成立俄罗斯分社,累计输出图书500余种,涉及近20个语种,累计获得国家社科基金中华学术外译项目资助76种、"丝路书香工程"项目资助60种、中国图书对外推广计划项目资助71种以及经典中国国际出版工程资助28种,被五部委联合认定为"2015-2016年度国家文化出口重点企业"。

如今,社科文献出版社完全靠自身积累拥有固定资产3.6亿元,年收入3亿元,设置了七大出版分社、六大专业部门,成立了皮书研究院和博士后科研工作站,培养了一支近400人的高素质与高效率的编辑、出版、营销和国际推广队伍,为未来成为学术出版的大社、名社、强社,成为文化体制改革与文化企业转型发展的排头兵奠定了坚实的基础。

宏观经济类

经济蓝皮书
2018年中国经济形势分析与预测
李平 / 主编　2017年12月出版　定价：89.00元

◆ 本书为总理基金项目，由著名经济学家李扬领衔，联合中国社会科学院等数十家科研机构、国家部委和高等院校的专家共同撰写，系统分析了2017年的中国经济形势并预测2018年中国经济运行情况。

城市蓝皮书
中国城市发展报告 No.11
潘家华　单菁菁 / 主编　2018年9月出版　估价：99.00元

◆ 本书是由中国社会科学院城市发展与环境研究中心编著的，多角度、全方位地立体展示了中国城市的发展状况，并对中国城市的未来发展提出了许多建议。该书有强烈的时代感，对中国城市发展实践有重要的参考价值。

人口与劳动绿皮书
中国人口与劳动问题报告 No.19
张车伟 / 主编　2018年10月出版　估价：99.00元

◆ 本书为中国社会科学院人口与劳动经济研究所主编的年度报告，对当前中国人口与劳动形势做了比较全面和系统的深入讨论，为研究中国人口与劳动问题提供了一个专业性的视角。

皮书系列 重点推荐　　宏观经济类·区域经济类

中国省域竞争力蓝皮书
中国省域经济综合竞争力发展报告（2017～2018）

李建平　李闽榕　高燕京 / 主编　2018年5月出版　估价：198.00元

◆ 本书融多学科的理论为一体，深入追踪研究了省域经济发展与中国国家竞争力的内在关系，为提升中国省域经济综合竞争力提供有价值的决策依据。

金融蓝皮书
中国金融发展报告（2018）

王国刚 / 主编　2018年2月出版　估价：99.00元

◆ 本书由中国社会科学院金融研究所组织编写，概括和分析了2017年中国金融发展和运行中的各方面情况，研讨和评论了2017年发生的主要金融事件，有利于读者了解掌握2017年中国的金融状况，把握2018年中国金融的走势。

区域经济类

京津冀蓝皮书
京津冀发展报告（2018）

祝合良　叶堂林　张贵祥 / 等著　2018年6月出版　估价：99.00元

◆ 本书遵循问题导向与目标导向相结合、统计数据分析与大数据分析相结合、纵向分析和长期监测与结构分析和综合监测相结合等原则，对京津冀协同发展新形势与新进展进行测度与评价。

皮书系列
重点推荐

社会政法类

社会政法类

社会蓝皮书

2018年中国社会形势分析与预测

李培林　陈光金　张翼/主编　2017年12月出版　定价：89.00元

◆ 本书由中国社会科学院社会学研究所组织研究机构专家、高校学者和政府研究人员撰写，聚焦当下社会热点，对2017年中国社会发展的各个方面内容进行了权威解读，同时对2018年社会形势发展趋势进行了预测。

法治蓝皮书

中国法治发展报告 No.16（2018）

李林　田禾/主编　2018年3月出版　估价：118.00元

◆ 本年度法治蓝皮书回顾总结了2017年度中国法治发展取得的成就和存在的不足，对中国政府、司法、检务透明度进行了跟踪调研，并对2018年中国法治发展形势进行了预测和展望。

教育蓝皮书

中国教育发展报告（2018）

杨东平/主编　2018年4月出版　估价：99.00元

◆ 本书重点关注了2017年教育领域的热点，资料翔实，分析有据，既有专题研究，又有实践案例，从多角度对2017年教育改革和实践进行了分析和研究。

社会政法类

社会体制蓝皮书
中国社会体制改革报告 No.6（2018）

龚维斌 / 主编　2018 年 3 月出版　估价：99.00 元

◆ 本书由国家行政学院社会治理研究中心和北京师范大学中国社会管理研究院共同组织编写，主要对 2017 年社会体制改革情况进行回顾和总结，对 2018 年的改革走向进行分析，提出相关政策建议。

社会心态蓝皮书
中国社会心态研究报告（2018）

王俊秀　杨宜音 / 主编　2018 年 12 月出版　估价：99.00 元

◆ 本书是中国社会科学院社会学研究所社会心理研究中心"社会心态蓝皮书课题组"的年度研究成果，运用社会心理学、社会学、经济学、传播学等多种学科的方法进行了调查和研究，对于目前中国社会心态状况有较广泛和深入的揭示。

华侨华人蓝皮书
华侨华人研究报告（2018）

贾益民 / 主编　2018 年 1 月出版　估价：139.00 元

◆ 本书关注华侨华人生产与生活的方方面面。华侨华人是中国建设 21 世纪海上丝绸之路的重要中介者、推动者和参与者。本书旨在全面调研华侨华人，提供最新涉侨动态、理论研究成果和政策建议。

民族发展蓝皮书
中国民族发展报告（2018）

王延中 / 主编　2018 年 10 月出版　估价：188.00 元

◆ 本书从民族学人类学视角，研究近年来少数民族和民族地区的发展情况，展示民族地区经济、政治、文化、社会和生态文明"五位一体"建设取得的辉煌成就和面临的困难挑战，为深刻理解中央民族工作会议精神、加快民族地区全面建成小康社会进程提供了实证材料。

皮书系列
重点推荐

产业经济类 · 行业及其他类

产业经济类

房地产蓝皮书
中国房地产发展报告 No.15（2018）

李春华 王业强 / 主编　2018年5月出版　估价：99.00元

◆ 2018年《房地产蓝皮书》持续追踪中国房地产市场最新动态，深度剖析市场热点，展望2018年发展趋势，积极谋划应对策略。对2017年房地产市场的发展态势进行全面、综合的分析。

新能源汽车蓝皮书
中国新能源汽车产业发展报告（2018）

中国汽车技术研究中心　日产（中国）投资有限公司

东风汽车有限公司 / 编著　2018年8月出版　估价：99.00元

◆ 本书对中国2017年新能源汽车产业发展进行了全面系统的分析，并介绍了国外的发展经验。有助于相关机构、行业和社会公众等了解中国新能源汽车产业发展的最新动态，为政府部门出台新能源汽车产业相关政策法规、企业制定相关战略规划，提供必要的借鉴和参考。

行业及其他类

旅游绿皮书
2017~2018年中国旅游发展分析与预测

中国社会科学院旅游研究中心 / 编　2018年2月出版　估价：99.00元

◆ 本书从政策、产业、市场、社会等多个角度勾画出2017年中国旅游发展全貌，剖析了其中的热点和核心问题，并就未来发展作出预测。

行业及其他类

民营医院蓝皮书
中国民营医院发展报告（2018）

薛晓林 / 主编　2018年1月出版　估价：99.00元

◆ 本书在梳理国家对社会办医的各种利好政策的前提下，对我国民营医疗发展现状、我国民营医院竞争力进行了分析，并结合我国医疗体制改革对民营医院的发展趋势、发展策略、战略规划等方面进行了预估。

会展蓝皮书
中外会展业动态评估研究报告（2018）

张敏 / 主编　2018年12月出版　估价：99.00元

◆ 本书回顾了2017年的会展业发展动态，结合"供给侧改革"、"互联网+"、"绿色经济"的新形势分析了我国展会的行业现状，并介绍了国外的发展经验，有助于行业和社会了解最新的展会业动态。

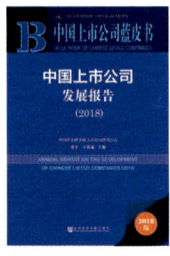

中国上市公司蓝皮书
中国上市公司发展报告（2018）

张平　王宏淼 / 主编　2018年9月出版　估价：99.00元

◆ 本书由中国社会科学院上市公司研究中心组织编写的，着力于全面、真实、客观反映当前中国上市公司财务状况和价值评估的综合性年度报告。本书详尽分析了2017年中国上市公司情况，特别是现实中暴露出的制度性、基础性问题，并对资本市场改革进行了探讨。

工业和信息化蓝皮书
人工智能发展报告（2017~2018）

尹丽波 / 主编　2018年6月出版　估价：99.00元

◆ 本书国家工业信息安全发展研究中心在对2017年全球人工智能技术和产业进行全面跟踪研究基础上形成的研究报告。该报告内容翔实、视角独特，具有较强的产业发展前瞻性和预测性，可为相关主管部门、行业协会、企业等全面了解人工智能发展形势以及进行科学决策提供参考。

国际问题与全球治理类

世界经济黄皮书
2018年世界经济形势分析与预测

张宇燕 / 主编　2018年1月出版　估价：99.00元

◆ 本书由中国社会科学院世界经济与政治研究所的研究团队撰写，分总论、国别与地区、专题、热点、世界经济统计与预测等五个部分，对2018年世界经济形势进行了分析。

国际城市蓝皮书
国际城市发展报告（2018）

屠启宇 / 主编　2018年2月出版　估价：99.00元

◆ 本书作者以上海社会科学院从事国际城市研究的学者团队为核心，汇集同济大学、华东师范大学、复旦大学、上海交通大学、南京大学、浙江大学相关城市研究专业学者。立足动态跟踪介绍国际城市发展时间中，最新出现的重大战略、重大理念、重大项目、重大报告和最佳案例。

非洲黄皮书
非洲发展报告 No.20（2017～2018）

张宏明 / 主编　2018年7月出版　估价：99.00元

◆ 本书是由中国社会科学院西亚非洲研究所组织编撰的非洲形势年度报告，比较全面、系统地分析了2017年非洲政治形势和热点问题，探讨了非洲经济形势和市场走向，剖析了大国对非洲关系的新动向；此外，还介绍了国内非洲研究的新成果。

国别类

美国蓝皮书
美国研究报告（2018）

郑秉文　黄平 / 主编　2018 年 5 月出版　估价：99.00 元

◆ 本书是由中国社会科学院美国研究所主持完成的研究成果，它回顾了美国 2017 年的经济、政治形势与外交战略，对美国内政外交发生的重大事件及重要政策进行了较为全面的回顾和梳理。

德国蓝皮书
德国发展报告（2018）

郑春荣 / 主编　2018 年 6 月出版　估价：99.00 元

◆ 本报告由同济大学德国研究所组织编撰，由该领域的专家学者对德国的政治、经济、社会文化、外交等方面的形势发展情况，进行全面的阐述与分析。

俄罗斯黄皮书
俄罗斯发展报告（2018）

李永全 / 编著　2018 年 6 月出版　估价：99.00 元

◆ 本书系统介绍了 2017 年俄罗斯经济政治情况，并对 2016 年该地区发生的焦点、热点问题进行了分析与回顾；在此基础上，对该地区 2018 年的发展前景进行了预测。

 文化传媒类

文化传媒类

新媒体蓝皮书
中国新媒体发展报告 No.9（2018）

唐绪军 / 主编　2018 年 6 月出版　估价：99.00 元

◆ 本书是由中国社会科学院新闻与传播研究所组织编写的关于新媒体发展的最新年度报告，旨在全面分析中国新媒体的发展现状，解读新媒体的发展趋势，探析新媒体的深刻影响。

移动互联网蓝皮书
中国移动互联网发展报告（2018）

余清楚 / 主编　2018 年 6 月出版　估价：99.00 元

◆ 本书着眼于对 2017 年度中国移动互联网的发展情况做深入解析，对未来发展趋势进行预测，力求从不同视角、不同层面全面剖析中国移动互联网发展的现状、年度突破及热点趋势等。

文化蓝皮书
中国文化消费需求景气评价报告（2018）

王亚南 / 主编　2018 年 2 月出版　估价：99.00 元

◆ 本书首创全国文化发展量化检测评价体系，也是至今全国唯一的文化民生量化检测评价体系，对于检验全国及各地"以人民为中心"的文化发展具有首创意义。

地方发展类

北京蓝皮书
北京经济发展报告（2017～2018）
杨松/主编　2018年6月出版　估价：99.00元

◆ 本书对2017年北京市经济发展的整体形势进行了系统性的分析与回顾，并对2018年经济形势走势进行了预测与研判，聚焦北京市经济社会发展中的全局性、战略性和关键领域的重点问题，运用定量和定性分析相结合的方法，对北京市经济社会发展的现状、问题、成因进行了深入分析，提出了可操作性的对策建议。

温州蓝皮书
2018年温州经济社会形势分析与预测
蒋儒标　王春光　金浩/主编　2018年4月出版　估价：99.00元

◆ 本书是中共温州市委党校和中国社会科学院社会学研究所合作推出的第十一本温州蓝皮书，由来自党校、政府部门、科研机构、高校的专家、学者共同撰写的2017年温州区域发展形势的最新研究成果。

黑龙江蓝皮书
黑龙江社会发展报告（2018）
王爱丽/主编　2018年6月出版　估价：99.00元

◆ 本书以千份随机抽样问卷调查和专题研究为依据，运用社会学理论框架和分析方法，从专家和学者的独特视角，对2017年黑龙江省关系民生的问题进行广泛的调研与分析，并对2017年黑龙江省诸多社会热点和焦点问题进行了有益的探索。这些研究不仅可以为政府部门更加全面深入了解省情、科学制定决策提供智力支持，同时也可以为广大读者认识、了解、关注黑龙江社会发展提供理性思考。

宏观经济类

皮书系列 2018全品种

宏观经济类

城市蓝皮书
中国城市发展报告（No.11）
著(编)者：潘家华 单菁菁
2018年9月出版 / 估价：99.00元
PSN B-2007-091-1/1

城乡一体化蓝皮书
中国城乡一体化发展报告（2018）
著(编)者：付崇兰
2018年9月出版 / 估价：99.00元
PSN B-2011-226-1/2

城镇化蓝皮书
中国新型城镇化健康发展报告（2018）
著(编)者：张占斌
2018年8月出版 / 估价：99.00元
PSN B-2014-396-1/1

创新蓝皮书
创新型国家建设报告（2018~2019）
著(编)者：詹正茂
2018年12月出版 / 估价：99.00元
PSN B-2009-140-1/1

低碳发展蓝皮书
中国低碳发展报告（2018）
著(编)者：张希良 齐晔
2018年6月出版 / 估价：99.00元
PSN B-2011-223-1/1

低碳经济蓝皮书
中国低碳经济发展报告（2018）
著(编)者：薛进军 赵忠秀
2018年11月出版 / 估价：99.00元
PSN B-2011-194-1/1

发展和改革蓝皮书
中国经济发展和体制改革报告No.9
著(编)者：邹东涛 王再文
2018年1月出版 / 估价：99.00元
PSN B-2008-122-1/1

国家创新蓝皮书
中国创新发展报告（2017）
著(编)者：陈劲 2018年3月出版 / 估价：99.00元
PSN B-2014-370-1/1

金融蓝皮书
中国金融发展报告（2018）
著(编)者：王国刚
2018年2月出版 / 估价：99.00元
PSN B-2004-031-1/7

经济蓝皮书
2018年中国经济形势分析与预测
著(编)者：李平 2017年12月出版 / 定价：89.00元
PSN B-1996-001-1/1

经济蓝皮书春季号
2018年中国经济前景分析
著(编)者：李扬 2018年5月出版 / 估价：99.00元
PSN B-1999-008-1/1

经济蓝皮书夏季号
中国经济增长报告（2017~2018）
著(编)者：李扬 2018年9月出版 / 估价：99.00元
PSN B-2010-176-1/1

经济信息绿皮书
中国与世界经济发展报告（2018）
著(编)者：杜平
2017年12月出版 / 估价：99.00元
PSN B-2003-023-1/1

农村绿皮书
中国农村经济形势分析与预测（2017~2018）
著(编)者：魏后凯 黄秉信
2018年4月出版 / 估价：99.00元
PSN G-1998-003-1/1

人口与劳动绿皮书
中国人口与劳动问题报告No.19
著(编)者：张车伟 2018年11月出版 / 估价：99.00元
PSN G-2000-012-1/1

新型城镇化蓝皮书
新型城镇化发展报告（2017）
著(编)者：李伟 宋敏 沈体雁
2018年3月出版 / 估价：99.00元
PSN B-2005-038-1/1

中国省域竞争力蓝皮书
中国省域经济综合竞争力发展报告（2016~2017）
著(编)者：李建平 李闽榕 高燕京
2018年2月出版 / 估价：198.00元
PSN R-2007-088 1/1

中小城市绿皮书
中国中小城市发展报告（2018）
著(编)者：中国城市经济学会中小城市经济发展委员会
中国城镇化促进会中小城市发展委员会
《中国中小城市发展报告》编纂委员会
中小城市发展战略研究院
2018年11月出版 / 估价：128.00元
PSN G-2010-161-1/1

皮书系列 2018全品种 区域经济类·社会政法类

区域经济类

东北蓝皮书
中国东北地区发展报告（2018）
著（编）者：姜晓秋　2018年11月出版／估价：99.00元
PSN B-2006-067-1/1

金融蓝皮书
中国金融中心发展报告（2017～2018）
著（编）者：王力　黄育华　2018年11月出版／估价：99.00元
PSN B-2011-186-6/7

京津冀蓝皮书
京津冀发展报告（2018）
著（编）者：祝合良　叶堂林　张贵祥
2018年6月出版／估价：99.00元
PSN B-2012-262-1/1

西北蓝皮书
中国西北发展报告（2018）
著（编）者：任宗哲　白宽犁　王建康
2018年4月出版／估价：99.00元
PSN B-2012-261-1/1

西部蓝皮书
中国西部发展报告（2018）
著（编）者：璋勇　任保平　2018年8月出版／估价：99.00元
PSN B-2005-039-1/1

长江经济带产业蓝皮书
长江经济带产业发展报告（2018）
著（编）者：吴传清　2018年11月出版／估价：128.00元
PSN B-2017-666-1/1

长江经济带蓝皮书
长江经济带发展报告（2017～2018）
著（编）者：王振　2018年11月出版／估价：99.00元
PSN B-2016-575-1/1

长江中游城市群蓝皮书
长江中游城市群新型城镇化与产业协同发展报告（2018）
著（编）者：杨刚强　2018年11月出版／估价：99.00元
PSN B-2016-578-1/1

长三角蓝皮书
2017年创新融合发展的长三角
著（编）者：刘飞跃　2018年3月出版／估价：99.00元
PSN B-2005-038-1/1

长株潭城市群蓝皮书
长株潭城市群发展报告（2017）
著（编）者：张萍　朱有志　2018年1月出版／估价：99.00元
PSN B-2008-109-1/1

中部竞争力蓝皮书
中国中部经济社会竞争力报告（2018）
著（编）者：教育部人文社会科学重点研究基地南昌大学中国
中部经济社会发展研究中心
2018年12月出版／估价：99.00元
PSN B-2012-276-1/1

中部蓝皮书
中国中部地区发展报告（2018）
著（编）者：宋亚平　2018年12月出版／估价：99.00元
PSN B-2007-089-1/1

区域蓝皮书
中国区域经济发展报告（2017～2018）
著（编）者：赵弘　2018年5月出版／估价：99.00元
PSN B-2004-034-1/1

中三角蓝皮书
长江中游城市群发展报告（2018）
著（编）者：秦尊文　2018年9月出版／估价：99.00元
PSN B-2014-417-1/1

中原蓝皮书
中原经济区发展报告（2018）
著（编）者：李英杰　2018年6月出版／估价：99.00元
PSN B-2011-192-1/1

珠三角流通蓝皮书
珠三角商圈发展研究报告（2018）
著（编）者：王先庆　林至颖　2018年7月出版／估价：99.00元
PSN B-2012-292-1/1

社会政法类

北京蓝皮书
中国社区发展报告（2017～2018）
著（编）者：于燕燕　2018年9月出版／估价：99.00元
PSN B-2007-083-5/8

殡葬绿皮书
中国殡葬事业发展报告（2017～2018）
著（编）者：李伯森　2018年4月出版／估价：158.00元
PSN G-2010-180-1/1

城市管理蓝皮书
中国城市管理报告（2017-2018）
著（编）者：刘林　刘承水　2018年5月出版／估价：158.00元
PSN B-2013-336-1/1

城市生活质量蓝皮书
中国城市生活质量报告（2017）
著（编）者：张连城　张平　杨春学　郎丽华
2018年2月出版／估价：99.00元
PSN B-2013-326-1/1

社会政法类 | **皮书系列 2018全品种**

城市政府能力蓝皮书
中国城市政府公共服务能力评估报告（2018）
著(编)者：何艳玲　2018年4月出版／估价：99.00元
PSN B-2013-338-1/1

创业蓝皮书
中国创业发展研究报告（2017~2018）
著(编)者：黄群慧　赵卫星　钟宏武
2018年11月出版／估价：99.00元
PSN B-2016-577-1/1

慈善蓝皮书
中国慈善发展报告（2018）
著(编)者：杨团　2018年6月出版／估价：99.00元
PSN B-2009-142-1/1

党建蓝皮书
党的建设研究报告No.2（2018）
著(编)者：崔建民　陈东平　2018年1月出版／估价：99.00元
PSN B-2016-523-1/1

地方法治蓝皮书
中国地方法治发展报告No.3（2018）
著(编)者：李君　田禾　2018年3月出版／估价：118.00元
PSN B-2015-442-1/1

电子政务蓝皮书
中国电子政务发展报告（2018）
著(编)者：李季　2018年8月出版／估价：99.00元
PSN B-2003-022-1/1

法治蓝皮书
中国法治发展报告No.16（2018）
著(编)者：吕艳滨　2018年3月出版／估价：118.00元
PSN B-2004-027-1/3

法治蓝皮书
中国法院信息化发展报告No.2（2018）
著(编)者：李林　田禾　2018年2月出版／估价：108.00元
PSN B-2017-604-3/3

法治政府蓝皮书
中国法治政府发展报告（2018）
著(编)者：中国政法大学法治政府研究院
2018年4月出版／估价：99.00元
PSN B-2015-502-1/2

法治政府蓝皮书
中国法治政府评估报告（2018）
著(编)者：中国政法大学法治政府研究院
2018年9月出版／估价：168.00元
PSN B-2016-576-2/2

反腐倡廉蓝皮书
中国反腐倡廉建设报告No.8
著(编)者：张英伟　2018年12月出版／估价：99.00元
PSN B-2012-259-1/1

扶贫蓝皮书
中国扶贫开发报告（2018）
著(编)者：李培林　魏后凯　2018年12月出版／估价：128.00元
PSN B-2016-599-1/1

妇女发展蓝皮书
中国妇女发展报告No.6
著(编)者：王金玲　2018年9月出版／估价：158.00元
PSN B-2006-069-1/1

妇女教育蓝皮书
中国妇女教育发展报告No.3
著(编)者：张李玺　2018年10月出版／估价：99.00元
PSN B-2008-121-1/1

妇女绿皮书
2018年：中国性别平等与妇女发展报告
著(编)者：谭琳　2018年12月出版／估价：99.00元
PSN G-2006-073-1/1

公共安全蓝皮书
中国城市公共安全发展报告（2017~2018）
著(编)者：黄育华　杨文明　赵建辉
2018年6月出版／估价：99.00元
PSN B-2017-628-1/1

公共服务蓝皮书
中国城市基本公共服务力评价（2018）
著(编)者：钟君　刘志昌　吴正杲
2018年12月出版／估价：99.00元
PSN B-2011-214-1/1

公民科学素质蓝皮书
中国公民科学素质报告（2017~2018）
著(编)者：李群　陈雄　马宗文
2018年1月出版／估价：99.00元
PSN B-2014-379-1/1

公益蓝皮书
中国公益慈善发展报告（2016）
著(编)者：朱健刚　胡小军　2018年2月出版／估价：99.00元
PSN B-2012-283-1/1

国际人才蓝皮书
中国国际移民报告（2018）
著(编)者：王辉耀　2018年2月出版／估价：99.00元
PSN B-2012-304-3/4

国际人才蓝皮书
中国留学发展报告（2018）No.7
著(编)者：王辉耀　苗绿　2018年12月出版／估价：99.00元
PSN B-2012-244-2/4

海洋社会蓝皮书
中国海洋社会发展报告（2017）
著(编)者：崔凤　宋宁而　2018年3月出版／估价：99.00元
PSN B-2015-478-1/1

行政改革蓝皮书
中国行政体制改革报告No.7（2018）
著(编)者：魏礼群　2018年6月出版／估价：99.00元
PSN B-2011-231-1/1

华侨华人蓝皮书
华侨华人研究报告（2017）
著(编)者：贾益民　2018年1月出版／估价：139.00元
PSN B-2011-204-1/1

社会政法类

环境竞争力绿皮书
中国省域环境竞争力发展报告（2018）
著（编）者：李建平 李闽榕 王金南
2018年11月出版 / 估价：198.00元
PSN G-2010-165-1/1

环境绿皮书
中国环境发展报告（2017~2018）
著（编）者：李波　2018年4月出版 / 估价：99.00元
PSN G-2006-048-1/1

家庭蓝皮书
中国"创建幸福家庭活动"评估报告（2018）
著（编）者：国务院发展研究中心"创建幸福家庭活动评估"课题组
2018年12月出版 / 估价：99.00元
PSN B-2015-508-1/1

健康城市蓝皮书
中国健康城市建设研究报告（2018）
著（编）者：王鸿春 盛继洪　2018年12月出版 / 估价：99.00元
PSN B-2016-564-2/2

健康中国蓝皮书
社区首诊与健康中国分析报告（2018）
著（编）者：高和荣 杨叔禹 姜杰
2018年4月出版 / 估价：99.00元
PSN B-2017-611-1/1

教师蓝皮书
中国中小学教师发展报告（2017）
著（编）者：曾晓东 鱼霞　2018年6月出版 / 估价：99.00元
PSN B-2012-289-1/1

教育扶贫蓝皮书
中国教育扶贫报告（2018）
著（编）者：司树杰 王文静 李兴洲
2018年12月出版 / 估价：99.00元
PSN B-2016-590-1/1

教育蓝皮书
中国教育发展报告（2018）
著（编）者：杨东平　2018年4月出版 / 估价：99.00元
PSN B-2006-047-1/1

金融法治建设蓝皮书
中国金融法治建设年度报告（2015~2016）
著（编）者：朱小黄　2018年6月出版 / 估价：99.00元
PSN B-2017-633-1/1

京津冀教育蓝皮书
京津冀教育发展研究报告（2017~2018）
著（编）者：方中雄　2018年4月出版 / 估价：99.00元
PSN B-2017-608-1/1

就业蓝皮书
2018年中国本科生就业报告
著（编）者：麦可思研究院　2018年6月出版 / 估价：99.00元
PSN B-2009-146-1/2

就业蓝皮书
2018年中国高职高专生就业报告
著（编）者：麦可思研究院　2018年6月出版 / 估价：99.00元
PSN B-2015-472-2/2

科学教育蓝皮书
中国科学教育发展报告（2018）
著（编）者：王康友　2018年10月出版 / 估价：99.00元
PSN B-2015-487-1/1

劳动保障蓝皮书
中国劳动保障发展报告（2018）
著（编）者：刘燕斌　2018年9月出版 / 估价：158.00元
PSN B-2014-415-1/1

老龄蓝皮书
中国老年宜居环境发展报告（2017）
著（编）者：党俊武 周燕珉　2018年1月出版 / 估价：99.00元
PSN B-2013-320-1/1

连片特困区蓝皮书
中国连片特困区发展报告（2017~2018）
著（编）者：游俊 冷志明 丁建军
2018年4月出版 / 估价：99.00元
PSN B-2013-321-1/1

流动儿童蓝皮书
中国流动儿童教育发展报告（2017）
著（编）者：杨东平　2018年1月出版 / 估价：99.00元
PSN B-2017-600-1/1

民调蓝皮书
中国民生调查报告（2018）
著（编）者：谢耘耕　2018年12月出版 / 估价：99.00元
PSN B-2014-398-1/1

民族发展蓝皮书
中国民族发展报告（2018）
著（编）者：王延中　2018年10月出版 / 估价：188.00元
PSN B-2006-070-1/1

女性生活蓝皮书
中国女性生活状况报告No.12（2018）
著（编）者：韩湘景　2018年7月出版 / 估价：99.00元
PSN B-2006-071-1/1

汽车社会蓝皮书
中国汽车社会发展报告（2017~2018）
著（编）者：王俊秀　2018年1月出版 / 估价：99.00元
PSN B-2011-224-1/1

青年蓝皮书
中国青年发展报告（2018）No.3
著（编）者：廉思　2018年4月出版 / 估价：99.00元
PSN B-2013-333-1/1

青少年蓝皮书
中国未成年人互联网运用报告（2017~2018）
著（编）者：李为民 李文革 沈杰
2018年11月出版 / 估价：99.00元
PSN B-2010-156-1/1

皮书系列 2018全品种 — 社会政法类

人权蓝皮书
中国人权事业发展报告No.8（2018）
著(编)者：李君如 2018年9月出版 / 估价：99.00元
PSN B-2011-215-1/1

社会保障绿皮书
中国社会保障发展报告No.9（2018）
著(编)者：王延中 2018年1月出版 / 估价：99.00元
PSN G-2001-014-1/1

社会风险评估蓝皮书
风险评估与危机预警报告（2017~2018）
著(编)者：唐钧 2018年8月出版 / 估价：99.00元
PSN B-2012-293-1/1

社会工作蓝皮书
中国社会工作发展报告（2016~2017）
著(编)者：民政部社会工作研究中心
2018年8月出版 / 估价：99.00元
PSN B-2009-141-1/1

社会管理蓝皮书
中国社会管理创新报告No.6
著(编)者：连玉明 2018年11月出版 / 估价：99.00元
PSN B-2012-300-1/1

社会蓝皮书
2018年中国社会形势分析与预测
著(编)者：李培林 陈光金 张翼
2017年12月出版 / 定价：89.00元
PSN B-1998-002-1/1

社会体制蓝皮书
中国社会体制改革报告No.6（2018）
著(编)者：龚维斌 2018年3月出版 / 估价：99.00元
PSN B-2013-330-1/1

社会心态蓝皮书
中国社会心态研究报告（2018）
著(编)者：王俊秀 2018年12月出版 / 估价：99.00元
PSN B-2011-199-1/1

社会组织蓝皮书
中国社会组织报告（2017-2018）
著(编)者：黄晓勇 2018年1月出版 / 估价：99.00元
PSN B-2008-118-1/2

社会组织蓝皮书
中国社会组织评估发展报告（2018）
著(编)者：徐家良 2018年12月出版 / 估价：99.00元
PSN B-2013-366 2/2

生态城市绿皮书
中国生态城市建设发展报告（2018）
著(编)者：刘举科 孙伟平 胡文臻
2018年9月出版 / 估价：158.00元
PSN G-2012-269-1/1

生态文明绿皮书
中国省域生态文明建设评价报告（ECI 2018）
著(编)者：严耕 2018年12月出版 / 估价：99.00元
PSN G-2010-170-1/1

退休生活蓝皮书
中国城市居民退休生活质量指数报告（2017）
著(编)者：杨一帆 2018年5月出版 / 估价：99.00元
PSN B-2017-618-1/1

危机管理蓝皮书
中国危机管理报告（2018）
著(编)者：文学国 范正青
2018年8月出版 / 估价：99.00元
PSN B-2010-171-1/1

学会蓝皮书
2018年中国学会发展报告
著(编)者：麦可思研究院
2018年12月出版 / 估价：99.00元
PSN B-2016-597-1/1

医改蓝皮书
中国医药卫生体制改革报告（2017~2018）
著(编)者：文学国 房志武
2018年11月出版 / 估价：99.00元
PSN B-2014-432-1/1

应急管理蓝皮书
中国应急管理报告（2018）
著(编)者：宋英华 2018年9月出版 / 估价：99.00元
PSN B-2016-562-1/1

政府绩效评估蓝皮书
中国地方政府绩效评估报告 No.2
著(编)者：贠杰 2018年12月出版 / 估价：99.00元
PSN B-2017-672-1/1

政治参与蓝皮书
中国政治参与报告（2018）
著(编)者：房宁 2018年8月出版 / 估价：128.00元
PSN B-2011-200-1/1

政治文化蓝皮书
中国政治文化报告（2018）
著(编)者：邢元敏 魏大鹏 龚克
2018年8月出版 / 估价：128.00元
PSN B-2017-615-1/1

中国传统村落蓝皮书
中国传统村落保护现状报告（2018）
著(编)者：胡彬彬 李向军 王晓波
2018年12月出版 / 估价：99.00元
PSN B-2017-663-1/1

中国农村妇女发展蓝皮书
农村流动女性城市生活发展报告（2018）
著(编)者：谢丽华 2018年12月出版 / 估价：99.00元
PSN B-2014-434-1/1

宗教蓝皮书
中国宗教报告（2017）
著(编)者：邱永辉 2018年8月出版 / 估价：99.00元
PSN B-2008-117-1/1

产业经济类

保健蓝皮书
中国保健服务产业发展报告 No.2
著(编)者：中国保健协会　中共中央党校
2018年7月出版 / 估价：198.00元
PSN B-2012-272-3/3

保健蓝皮书
中国保健食品产业发展报告 No.2
著(编)者：中国保健协会
　　　　　中国社会科学院食品药品产业发展与监管研究中心
2018年8月出版 / 估价：198.00元
PSN B-2012-271-2/3

保健蓝皮书
中国保健用品产业发展报告 No.2
著(编)者：中国保健协会
　　　　　国务院国有资产监督管理委员会研究中心
2018年3月出版 / 估价：198.00元
PSN B-2012-270-1/3

保险蓝皮书
中国保险业竞争力报告（2018）
著(编)者：保监会　2018年12月出版 / 估价：99.00元
PSN B-2013-311-1/1

冰雪蓝皮书
中国冰上运动产业发展报告（2018）
著(编)者：孙承华　杨占武　刘戈　张鸿俊
2018年9月出版 / 估价：99.00元
PSN B-2017-648-3/3

冰雪蓝皮书
中国滑雪产业发展报告（2018）
著(编)者：孙承华　伍斌　魏庆华　张鸿俊
2018年9月出版 / 估价：99.00元
PSN B-2016-559-1/3

餐饮产业蓝皮书
中国餐饮产业发展报告（2018）
著(编)者：邢颖
2018年6月出版 / 估价：99.00元
PSN B-2009-151-1/1

茶业蓝皮书
中国茶产业发展报告（2018）
著(编)者：杨江帆　李闽榕
2018年10月出版 / 估价：99.00元
PSN B-2010-164-1/1

产业安全蓝皮书
中国文化产业安全报告（2018）
著(编)者：北京印刷学院文化产业安全研究院
2018年12月出版 / 估价：99.00元
PSN B-2014-378-12/14

产业安全蓝皮书
中国新媒体产业安全报告（2016~2017）
著(编)者：肖丽　2018年6月出版 / 估价：99.00元
PSN B-2015-500-14/14

产业安全蓝皮书
中国出版传媒产业安全报告（2017~2018）
著(编)者：北京印刷学院文化产业安全研究院
2018年3月出版 / 估价：99.00元
PSN B-2014-384-13/14

产业蓝皮书
中国产业竞争力报告（2018）No.8
著(编)者：张其仔　2018年12月出版 / 估价：168.00元
PSN B-2010-175-1/1

动力电池蓝皮书
中国新能源汽车动力电池产业发展报告（2018）
著(编)者：中国汽车技术研究中心
2018年8月出版 / 估价：99.00元
PSN B-2017-639-1/1

杜仲产业绿皮书
中国杜仲橡胶资源与产业发展报告（2017~2018）
著(编)者：杜红岩　胡文臻　俞锐
2018年1月出版 / 估价：99.00元
PSN G-2013-350-1/1

房地产蓝皮书
中国房地产发展报告No.15（2018）
著(编)者：李春华　王业强
2018年5月出版 / 估价：99.00元
PSN B-2004-028-1/1

服务外包蓝皮书
中国服务外包产业发展报告（2017~2018）
著(编)者：王晓红　刘德军
2018年6月出版 / 估价：99.00元
PSN B-2013-331-2/2

服务外包蓝皮书
中国服务外包竞争力报告（2017~2018）
著(编)者：刘春生　王力　黄育华
2018年12月出版 / 估价：99.00元
PSN B-2011-216-1/2

工业和信息化蓝皮书
世界信息技术产业发展报告（2017~2018）
著(编)者：尹丽波　2018年6月出版 / 估价：99.00元
PSN B-2015-449-2/6

工业和信息化蓝皮书
战略性新兴产业发展报告（2017~2018）
著(编)者：尹丽波　2018年6月出版 / 估价：99.00元
PSN B-2015-450-3/6

产业经济类

皮书系列 2018全品种

客车蓝皮书
中国客车产业发展报告（2017~2018）
著(编)者：姚蔚　　2018年10月出版 / 估价：99.00元
PSN B-2013-361-1/1

流通蓝皮书
中国商业发展报告（2018~2019）
著(编)者：王雪峰　林诗慧
2018年7月出版 / 估价：99.00元
PSN B-2009-152-1/2

能源蓝皮书
中国能源发展报告（2018）
著(编)者：崔民选　王军生　陈义和
2018年12月出版 / 估价：99.00元
PSN B-2006-049-1/1

农产品流通蓝皮书
中国农产品流通产业发展报告（2017）
著(编)者：贾敬敦　张东科　张玉玺　张鹏毅　周伟
2018年1月出版 / 估价：99.00元
PSN B-2012-288-1/1

汽车工业蓝皮书
中国汽车工业发展年度报告（2018）
著(编)者：中国汽车工业协会
　　　　　中国汽车技术研究中心
　　　　　丰田汽车公司
2018年5月出版 / 估价：168.00元
PSN B-2015-463-1/2

汽车工业蓝皮书
中国汽车零部件产业发展报告（2017~2018）
著(编)者：中国汽车工业协会
　　　　　中国汽车工程研究院深圳市沃特玛电池有限公司
2018年9月出版 / 估价：99.00元
PSN B-2016-515-2/2

汽车蓝皮书
中国汽车产业发展报告（2018）
著(编)者：中国汽车工程学会
　　　　　大众汽车集团（中国）
2018年11月出版 / 估价：99.00元
PSN B-2008-124-1/1

世界茶业蓝皮书
世界茶业发展报告（2018）
著(编)者：李闽榕　冯廷佺
2018年5月出版 / 估价：168.00元
PSN B-2017-619-1/1

世界能源蓝皮书
世界能源发展报告（2018）
著(编)者：黄晓勇　　2018年6月出版 / 估价：168.00元
PSN B-2013-349-1/1

体育蓝皮书
国家体育产业基地发展报告（2016~2017）
著(编)者：李颖川　　2018年4月出版 / 估价：168.00元
PSN B-2017-609-5/5

体育蓝皮书
中国体育产业发展报告（2018）
著(编)者：阮伟　钟秉枢
2018年12月出版 / 估价：99.00元
PSN B-2010-179-1/5

文化金融蓝皮书
中国文化金融发展报告（2018）
著(编)者：杨涛　金巍
2018年5月出版 / 估价：99.00元
PSN B-2017-610-1/1

新能源汽车蓝皮书
中国新能源汽车产业发展报告（2018）
著(编)者：中国汽车技术研究中心
　　　　　日产（中国）投资有限公司
　　　　　东风汽车有限公司
2018年8月出版 / 估价：99.00元
PSN B-2013-347-1/1

薏仁米产业蓝皮书
中国薏仁米产业发展报告No.2（2018）
著(编)者：李发耀　石明　秦礼康
2018年8月出版 / 估价：99.00元
PSN B-2017-645-1/1

邮轮绿皮书
中国邮轮产业发展报告（2018）
著(编)者：汪泓　　2018年10月出版 / 估价：99.00元
PSN G-2014-419-1/1

智能养老蓝皮书
中国智能养老产业发展报告（2018）
著(编)者：朱勇　　2018年10月出版 / 估价：99.00元
PSN B-2015-488-1/1

中国节能汽车蓝皮书
中国节能汽车发展报告（2017~2018）
著(编)者：中国汽车工程研究院股份有限公司
2018年9月出版 / 估价：99.00元
PSN B-2016-565-1/1

中国陶瓷产业蓝皮书
中国陶瓷产业发展报告（2018）
著(编)者：左和平　黄速建
2018年10月出版 / 估价：99.00元
PSN B-2016-573-1/1

装备制造业蓝皮书
中国装备制造业发展报告（2018）
著(编)者：徐东华　　2018年12月出版 / 估价：118.00元
PSN B-2015-505-1/1

行业及其他类

"三农"互联网金融蓝皮书
中国"三农"互联网金融发展报告（2018）
著（编）者：李勇坚 王弢
2018年8月出版 / 估价：99.00元
PSN B-2016-560-1/1

SUV蓝皮书
中国SUV市场发展报告（2017~2018）
著（编）者：靳军　2018年9月出版 / 估价：99.00元
PSN B-2016-571-1/1

冰雪蓝皮书
中国冬季奥运会发展报告（2018）
著（编）者：孙承华 伍斌 魏庆华 张鸿俊
2018年9月出版 / 估价：99.00元
PSN B-2017-647-2/3

彩票蓝皮书
中国彩票发展报告（2018）
著（编）者：益彩基金　2018年4月出版 / 估价：99.00元
PSN B-2015-462-1/1

测绘地理信息蓝皮书
测绘地理信息供给侧结构性改革研究报告（2018）
著（编）者：库热西·买合苏提
2018年12月出版 / 估价：168.00元
PSN B-2009-145-1/1

产权市场蓝皮书
中国产权市场发展报告（2017）
著（编）者：曹和平　2018年5月出版 / 估价：99.00元
PSN B-2009-147-1/1

城投蓝皮书
中国城投行业发展报告（2018）
著（编）者：华景斌
2018年11月出版 / 估价：300.00元
PSN B-2016-514-1/1

大数据蓝皮书
中国大数据发展报告（No.2）
著（编）者：连玉明　2018年5月出版 / 估价：99.00元
PSN B-2017-620-1/1

大数据应用蓝皮书
中国大数据应用发展报告No.2（2018）
著（编）者：陈军君　2018年8月出版 / 估价：99.00元
PSN B-2017-644-1/1

对外投资与风险蓝皮书
中国对外直接投资与国家风险报告（2018）
著（编）者：中债资信评估有限责任公司
　　　　　中国社会科学院世界经济与政治研究所
2018年4月出版 / 估价：189.00元
PSN B-2017-606-1/1

工业和信息化蓝皮书
人工智能发展报告（2017~2018）
著（编）者：尹丽波　2018年6月出版 / 估价：99.00元
PSN B-2015-448-1/6

工业和信息化蓝皮书
世界智慧城市发展报告（2017~2018）
著（编）者：尹丽波　2018年6月出版 / 估价：99.00元
PSN B-2017-624-6/6

工业和信息化蓝皮书
世界网络安全发展报告（2017~2018）
著（编）者：尹丽波　2018年6月出版 / 估价：99.00元
PSN B-2015-452-5/6

工业和信息化蓝皮书
世界信息化发展报告（2017~2018）
著（编）者：尹丽波　2018年6月出版 / 估价：99.00元
PSN B-2015-451-4/6

工业设计蓝皮书
中国工业设计发展报告（2018）
著（编）者：王晓红 于炜 张立群　2018年9月出版 / 估价：168.00元
PSN B-2014-420-1/1

公共关系蓝皮书
中国公共关系发展报告（2018）
著（编）者：柳斌杰　2018年11月出版 / 估价：99.00元
PSN B-2016-579-1/1

管理蓝皮书
中国管理发展报告（2018）
著（编）者：张晓东　2018年10月出版 / 估价：99.00元
PSN B-2014-416-1/1

海关发展蓝皮书
中国海关发展前沿报告（2018）
著（编）者：干春晖　2018年6月出版 / 估价：99.00元
PSN B-2017-616-1/1

互联网医疗蓝皮书
中国互联网健康医疗发展报告（2018）
著（编）者：芮晓武　2018年6月出版 / 估价：99.00元
PSN B-2016-567-1/1

黄金市场蓝皮书
中国商业银行黄金业务发展报告（2017~2018）
著（编）者：平安银行　2018年3月出版 / 估价：99.00元
PSN B-2016-524-1/1

会展蓝皮书
中外会展业动态评估研究报告（2018）
著（编）者：张敏 任中峰 聂鑫焱 牛盼强
2018年12月出版 / 估价：99.00元
PSN B-2013-327-1/1

基金会蓝皮书
中国基金会发展报告（2017~2018）
著（编）者：中国基金会发展报告课题组
2018年4月出版 / 估价：99.00元
PSN B-2013-368-1/1

基金会绿皮书
中国基金会发展独立研究报告（2018）
著（编）者：基金会中心网　中央民族大学基金会研究中心
2018年6月出版 / 估价：99.00元
PSN G-2011-213-1/1

行业及其他类

皮书系列 2018全品种

基金会透明度蓝皮书
中国基金会透明度发展研究报告（2018）
著(编)者：基金会中心网
　　　　　清华大学廉政与治理研究中心
2018年9月出版 / 估价：99.00元
PSN B-2013-339-1/1

建筑装饰蓝皮书
中国建筑装饰行业发展报告（2018）
著(编)者：葛道顺 刘晓一
2018年10月出版 / 估价：198.00元
PSN B-2016-553-1/1

金融监管蓝皮书
中国金融监管报告（2018）
著(编)者：胡滨　2018年5月出版 / 估价：99.00元
PSN B-2012-281-1/1

金融蓝皮书
中国互联网金融行业分析与评估（2018~2019）
著(编)者：黄国平 伍旭川　2018年12月出版 / 估价：99.00元
PSN B-2016-585-7/7

金融科技蓝皮书
中国金融科技发展报告（2018）
著(编)者：李扬 孙国峰　2018年10月出版 / 估价：99.00元
PSN B-2014-374-1/1

金融信息服务蓝皮书
中国金融信息服务发展报告（2018）
著(编)者：李平　2018年5月出版 / 估价：99.00元
PSN B-2017-621-1/1

京津冀金融蓝皮书
京津冀金融发展报告（2018）
著(编)者：王爱俭 王璟怡　2018年10月出版 / 估价：99.00元
PSN B-2016-527-1/1

科普蓝皮书
国家科普能力发展报告（2018）
著(编)者：王康友　2018年5月出版 / 估价：138.00元
PSN B-2017-632-4/4

科普蓝皮书
中国基层科普发展报告（2017~2018）
著(编)者：赵立新 陈玲　2018年9月出版 / 估价：99.00元
PSN B-2016-568-3/4

科普蓝皮书
中国科普基础设施发展报告（2017~2018）
著(编)者：任福君　2018年6月出版 / 估价：99.00元
PSN B-2010-174-1/3

科普蓝皮书
中国科普人才发展报告（2017~2018）
著(编)者：郑念 任嵘嵘　2018年7月出版 / 估价：99.00元
PSN B-2016-512-2/4

科普能力蓝皮书
中国科普能力评价报告（2018~2019）
著(编)者：李富强 李群　2018年8月出版 / 估价：99.00元
PSN B-2016-555-1/1

临空经济蓝皮书
中国临空经济发展报告（2018）
著(编)者：连玉明　2018年9月出版 / 估价：99.00元
PSN B-2014-421-1/1

旅游安全蓝皮书
中国旅游安全报告（2018）
著(编)者：郑向敏 谢朝武　2018年5月出版 / 估价：158.00元
PSN B-2012-280-1/1

旅游绿皮书
2017~2018年中国旅游发展分析与预测
著(编)者：宋瑞　2018年2月出版 / 估价：99.00元
PSN G-2002-018-1/1

煤炭蓝皮书
中国煤炭工业发展报告（2018）
著(编)者：岳福斌　2018年12月出版 / 估价：99.00元
PSN B-2008-123-1/1

民营企业社会责任蓝皮书
中国民营企业社会责任报告（2018）
著(编)者：中华全国工商业联合会
2018年12月出版 / 估价：99.00元
PSN B-2015-510-1/1

民营医院蓝皮书
中国民营医院发展报告（2017）
著(编)者：薛晓林　2018年1月出版 / 估价：99.00元
PSN B-2012-299-1/1

闽商蓝皮书
闽商发展报告（2018）
著(编)者：李闽榕 王日根 林琛
2018年12月出版 / 估价：99.00元
PSN B-2012-298-1/1

农业应对气候变化蓝皮书
中国农业气象灾害及其灾损评估报告（No.3）
著(编)者：矫梅燕　2018年1月出版 / 估价：118.00元
PSN B-2014-413-1/1

品牌蓝皮书
中国品牌战略发展报告（2018）
著(编)者：汪同三　2018年10月出版 / 估价：99.00元
PSN B-2016-580-1/1

企业扶贫蓝皮书
中国企业扶贫研究报告（2018）
著(编)者：钟宏武　2018年12月出版 / 估价：99.00元
PSN B-2016-593-1/1

企业公益蓝皮书
中国企业公益研究报告（2018）
著(编)者：钟宏武 汪杰 黄晓娟
2018年12月出版 / 估价：99.00元
PSN B-2015-501-1/1

企业国际化蓝皮书
中国企业全球化报告（2018）
著(编)者：王辉耀 苗绿　2018年11月出版 / 估价：99.00元
PSN B-2014-427-1/1

皮书系列 2018全品种 — 行业及其他类

企业蓝皮书
中国企业绿色发展报告No.2（2018）
著(编)者：李红玉 朱光辉
2018年8月出版 / 估价：99.00元
PSN B-2015-481-2/2

企业社会责任蓝皮书
中资企业海外社会责任研究报告（2017~2018）
著(编)者：钟宏武 叶柳红 张蒽
2018年1月出版 / 估价：99.00元
PSN B-2017-603-2/2

企业社会责任蓝皮书
中国企业社会责任研究报告（2018）
著(编)者：黄群慧 钟宏武 张蒽 汪杰
2018年11月出版 / 估价：99.00元
PSN B-2009-149-1/2

汽车安全蓝皮书
中国汽车安全发展报告（2018）
著(编)者：中国汽车技术研究中心
2018年8月出版 / 估价：99.00元
PSN B-2014-385-1/1

汽车电子商务蓝皮书
中国汽车电子商务发展报告（2018）
著(编)者：中华全国工商业联合会汽车经销商商会
　　　　　北方工业大学
　　　　　北京易观智库网络科技有限公司
2018年10月出版 / 估价：158.00元
PSN B-2015-485-1/1

汽车知识产权蓝皮书
中国汽车产业知识产权发展报告（2018）
著(编)者：中国汽车工程研究院股份有限公司
　　　　　中国汽车工程学会
　　　　　重庆长安汽车股份有限公司
2018年12月出版 / 估价：99.00元
PSN B-2016-594-1/1

青少年体育蓝皮书
中国青少年体育发展报告（2017）
著(编)者：刘扶民 杨桦　2018年1月出版 / 估价：99.00元
PSN B-2015-482-1/1

区块链蓝皮书
中国区块链发展报告（2018）
著(编)者：李伟　2018年9月出版 / 估价：99.00元
PSN B-2017-649-1/1

群众体育蓝皮书
中国群众体育发展报告（2017）
著(编)者：刘国永 戴健　2018年5月出版 / 估价：99.00元
PSN B-2014-411-1/3

群众体育蓝皮书
中国社会体育指导员发展报告（2018）
著(编)者：刘国永 王欢　2018年4月出版 / 估价：99.00元
PSN B-2016-520-3/3

人力资源蓝皮书
中国人力资源发展报告（2018）
著(编)者：余兴安　2018年11月出版 / 估价：99.00元
PSN B-2012-287-1/1

融资租赁蓝皮书
中国融资租赁业发展报告（2017~2018）
著(编)者：李光荣 王力　2018年8月出版 / 估价：99.00元
PSN B-2015-443-1/1

商会蓝皮书
中国商会发展报告No.5（2017）
著(编)者：王钦敏　2018年7月出版 / 估价：99.00元
PSN B-2008-125-1/1

商务中心区蓝皮书
中国商务中心区发展报告No.4（2017~2018）
著(编)者：李国红 单菁菁　2018年9月出版 / 估价：99.00元
PSN B-2015-444-1/1

设计产业蓝皮书
中国创新设计发展报告（2018）
著(编)者：王晓红 张立群 于炜
2018年11月出版 / 估价：99.00元
PSN B-2016-581-2/2

社会责任管理蓝皮书
中国上市公司社会责任能力成熟度报告No.4（2018）
著(编)者：肖红军 王晓光 李伟阳
2018年12月出版 / 估价：99.00元
PSN B-2015-507-2/2

社会责任管理蓝皮书
中国企业公众透明度报告No.4（2017~2018）
著(编)者：黄速建 熊梦 王晓光 肖红军
2018年4月出版 / 估价：99.00元
PSN B-2015-440-1/2

食品药品蓝皮书
食品药品安全与监管政策研究报告（2016~2017）
著(编)者：唐民皓　2018年6月出版 / 估价：99.00元
PSN B-2009-129-1/1

输血服务蓝皮书
中国输血行业发展报告（2018）
著(编)者：孙俊　2018年12月出版 / 估价：99.00元
PSN B-2016-582-1/1

水利风景区蓝皮书
中国水利风景区发展报告（2018）
著(编)者：董建文 兰思仁
2018年10月出版 / 估价：99.00元
PSN B-2015-480-1/1

私募市场蓝皮书
中国私募股权市场发展报告（2017~2018）
著(编)者：曹和平　2018年12月出版 / 估价：99.00元
PSN B-2010-162-1/1

碳排放权交易蓝皮书
中国碳排放权交易报告（2018）
著(编)者：孙永平　2018年11月出版 / 估价：99.00元
PSN B-2017-652-1/1

碳市场蓝皮书
中国碳市场报告（2018）
著(编)者：定金彪　2018年11月出版 / 估价：99.00元
PSN B-2014-430-1/1

行业及其他类

皮书系列 2018全品种

体育蓝皮书
中国公共体育服务发展报告（2018）
著（编）者：戴健　2018年12月出版／估价：99.00元
PSN B-2013-367-2/5

土地市场蓝皮书
中国农村土地市场发展报告（2017~2018）
著（编）者：李光荣　2018年3月出版／估价：99.00元
PSN B-2016-526-1/1

土地整治蓝皮书
中国土地整治发展研究报告（No.5）
著（编）者：国土资源部土地整治中心
2018年7月出版／估价：99.00元
PSN B-2014-401-1/1

土地政策蓝皮书
中国土地政策研究报告（2018）
著（编）者：高延利　李宪文　2017年12月出版／估价：99.00元
PSN B-2015-506-1/1

网络空间安全蓝皮书
中国网络空间安全发展报告（2018）
著（编）者：惠志斌　覃庆玲
2018年11月出版／估价：99.00元
PSN B-2015-466-1/1

文化志愿服务蓝皮书
中国文化志愿服务发展报告（2018）
著（编）者：张永新　良警宇　2018年11月出版／估价：128.00元
PSN B-2016-596-1/1

西部金融蓝皮书
中国西部金融发展报告（2017~2018）
著（编）者：李忠民　2018年8月出版／估价：99.00元
PSN B-2010-160-1/1

协会商会蓝皮书
中国行业协会商会发展报告（2017）
著（编）者：景朝阳　李勇　2018年4月出版／估价：99.00元
PSN B-2015-461-1/1

新三板蓝皮书
中国新三板市场发展报告（2018）
著（编）者：王力　2018年8月出版／估价：99.00元
PSN B-2016-533-1/1

信托市场蓝皮书
中国信托业市场报告（2017~2018）
著（编）者：用益金融信托研究院
2018年1月出版／估价：198.00元
PSN B-2014-371-1/1

信息化蓝皮书
中国信息化形势分析与预测（2017~2018）
著（编）者：周宏仁　2018年8月出版／估价：99.00元
PSN B-2010-168-1/1

信用蓝皮书
中国信用发展报告（2017~2018）
著（编）者：章政　田侃　2018年4月出版／估价：99.00元
PSN B-2013-328-1/1

休闲绿皮书
2017~2018年中国休闲发展报告
著（编）者：宋瑞　2018年7月出版／估价：99.00元
PSN G-2010-158-1/1

休闲体育蓝皮书
中国休闲体育发展报告（2017~2018）
著（编）者：李相如　钟秉枢
2018年10月出版／估价：99.00元
PSN B-2016-516-1/1

养老金融蓝皮书
中国养老金融发展报告（2018）
著（编）者：董克用　姚余栋
2018年9月出版／估价：99.00元
PSN B-2016-583-1/1

遥感监测绿皮书
中国可持续发展遥感监测报告（2017）
著（编）者：顾行发　汪克强　潘教峰　李闽榕　徐东华　王琦安
2018年6月出版／估价：298.00元
PSN B-2017-629-1/1

药品流通蓝皮书
中国药品流通行业发展报告（2018）
著（编）者：佘鲁林　温再兴
2018年7月出版／估价：198.00元
PSN B-2014-429-1/1

医疗器械蓝皮书
中国医疗器械行业发展报告（2018）
著（编）者：王宝亭　耿鸿武
2018年10月出版／估价：99.00元
PSN B-2017-661-1/1

医院蓝皮书
中国医院竞争力报告（2018）
著（编）者：庄一强　曾益新　2018年3月出版／估价：118.00元
PSN B-2016-528-1/1

瑜伽蓝皮书
中国瑜伽业发展报告（2017~2018）
著（编）者：张永建　徐华锋　朱泰余
2018年6月出版／估价：198.00元
PSN B-2017-625-1/1

债券市场蓝皮书
中国债券市场发展报告（2017~2018）
著（编）者：杨农　2018年10月出版／估价：99.00元
PSN B-2016-572-1/1

志愿服务蓝皮书
中国志愿服务发展报告（2018）
著（编）者：中国志愿服务联合会
2018年11月出版／估价：99.00元
PSN B-2017-664-1/1

中国上市公司蓝皮书
中国上市公司发展报告（2018）
著（编）者：张鹏　张平　黄胤英
2018年9月出版／估价：99.00元
PSN B-2014-414-1/1

皮书系列 2018全品种
行业及其他类 · 国际问题与全球治理类

中国新三板蓝皮书
中国新三板创新与发展报告（2018）
著（编）者：刘平安 闻召林
2018年8月出版 / 估价：158.00元
PSN B-2017-638-1/1

中医文化蓝皮书
北京中医药文化传播发展报告（2018）
著（编）者：毛嘉陵 2018年5月出版 / 估价：99.00元
PSN B-2015-468-1/2

中医文化蓝皮书
中国中医药文化传播发展报告（2018）
著（编）者：毛嘉陵 2018年7月出版 / 估价：99.00元
PSN B-2016-584-2/2

中医药蓝皮书
北京中医药知识产权发展报告No.2
著（编）者：汪洪 屠志涛 2018年4月出版 / 估价：168.00元
PSN B-2017-602-1/1

资本市场蓝皮书
中国场外交易市场发展报告（2016~2017）
著（编）者：高峦 2018年3月出版 / 估价：99.00元
PSN B-2009-153-1/1

资产管理蓝皮书
中国资产管理行业发展报告（2018）
著（编）者：郑智 2018年7月出版 / 估价：99.00元
PSN B-2014-407-2/2

资产证券化蓝皮书
中国资产证券化发展报告（2018）
著（编）者：纪志宏 2018年11月出版 / 估价：99.00元
PSN B-2017-660-1/1

自贸区蓝皮书
中国自贸区发展报告（2018）
著（编）者：王力 黄育华 2018年6月出版 / 估价：99.00元
PSN B-2016-558-1/1

国际问题与全球治理类

"一带一路"跨境通道蓝皮书
"一带一路"跨境通道建设研究报告（2018）
著（编）者：郭业洲 2018年8月出版 / 估价：99.00元
PSN B-2016-557-1/1

"一带一路"蓝皮书
"一带一路"建设发展报告（2018）
著（编）者：王晓泉 2018年6月出版 / 估价：99.00元
PSN B-2016-552-1/1

"一带一路"投资安全蓝皮书
中国"一带一路"投资与安全研究报告（2017~2018）
著（编）者：邹统钎 梁昊光 2018年4月出版 / 估价：99.00元
PSN B-2017-612-1/1

"一带一路"文化交流蓝皮书
中阿文化交流发展报告（2017）
著（编）者：王辉 2018年9月出版 / 估价：99.00元
PSN B-2017-655-1/1

G20国家创新竞争力黄皮书
二十国集团（G20）国家创新竞争力发展报告（2017~2018）
著（编）者：李建平 李闽榕 赵新力 周天勇
2018年7月出版 / 估价：168.00元
PSN Y-2011-229-1/1

阿拉伯黄皮书
阿拉伯发展报告（2016~2017）
著（编）者：罗林 2018年3月出版 / 估价：99.00元
PSN Y-2014-381-1/1

北部湾蓝皮书
泛北部湾合作发展报告（2017~2018）
著（编）者：吕余生 2018年12月出版 / 估价：99.00元
PSN B-2008-114-1/1

北极蓝皮书
北极地区发展报告（2017）
著（编）者：刘惠荣 2018年7月出版 / 估价：99.00元
PSN B-2017-634-1/1

大洋洲蓝皮书
大洋洲发展报告（2017~2018）
著（编）者：喻常森 2018年10月出版 / 估价：99.00元
PSN B-2013-341-1/1

东北亚区域合作蓝皮书
2017年"一带一路"倡议与东北亚区域合作
著（编）者：刘亚政 金美花
2018年5月出版 / 估价：99.00元
PSN B-2017-631-1/1

东盟黄皮书
东盟发展报告（2017）
著（编）者：杨晓强 庄国土
2018年3月出版 / 估价：99.00元
PSN Y-2012-303-1/1

东南亚蓝皮书
东南亚地区发展报告（2017~2018）
著（编）者：王勤 2018年12月出版 / 估价：99.00元
PSN B-2012-240-1/1

非洲黄皮书
非洲发展报告No.20（2017~2018）
著（编）者：张宏明 2018年7月出版 / 估价：99.00元
PSN Y-2012-239-1/1

非传统安全蓝皮书
中国非传统安全研究报告（2017~2018）
著（编）者：潇枫 罗中枢 2018年8月出版 / 估价：99.00元
PSN B-2012-273-1/1

国际问题与全球治理类 皮书系列 2018全品种

国际安全蓝皮书
中国国际安全研究报告（2018）
著（编）者：刘慧　2018年7月出版 / 估价：99.00元
PSN B-2016-521-1/1

国际城市蓝皮书
国际城市发展报告（2018）
著（编）者：屠启宇　2018年2月出版 / 估价：99.00元
PSN B-2012-260-1/1

国际形势黄皮书
全球政治与安全报告（2018）
著（编）者：张宇燕　2018年1月出版 / 估价：99.00元
PSN Y-2001-016-1/1

公共外交蓝皮书
中国公共外交发展报告（2018）
著（编）者：赵启正　雷蔚真　2018年4月出版 / 估价：99.00元
PSN B-2015-457-1/1

金砖国家黄皮书
金砖国家综合创新竞争力发展报告（2018）
著（编）者：赵新力　李闽榕　黄茂兴
2018年8月出版 / 估价：128.00元
PSN Y-2017-643-1/1

拉美黄皮书
拉丁美洲和加勒比发展报告（2017~2018）
著（编）者：袁东振　2018年6月出版 / 估价：99.00元
PSN Y-1999-007-1/1

澜湄合作蓝皮书
澜沧江-湄公河合作发展报告（2018）
著（编）者：刘稚　2018年9月出版 / 估价：99.00元
PSN B-2011-196-1/1

欧洲蓝皮书
欧洲发展报告（2017~2018）
著（编）者：黄平　周弘　程卫东
2018年6月出版 / 估价：99.00元
PSN B-1999-009-1/1

葡语国家蓝皮书
葡语国家发展报告（2016~2017）
著（编）者：王成安　张敏　刘金兰
2018年4月出版 / 估价：99.00元
PSN B-2015-503-1/2

葡语国家蓝皮书
中国与葡语国家关系发展报告·巴西（2016）
著（编）者：张曙光　2018年8月出版 / 估价：99.00元
PSN B-2016-563-2/2

气候变化绿皮书
应对气候变化报告（2018）
著（编）者：王伟光　郑国光　2018年11月出版 / 估价：99.00元
PSN G-2009-144-1/1

全球环境竞争力绿皮书
全球环境竞争力报告（2018）
著（编）者：李建平　李闽榕　王金南
2018年12月出版 / 估价：198.00元
PSN G-2013-363-1/1

全球信息社会蓝皮书
全球信息社会发展报告（2018）
著（编）者：丁波涛　唐涛　2018年10月出版 / 估价：99.00元
PSN B-2017-665-1/1

日本经济蓝皮书
日本经济与中日经贸关系研究报告（2018）
著（编）者：张季风　2018年6月出版 / 估价：99.00元
PSN B-2008-102-1/1

上海合作组织黄皮书
上海合作组织发展报告（2018）
著（编）者：李进峰　2018年6月出版 / 估价：99.00元
PSN Y-2009-130-1/1

世界创新竞争力黄皮书
世界创新竞争力发展报告（2017）
著（编）者：李建平　李闽榕　赵新力
2018年1月出版 / 估价：168.00元
PSN Y-2013-318-1/1

世界经济黄皮书
2018年世界经济形势分析与预测
著（编）者：张宇燕　2018年1月出版 / 估价：99.00元
PSN Y-1999-006-1/1

丝绸之路蓝皮书
丝绸之路经济带发展报告（2018）
著（编）者：任宗哲　白宽犁　谷孟宾
2018年1月出版 / 估价：99.00元
PSN B-2014-410-1/1

新兴经济体蓝皮书
金砖国家发展报告（2018）
著（编）者：林跃勤　周文　2018年8月出版 / 估价：99.00元
PSN B-2011-195-1/1

亚太蓝皮书
亚太地区发展报告（2018）
著（编）者：李向阳　2018年5月出版 / 估价：99.00元
PSN B-2001-015-1/1

印度洋地区蓝皮书
印度洋地区发展报告（2018）
著（编）者：汪戎　2018年6月出版 / 估价：99.00元
PSN B-2013-334-1/1

渝新欧蓝皮书
渝新欧沿线国家发展报告（2018）
著（编）者：杨柏　黄英　2018年6月出版 / 估价：99.00元
PSN B-2017-626-1/1

中阿蓝皮书
中国-阿拉伯国家经贸发展报告（2018）
著（编）者：张廉　段庆林　王林聪　杨巧红
2018年12月出版 / 估价：99.00元
PSN B-2016-598-1/1

中东黄皮书
中东发展报告No.20（2017~2018）
著（编）者：杨光　2018年10月出版 / 估价：99.00元
PSN Y-1998-004-1/1

中亚黄皮书
中亚国家发展报告（2018）
著（编）者：孙力　2018年6月出版 / 估价：99.00元
PSN Y-2012-238-1/1

国别类

澳大利亚蓝皮书
澳大利亚发展报告（2017-2018）
著（编）者：孙有中 韩锋　2018年12月出版 / 估价：99.00元
PSN B-2016-587-1/1

巴西黄皮书
巴西发展报告（2017）
著（编）者：刘国枝　2018年5月出版 / 估价：99.00元
PSN Y-2017-614-1/1

德国蓝皮书
德国发展报告（2018）
著（编）者：郑春荣　2018年6月出版 / 估价：99.00元
PSN B-2012-278-1/1

俄罗斯黄皮书
俄罗斯发展报告（2018）
著（编）者：李永全　2018年6月出版 / 估价：99.00元
PSN Y-2006-061-1/1

韩国蓝皮书
韩国发展报告（2017）
著（编）者：牛林杰 刘宝全　2018年5月出版 / 估价：99.00元
PSN B-2010-155-1/1

加拿大蓝皮书
加拿大发展报告（2018）
著（编）者：唐小松　2018年9月出版 / 估价：99.00元
PSN B-2014-389-1/1

美国蓝皮书
美国研究报告（2018）
著（编）者：郑秉文 黄平　2018年5月出版 / 估价：99.00元
PSN B-2011-210-1/1

缅甸蓝皮书
缅甸国情报告（2017）
著（编）者：孔鹏 杨祥章　2018年1月出版 / 估价：99.00元
PSN B-2013-343-1/1

日本蓝皮书
日本研究报告（2018）
著（编）者：杨伯江　2018年6月出版 / 估价：99.00元
PSN B-2002-020-1/1

土耳其蓝皮书
土耳其发展报告（2018）
著（编）者：郭长刚 刘义　2018年9月出版 / 估价：99.00元
PSN B-2014-412-1/1

伊朗蓝皮书
伊朗发展报告（2017～2018）
著（编）者：冀开运　2018年10月出版 / 估价：99.00元
PSN B-2016-574-1/1

以色列蓝皮书
以色列发展报告（2018）
著（编）者：张倩红　2018年8月出版 / 估价：99.00元
PSN B-2015-483-1/1

印度蓝皮书
印度国情报告（2017）
著（编）者：吕昭义　2018年4月出版 / 估价：99.00元
PSN B-2012-241-1/1

英国蓝皮书
英国发展报告（2017～2018）
著（编）者：王展鹏　2018年12月出版 / 估价：99.00元
PSN B-2015-486-1/1

越南蓝皮书
越南国情报告（2018）
著（编）者：谢林城　2018年1月出版 / 估价：99.00元
PSN B-2006-056-1/1

泰国蓝皮书
泰国研究报告（2018）
著（编）者：庄国土 张禹东 刘文正
2018年10月出版 / 估价：99.00元
PSN B-2016-556-1/1

文化传媒类

"三农"舆情蓝皮书
中国"三农"网络舆情报告（2017～2018）
著（编）者：农业部信息中心
2018年6月出版 / 估价：99.00元
PSN B-2017-640-1/1

传媒竞争力蓝皮书
中国传媒国际竞争力研究报告（2018）
著（编）者：李本乾 刘强 王大可
2018年8月出版 / 估价：99.00元
PSN B-2013-356-1/1

传媒蓝皮书
中国传媒产业发展报告（2018）
著（编）者：崔保国　2018年5月出版 / 估价：99.00元
PSN B-2005-035-1/1

传媒投资蓝皮书
中国传媒投资发展报告（2018）
著（编）者：张向东 谭云明
2018年6月出版 / 估价：148.00元
PSN B-2015-474-1/1

文化传媒类

非物质文化遗产蓝皮书
中国非物质文化遗产发展报告(2018)
著(编)者:陈平　2018年5月出版 / 估价:128.00元
PSN B-2015-469-1/2

非物质文化遗产蓝皮书
中国非物质文化遗产保护发展报告(2018)
著(编)者:宋俊华　2018年10月出版 / 估价:128.00元
PSN B-2016-586-2/2

广电蓝皮书
中国广播电影电视发展报告(2018)
著(编)者:国家新闻出版广电总局发展研究中心
2018年7月出版 / 估价:99.00元
PSN B-2006-072-1/1

广告主蓝皮书
中国广告主营销传播趋势报告No.9
著(编)者:黄升民　杜国清　邵华冬　等
2018年10月出版 / 估价:158.00元
PSN B-2005-041-1/1

国际传播蓝皮书
中国国际传播发展报告(2018)
著(编)者:胡正荣　李继东　姬德强
2018年12月出版 / 估价:99.00元
PSN B-2014-408-1/1

国家形象蓝皮书
中国国家形象传播报告(2017)
著(编)者:张昆　2018年3月出版 / 估价:128.00元
PSN B-2017-605-1/1

互联网治理蓝皮书
中国网络社会治理研究报告(2018)
著(编)者:罗昕　支庭荣
2018年9月出版 / 估价:118.00元
PSN B-2017-653-1/1

纪录片蓝皮书
中国纪录片发展报告(2018)
著(编)者:何苏六　2018年10月出版 / 估价:99.00元
PSN B-2011-222-1/1

科学传播蓝皮书
中国科学传播报告(2016~2017)
著(编)者:詹正茂　2018年6月出版 / 估价:99.00元
PSN B-2008-120-1/1

两岸创意经济蓝皮书
两岸创意经济研究报告(2018)
著(编)者:罗昌智　董泽平
2018年10月出版 / 估价:99.00元
PSN B-2014-437-1/1

媒介与女性蓝皮书
中国媒介与女性发展报告(2017~2018)
著(编)者:刘利群　2018年5月出版 / 估价:99.00元
PSN B-2013-345-1/1

媒体融合蓝皮书
中国媒体融合发展报告(2017)
著(编)者:梅宁华　支庭荣　2018年1月出版 / 估价:99.00元
PSN B-2015-479-1/1

全球传媒蓝皮书
全球传媒发展报告(2017~2018)
著(编)者:胡正荣　李继东　2018年6月出版 / 估价:99.00元
PSN B-2012-237-1/1

少数民族非遗蓝皮书
中国少数民族非物质文化遗产发展报告(2018)
著(编)者:肖远平(彝)　柴立(满)
2018年10月出版 / 估价:118.00元
PSN B-2015-467-1/1

视听新媒体蓝皮书
中国视听新媒体发展报告(2018)
著(编)者:国家新闻出版广电总局发展研究中心
2018年7月出版 / 估价:118.00元
PSN B-2011-184-1/1

数字娱乐产业蓝皮书
中国动画产业发展报告(2018)
著(编)者:孙立军　孙平　牛兴侦
2018年10月出版 / 估价:99.00元
PSN B-2011-198-1/2

数字娱乐产业蓝皮书
中国游戏产业发展报告(2018)
著(编)者:孙立军　刘跃军
2018年10月出版 / 估价:99.00元
PSN B-2017-662-2/2

文化创新蓝皮书
中国文化创新报告(2017·No.8)
著(编)者:傅才武　2018年4月出版 / 估价:99.00元
PSN B-2009-143-1/1

文化建设蓝皮书
中国文化发展报告(2018)
著(编)者:江畅　孙伟平　戴茂堂
2018年5月出版 / 估价:99.00元
PSN B-2014-392-1/1

文化科技蓝皮书
文化科技创新发展报告(2018)
著(编)者:于平　李凤亮　2018年10月出版 / 估价:99.00元
PSN B-2013-342-1/1

文化蓝皮书
中国公共文化服务发展报告(2017~2018)
著(编)者:刘新成　张永新　张旭
2018年12月出版 / 估价:99.00元
PSN B 2007-093-2/10

文化蓝皮书
中国少数民族文化发展报告(2017~2018)
著(编)者:武翠英　张晓明　任乌晶
2018年9月出版 / 估价:99.00元
PSN B-2013-369-9/10

文化蓝皮书
中国文化产业供需协调检测报告(2018)
著(编)者:王亚南　2018年2月出版 / 估价:99.00元
PSN B-2013-323-8/10

文化蓝皮书
中国文化消费需求景气评价报告（2018）
著(编)者：王亚南　　2018年2月出版 / 估价：99.00元
PSN B-2011-236-4/10

文化蓝皮书
中国公共文化投入增长测评报告（2018）
著(编)者：王亚南　　2018年2月出版 / 估价：99.00元
PSN B-2014-435-10/10

文化品牌蓝皮书
中国文化品牌发展报告（2018）
著(编)者：欧阳友权　　2018年5月出版 / 估价：99.00元
PSN B-2012-277-1/1

文化遗产蓝皮书
中国文化遗产事业发展报告（2017~2018）
著(编)者：苏杨　张颖岚　卓杰　白海峰　陈晨　陈叙图
2018年8月出版 / 估价：99.00元
PSN B-2008-119-1/1

文学蓝皮书
中国文情报告（2017~2018）
著(编)者：白烨　　2018年5月出版 / 估价：99.00元
PSN B-2011-221-1/1

新媒体蓝皮书
中国新媒体发展报告No.9（2018）
著(编)者：唐绪军　　2018年7月出版 / 估价：99.00元
PSN B-2010-169-1/1

新媒体社会责任蓝皮书
中国新媒体社会责任研究报告（2018）
著(编)者：钟瑛　　2018年12月出版 / 估价：99.00元
PSN B-2014-423-1/1

移动互联网蓝皮书
中国移动互联网发展报告（2018）
著(编)者：余清楚　　2018年6月出版 / 估价：99.00元
PSN B-2012-282-1/1

影视蓝皮书
中国影视产业发展报告（2018）
著(编)者：司若　陈鹏　陈锐　　2018年4月出版 / 估价：99.00元
PSN B-2016-529-1/1

舆情蓝皮书
中国社会舆情与危机管理报告（2018）
著(编)者：谢耘耕　　2018年9月出版 / 估价：138.00元
PSN B-2011-235-1/1

地方发展类-经济

澳门蓝皮书
澳门经济社会发展报告（2017~2018）
著(编)者：吴志良　郝雨凡　　2018年7月出版 / 估价：99.00元
PSN B-2009-138-1/1

澳门绿皮书
澳门旅游休闲发展报告（2017~2018）
著(编)者：郝雨凡　林广志　　2018年5月出版 / 估价：99.00元
PSN G-2017-617-1/1

北京蓝皮书
北京经济发展报告（2017~2018）
著(编)者：杨松　　2018年6月出版 / 估价：99.00元
PSN B-2006-054-2/8

北京旅游绿皮书
北京旅游发展报告（2018）
著(编)者：北京旅游学会
2018年7月出版 / 估价：99.00元
PSN G-2012-301-1/1

北京体育蓝皮书
北京体育产业发展报告（2017~2018）
著(编)者：钟秉枢　陈杰　杨铁黎
2018年9月出版 / 估价：99.00元
PSN B-2015-475-1/1

滨海金融蓝皮书
滨海新区金融发展报告（2017）
著(编)者：王爱俭　李向前　　2018年4月出版 / 估价：99.00元
PSN B-2014-424-1/1

城乡一体化蓝皮书
北京城乡一体化发展报告（2017~2018）
著(编)者：吴宝新　张宝秀　黄序
2018年5月出版 / 估价：99.00元
PSN B-2012-258-2/2

非公有制企业社会责任蓝皮书
北京非公有制企业社会责任报告（2018）
著(编)者：宋贵伦　冯培　　2018年6月出版 / 估价：99.00元
PSN B-2017-613-1/1

福建旅游蓝皮书
福建省旅游产业发展现状研究（2017~2018）
著(编)者：陈敏华　黄远水
2018年12月出版 / 估价：128.00元
PSN B-2016-591-1/1

福建自贸区蓝皮书
中国（福建）自由贸易试验区发展报告（2017~2018）
著(编)者：黄茂兴　　2018年4月出版 / 估价：118.00元
PSN B-2016-531-1/1

甘肃蓝皮书
甘肃经济发展分析与预测（2018）
著(编)者：安文华　罗哲　　2018年1月出版 / 估价：99.00元
PSN B-2013-312-1/6

甘肃蓝皮书
甘肃商贸流通发展报告（2018）
著(编)者：张应华　王福生　王晓芳
2018年1月出版 / 估价：99.00元
PSN B-2016-522-6/6

地方发展类-经济

甘肃蓝皮书
甘肃县域和农村发展报告（2018）
著(编)者：朱智文 包东红 王建兵
2018年1月出版 / 估价：99.00元
PSN B-2013-316-5/6

甘肃农业科技绿皮书
甘肃农业科技发展研究报告（2018）
著(编)者：魏胜文 乔德华 张东伟
2018年12月出版 / 估价：198.00元
PSN B-2016-592-1/1

巩义蓝皮书
巩义经济社会发展报告（2018）
著(编)者：丁同民 朱军 2018年4月出版 / 估价：99.00元
PSN B-2016-532-1/1

广东外经贸蓝皮书
广东对外经济贸易发展研究报告（2017~2018）
著(编)者：陈万灵 2018年6月出版 / 估价：99.00元
PSN B-2012-286-1/1

广西北部湾经济区蓝皮书
广西北部湾经济区开放开发报告（2017~2018）
著(编)者：广西壮族自治区北部湾经济区和东盟开放合作办公室
广西社会科学院
广西北部湾发展研究院
2018年2月出版 / 估价：99.00元
PSN B-2010-181-1/1

广州蓝皮书
广州城市国际化发展报告（2018）
著(编)者：张跃国 2018年8月出版 / 估价：99.00元
PSN B-2012-246-11/14

广州蓝皮书
中国广州城市建设与管理发展报告（2018）
著(编)者：张其学 陈小钢 王宏伟 2018年8月出版 / 估价：99.00元
PSN B-2007-087-4/14

广州蓝皮书
广州创新型城市发展报告（2018）
著(编)者：尹涛 2018年6月出版 / 估价：99.00元
PSN B-2012-247-12/14

广州蓝皮书
广州经济发展报告（2018）
著(编)者：张跃国 尹涛 2018年7月出版 / 估价：99.00元
PSN B-2005-040-1/14

广州蓝皮书
2018年中国广州经济形势分析与预测
著(编)者：魏明海 谢博能 李华
2018年6月出版 / 估价：99.00元
PSN B-2011-185-9/14

广州蓝皮书
中国广州科技创新发展报告（2018）
著(编)者：于欣伟 陈爽 邓佑满 2018年8月出版 / 估价：99.00元
PSN B-2006-065-2/14

广州蓝皮书
广州农村发展报告（2018）
著(编)者：朱名宏 2018年7月出版 / 估价：99.00元
PSN B-2010-167-8/14

广州蓝皮书
广州汽车产业发展报告（2018）
著(编)者：杨再高 冯兴亚 2018年7月出版 / 估价：99.00元
PSN B-2006-066-3/14

广州蓝皮书
广州商贸业发展报告（2018）
著(编)者：张跃国 陈杰 荀振英
2018年7月出版 / 估价：99.00元
PSN B-2012-245-10/14

贵阳蓝皮书
贵阳城市创新发展报告No.3（白云篇）
著(编)者：连玉明 2018年5月出版 / 估价：99.00元
PSN B-2015-491-3/10

贵阳蓝皮书
贵阳城市创新发展报告No.3（观山湖篇）
著(编)者：连玉明 2018年5月出版 / 估价：99.00元
PSN B-2015-497-9/10

贵阳蓝皮书
贵阳城市创新发展报告No.3（花溪篇）
著(编)者：连玉明 2018年5月出版 / 估价：99.00元
PSN B-2015-490-2/10

贵阳蓝皮书
贵阳城市创新发展报告No.3（开阳篇）
著(编)者：连玉明 2018年5月出版 / 估价：99.00元
PSN B-2015-492-4/10

贵阳蓝皮书
贵阳城市创新发展报告No.3（南明篇）
著(编)者：连玉明 2018年5月出版 / 估价：99.00元
PSN B-2015-496-8/10

贵阳蓝皮书
贵阳城市创新发展报告No.3（清镇篇）
著(编)者：连玉明 2018年5月出版 / 估价：99.00元
PSN B-2015-489-1/10

贵阳蓝皮书
贵阳城市创新发展报告No.3（乌当篇）
著(编)者：连玉明 2018年5月出版 / 估价：99.00元
PSN B-2015-495-7/10

贵阳蓝皮书
贵阳城市创新发展报告No.3（息烽篇）
著(编)者：连玉明 2018年5月出版 / 估价：99.00元
PSN B-2015-493-5/10

贵阳蓝皮书
贵阳城市创新发展报告No.3（修文篇）
著(编)者：连玉明 2018年5月出版 / 估价：99.00元
PSN B-2015-494-6/10

贵阳蓝皮书
贵阳城市创新发展报告No.3（云岩篇）
著(编)者：连玉明 2018年5月出版 / 估价：99.00元
PSN B-2015-498-10/10

贵州房地产蓝皮书
贵州房地产发展报告No.5（2018）
著(编)者：武廷方 2018年7月出版 / 估价：99.00元
PSN B-2014-426-1/1

皮书系列 2018全品种
地方发展类-经济

贵州蓝皮书
贵州册亨经济社会发展报告（2018）
著（编）者：黄德林　2018年3月出版 / 估价：99.00元
PSN B-2016-525-8/9

贵州蓝皮书
贵州地理标志产业发展报告（2018）
著（编）者：李发耀　黄其松　2018年8月出版 / 估价：99.00元
PSN B-2017-646-10/10

贵州蓝皮书
贵安新区发展报告（2017~2018）
著（编）者：马长青　吴大华　2018年6月出版 / 估价：99.00元
PSN B-2015-459-4/10

贵州蓝皮书
贵州国家级开放创新平台发展报告（2017~2018）
著（编）者：申晓庆　吴大华　季泓
2018年11月出版 / 估价：99.00元
PSN B-2016-518-7/10

贵州蓝皮书
贵州国有企业社会责任发展报告（2017~2018）
著（编）者：郭丽　2018年12月出版 / 估价：99.00元
PSN B-2015-511-6/10

贵州蓝皮书
贵州民航业发展报告（2017）
著（编）者：申振东　吴大华　2018年1月出版 / 估价：99.00元
PSN B-2015-471-5/10

贵州蓝皮书
贵州民营经济发展报告（2017）
著（编）者：杨静　吴大华　2018年3月出版 / 估价：99.00元
PSN B-2016-530-9/9

杭州都市圈蓝皮书
杭州都市圈发展报告（2018）
著（编）者：沈翔　戚建国　2018年5月出版 / 估价：128.00元
PSN B-2012-302-1/1

河北经济蓝皮书
河北省经济发展报告（2018）
著（编）者：马树强　金浩　张贵　2018年4月出版 / 估价：99.00元
PSN B-2014-380-1/1

河北蓝皮书
河北经济社会发展报告（2018）
著（编）者：康振海　2018年1月出版 / 估价：99.00元
PSN B-2014-372-1/3

河北蓝皮书
京津冀协同发展报告（2018）
著（编）者：陈璐　2018年1月出版 / 估价：99.00元
PSN B-2017-601-2/3

河南经济蓝皮书
2018年河南经济形势分析与预测
著（编）者：王世炎　2018年3月出版 / 估价：99.00元
PSN B-2007-086-1/1

河南蓝皮书
河南城市发展报告（2018）
著（编）者：张占仓　王建国　2018年5月出版 / 估价：99.00元
PSN B-2009-131-3/9

河南蓝皮书
河南工业发展报告（2018）
著（编）者：张占仓　2018年5月出版 / 估价：99.00元
PSN B-2013-317-5/9

河南蓝皮书
河南金融发展报告（2018）
著（编）者：喻新安　谷建全
2018年6月出版 / 估价：99.00元
PSN B-2014-390-7/9

河南蓝皮书
河南经济发展报告（2018）
著（编）者：张占仓　完世伟
2018年4月出版 / 估价：99.00元
PSN B-2010-157-4/9

河南蓝皮书
河南能源发展报告（2018）
著（编）者：国网河南省电力公司经济技术研究院
　　　　　河南省社会科学院
2018年3月出版 / 估价：99.00元
PSN B-2017-607-9/9

河南商务蓝皮书
河南商务发展报告（2018）
著（编）者：焦锦淼　穆荣国　2018年5月出版 / 估价：99.00元
PSN B-2014-399-1/1

河南双创蓝皮书
河南创新创业发展报告（2018）
著（编）者：喻新安　杨雪梅　2018年8月出版 / 估价：99.00元
PSN B-2017-641-1/1

黑龙江蓝皮书
黑龙江经济发展报告（2018）
著（编）者：朱宇　2018年1月出版 / 估价：99.00元
PSN B-2011-190-2/2

湖南城市蓝皮书
区域城市群整合
著（编）者：童中贤　韩未名　2018年12月出版 / 估价：99.00元
PSN B-2006-064-1/1

湖南蓝皮书
湖南城乡一体化发展报告（2018）
著（编）者：陈文胜　王文强　陆福兴
2018年8月出版 / 估价：99.00元
PSN B-2015-477-8/8

湖南蓝皮书
2018年湖南电子政务发展报告
著（编）者：梁志峰　2018年5月出版 / 估价：128.00元
PSN B-2014-394-6/8

湖南蓝皮书
2018年湖南经济发展报告
著（编）者：卞鹰　2018年5月出版 / 估价：128.00元
PSN B-2011-207-2/8

湖南蓝皮书
2016年湖南经济展望
著（编）者：梁志峰　2018年5月出版 / 估价：128.00元
PSN B-2011-206-1/8

皮书系列 2018全品种

地方发展类-经济

湖南蓝皮书
2018年湖南县域经济社会发展报告
著(编)者：梁志峰　2018年5月出版 / 估价：128.00元
PSN B-2014-395-7/8

湖南县域绿皮书
湖南县域发展报告（No.5）
著(编)者：袁准　周小毛　黎仁寅
2018年3月出版 / 估价：99.00元
PSN G-2012-274-1/1

沪港蓝皮书
沪港发展报告（2018）
著(编)者：尤安山　2018年9月出版 / 估价：99.00元
PSN B-2013-362-1/1

吉林蓝皮书
2018年吉林经济社会形势分析与预测
著(编)者：邵汉明　2017年12月出版 / 估价：99.00元
PSN B-2013-319-1/1

吉林省城市竞争力蓝皮书
吉林省城市竞争力报告（2018~2019）
著(编)者：崔岳春　张磊　2018年12月出版 / 估价：99.00元
PSN B-2016-513-1/1

济源蓝皮书
济源经济社会发展报告（2018）
著(编)者：喻新安　2018年4月出版 / 估价：99.00元
PSN B-2014-387-1/1

江苏蓝皮书
2018年江苏经济发展分析与展望
著(编)者：王庆五　吴先满　2018年7月出版 / 估价：128.00元
PSN B-2017-635-1/3

江西蓝皮书
江西经济社会发展报告（2018）
著(编)者：陈石俊　龚建文　2018年10月出版 / 估价：128.00元
PSN B-2015-484-1/2

江西蓝皮书
江西设区市发展报告（2018）
著(编)者：姜玮　梁勇　2018年10月出版 / 估价：99.00元
PSN B-2016-517-2/2

经济特区蓝皮书
中国经济特区发展报告（2017）
著(编)者：陶一桃　2018年1月出版 / 估价：99.00元
PSN B-2009-139-1/1

辽宁蓝皮书
2018年辽宁经济社会形势分析与预测
著(编)者：梁启东　魏红江　2018年6月出版 / 估价：99.00元
PSN B-2006-053-1/1

民族经济蓝皮书
中国民族地区经济发展报告（2018）
著(编)者：李曦辉　2018年7月出版 / 估价：99.00元
PSN B-2017-630-1/1

南宁蓝皮书
南宁经济发展报告（2018）
著(编)者：胡建华　2018年9月出版 / 估价：99.00元
PSN B-2016-569-2/3

浦东新区蓝皮书
上海浦东经济发展报告（2018）
著(编)者：沈开艳　周奇　2018年2月出版 / 估价：99.00元
PSN B-2011-225-1/1

青海蓝皮书
2018年青海经济社会形势分析与预测
著(编)者：陈玮　2017年12月出版 / 估价：99.00元
PSN B-2012-275-1/2

山东蓝皮书
山东经济形势分析与预测（2018）
著(编)者：李广杰　2018年7月出版 / 估价：99.00元
PSN B-2012-404-1/5

山东蓝皮书
山东省普惠金融发展报告（2018）
著(编)者：齐鲁财富网
2018年9月出版 / 估价：99.00元
PSN B2017-676-5/5

山西蓝皮书
山西资源型经济转型发展报告（2018）
著(编)者：李志强　2018年7月出版 / 估价：99.00元
PSN B-2011-197-1/1

陕西蓝皮书
陕西经济发展报告（2018）
著(编)者：任宗哲　白宽犁　裴成荣
2018年1月出版 / 估价：99.00元
PSN B-2009-135-1/6

陕西蓝皮书
陕西精准脱贫研究报告（2018）
著(编)者：任宗哲　白宽犁　王建康
2018年6月出版 / 估价：99.00元
PSN B-2017-623-6/6

上海蓝皮书
上海经济发展报告（2018）
著(编)者：沈开艳
2018年2月出版 / 估价：99.00元
PSN B-2006-057-1/7

上海蓝皮书
上海资源环境发展报告（2018）
著(编)者：周冯琦　汤庆合
2018年2月出版 / 估价：99.00元
PSN B-2006-060-4/7

上饶蓝皮书
上饶发展报告（2016~2017）
著(编)者：廖其志　2018年3月出版 / 估价：128.00元
PSN B-2014-377-1/1

深圳蓝皮书
深圳经济发展报告（2018）
著(编)者：张骁儒　2018年6月出版 / 估价：99.00元
PSN B-2008-112-3/7

四川蓝皮书
四川城镇化发展报告（2018）
著(编)者：侯水平　陈炜
2018年4月出版 / 估价：99.00元
PSN B-2015-456-7/7

四川蓝皮书
2018年四川经济形势分析与预测
著(编)者：杨钢　2018年1月出版／估价：99.00元
PSN B-2007-098-2/7

四川蓝皮书
四川企业社会责任研究报告（2017~2018）
著(编)者：侯水平　盛毅　2018年5月出版／估价：99.00元
PSN B-2014-386-4/7

四川蓝皮书
四川生态建设报告（2018）
著(编)者：李晟之　2018年5月出版／估价：99.00元
PSN B-2014-455-6/7

体育蓝皮书
上海体育产业发展报告（2017~2018）
著(编)者：张林　黄海燕　2018年10月出版／估价：99.00元
PSN B-2015-454-4/5

体育蓝皮书
长三角地区体育产业发展报告（2017~2018）
著(编)者：张林　2018年4月出版／估价：99.00元
PSN B-2015-453-3/5

天津金融蓝皮书
天津金融发展报告（2018）
著(编)者：王爱俭　孔德昌　2018年3月出版／估价：99.00元
PSN B-2014-418-1/1

图们江区域合作蓝皮书
图们江区域合作发展报告（2018）
著(编)者：李铁　2018年6月出版／估价：99.00元
PSN B-2015-464-1/1

温州蓝皮书
2018年温州经济社会形势分析与预测
著(编)者：蒋儒标　王春光　金浩
2018年4月出版／估价：99.00元
PSN B-2008-105-1/1

西咸新区蓝皮书
西咸新区发展报告（2018）
著(编)者：李扬　王军
2018年6月出版／估价：99.00元
PSN B-2016-534-1/1

修武蓝皮书
修武经济社会发展报告（2018）
著(编)者：张占仓　袁凯声
2018年10月出版／估价：99.00元
PSN B-2017-651-1/1

偃师蓝皮书
偃师经济社会发展报告（2018）
著(编)者：张占仓　袁凯声　何武周
2018年7月出版／估价：99.00元
PSN B-2017-627-1/1

扬州蓝皮书
扬州经济社会发展报告（2018）
著(编)者：陈扬
2018年12月出版／估价：108.00元
PSN B-2011-191-1/1

长垣蓝皮书
长垣经济社会发展报告（2018）
著(编)者：张占仓　袁凯声　秦保建
2018年10月出版／估价：99.00元
PSN B-2017-654-1/1

遵义蓝皮书
遵义发展报告（2018）
著(编)者：邓彦　曾征　龚永育
2018年9月出版／估价：99.00元
PSN B-2014-433-1/1

地方发展类-社会

安徽蓝皮书
安徽社会发展报告（2018）
著(编)者：程桦　2018年4月出版／估价：99.00元
PSN B-2013-325-1/1

安徽社会建设蓝皮书
安徽社会建设分析报告（2017~2018）
著(编)者：黄家海　蔡宪
2018年11月出版／估价：99.00元
PSN B-2013-322-1/1

北京蓝皮书
北京公共服务发展报告（2017~2018）
著(编)者：施昌奎　2018年3月出版／估价：99.00元
PSN B-2008-103-7/8

北京蓝皮书
北京社会发展报告（2017~2018）
著(编)者：李伟东
2018年7月出版／估价：99.00元
PSN B-2006-055-3/8

北京蓝皮书
北京社会治理发展报告（2017~2018）
著(编)者：殷星辰　2018年7月出版／估价：99.00元
PSN B-2014-391-8/8

北京律师蓝皮书
北京律师发展报告 No.3（2018）
著(编)者：王隽　2018年12月出版／估价：99.00元
PSN B-2011-217-1/1

地方发展类–社会

皮书系列 2018全品种

北京人才蓝皮书
北京人才发展报告（2018）
著(编)者: 敏华　2018年12月出版 / 估价: 128.00元
PSN B-2011-201-1/1

北京社会心态蓝皮书
北京社会心态分析报告（2017~2018）
北京市社会心理服务促进中心
2018年10月出版 / 估价: 99.00元
PSN B-2014-422-1/1

北京社会组织管理蓝皮书
北京社会组织发展与管理（2018）
著(编)者: 黄江松
2018年4月出版 / 估价: 99.00元
PSN B-2015-446-1/1

北京养老产业蓝皮书
北京居家养老发展报告（2018）
著(编)者: 陆杰华　周明明
2018年8月出版 / 估价: 99.00元
PSN B-2015-465-1/1

法治蓝皮书
四川依法治省年度报告No.4（2018）
著(编)者: 李林　杨天宗　田禾
2018年3月出版 / 估价: 118.00元
PSN B-2015-447-2/3

福建妇女发展蓝皮书
福建省妇女发展报告（2018）
著(编)者: 刘群英　2018年11月出版 / 估价: 99.00元
PSN B-2011-220-1/1

甘肃蓝皮书
甘肃社会发展分析与预测（2018）
著(编)者: 安文华　包晓霞　谢增虎
2018年1月出版 / 估价: 99.00元
PSN B-2013-313-2/6

广东蓝皮书
广东全面深化改革研究报告（2018）
著(编)者: 周林生　涂成林
2018年12月出版 / 估价: 99.00元
PSN B-2015-504-3/3

广东蓝皮书
广东社会工作发展报告（2018）
著(编)者: 罗观翠　2018年6月出版 / 估价: 99.00元
PSN B-2014-402-2/3

广州蓝皮书
广州青年发展报告（2018）
著(编)者: 徐柳　张强
2018年8月出版 / 估价: 99.00元
PSN B-2013-352-13/14

广州蓝皮书
广州社会保障发展报告（2018）
著(编)者: 张跃国　2018年8月出版 / 估价: 99.00元
PSN B-2014-425-14/14

广州蓝皮书
2018年中国广州社会形势分析与预测
著(编)者: 张强　郭志勇　何镜清
2018年6月出版 / 估价: 99.00元
PSN B-2008-110-5/14

贵州蓝皮书
贵州法治发展报告（2018）
著(编)者: 吴大华　2018年5月出版 / 估价: 99.00元
PSN B-2012-254-2/10

贵州蓝皮书
贵州人才发展报告（2017）
著(编)者: 于杰　吴大华
2018年9月出版 / 估价: 99.00元
PSN B-2014-382-3/10

贵州蓝皮书
贵州社会发展报告（2018）
著(编)者: 王兴骥　2018年4月出版 / 估价: 99.00元
PSN B-2010-166-1/10

杭州蓝皮书
杭州妇女发展报告（2018）
著(编)者: 魏颖　2018年10月出版 / 估价: 99.00元
PSN B-2014-403-1/1

河北蓝皮书
河北法治发展报告（2018）
著(编)者: 康振海　2018年6月出版 / 估价: 99.00元
PSN B-2017-622-3/3

河北食品药品安全蓝皮书
河北食品药品安全研究报告（2018）
著(编)者: 丁锦霞　2018年10月出版 / 估价: 99.00元
PSN B-2015-473-1/1

河南蓝皮书
河南法治发展报告（2018）
著(编)者: 张林海　2018年7月出版 / 估价: 99.00元
PSN B-2014-376-6/9

河南蓝皮书
2018年河南社会形势分析与预测
著(编)者: 牛苏林　2018年5月出版 / 估价: 99.00元
PSN B-2005-043-1/9

河南民办教育蓝皮书
河南民办教育发展报告（2018）
著(编)者: 胡大白　2018年9月出版 / 估价: 99.00元
PSN B-2017-642-1/1

黑龙江蓝皮书
黑龙江社会发展报告（2018）
著(编)者: 谢宝禄　2018年1月出版 / 估价: 99.00元
PSN B-2011-189-1/2

湖南蓝皮书
2018年湖南两型社会与生态文明建设报告
著(编)者: 卞鹰　2018年5月出版 / 估价: 128.00元
PSN B-2011-208-3/8

湖南蓝皮书
2018年湖南社会发展报告
著(编)者: 卞鹰　2018年5月出版 / 估价: 128.00元
PSN B-2014-393-5/8

健康城市蓝皮书
北京健康城市建设研究报告（2018）
著(编)者: 王鸿春　盛继洪　2018年9月出版 / 估价: 99.00元
PSN B-2015-460-1/2

地方发展类-社会

江苏法治蓝皮书
江苏法治发展报告No.6（2017）
著(编)者：蔡道通 龚廷泰　2018年8月出版 / 估价：99.00元
PSN B-2012-290-1/1

江苏蓝皮书
2018年江苏社会发展分析与展望
著(编)者：王庆五 刘旺洪　2018年8月出版 / 估价：128.00元
PSN B-2017-636-2/3

南宁蓝皮书
南宁法治发展报告（2018）
著(编)者：杨维超　2018年12月出版 / 估价：99.00元
PSN B-2015-509-1/3

南宁蓝皮书
南宁社会发展报告（2018）
著(编)者：胡建华　2018年10月出版 / 估价：99.00元
PSN B-2016-570-3/3

内蒙古蓝皮书
内蒙古反腐倡廉建设报告 No.2
著(编)者：张志华　2018年6月出版 / 估价：99.00元
PSN B-2013-365-1/1

青海蓝皮书
2018年青海人才发展报告
著(编)者：王宇燕　2018年9月出版 / 估价：99.00元
PSN B-2017-650-2/2

青海生态文明建设蓝皮书
青海生态文明建设报告（2018）
著(编)者：张西明 高华　2018年12月出版 / 估价：99.00元
PSN B-2016-595-1/1

人口与健康蓝皮书
深圳人口与健康发展报告（2018）
著(编)者：陆杰华 傅崇辉　2018年11月出版 / 估价：99.00元
PSN B-2011-228-1/1

山东蓝皮书
山东社会形势分析与预测（2018）
著(编)者：李善峰　2018年6月出版 / 估价：99.00元
PSN B-2014-405-2/5

陕西蓝皮书
陕西社会发展报告（2018）
著(编)者：任宗哲 白宽犁 牛昉　2018年1月出版 / 估价：99.00元
PSN B-2009-136-2/6

上海蓝皮书
上海法治发展报告（2018）
著(编)者：叶必丰　2018年9月出版 / 估价：99.00元
PSN B-2012-296-6/7

上海蓝皮书
上海社会发展报告（2018）
著(编)者：杨雄 周海旺　2018年2月出版 / 估价：99.00元
PSN B-2006-058-2/7

社会建设蓝皮书
2018年北京社会建设分析报告
著(编)者：宋贵伦 冯虹　2018年9月出版 / 估价：99.00元
PSN B-2010-173-1/1

深圳蓝皮书
深圳法治发展报告（2018）
著(编)者：张骁儒　2018年6月出版 / 估价：99.00元
PSN B-2015-470-6/7

深圳蓝皮书
深圳劳动关系发展报告（2018）
著(编)者：汤庭芬　2018年8月出版 / 估价：99.00元
PSN B-2007-097-2/7

深圳蓝皮书
深圳社会治理与发展报告（2018）
著(编)者：张骁儒　2018年6月出版 / 估价：99.00元
PSN B-2008-113-4/7

生态安全绿皮书
甘肃国家生态安全屏障建设发展报告（2018）
著(编)者：刘举科 喜文华
2018年10月出版 / 估价：99.00元
PSN G-2017-659-1/1

顺义社会建设蓝皮书
北京市顺义区社会建设发展报告（2018）
著(编)者：王学武　2018年9月出版 / 估价：99.00元
PSN B-2017-658-1/1

四川蓝皮书
四川法治发展报告（2018）
著(编)者：郑泰安　2018年1月出版 / 估价：99.00元
PSN B-2015-441-5/7

四川蓝皮书
四川社会发展报告（2018）
著(编)者：李羚　2018年6月出版 / 估价：99.00元
PSN B-2008-127-3/7

云南社会治理蓝皮书
云南社会治理年度报告（2017）
著(编)者：晏雄 韩全芳
2018年5月出版 / 估价：99.00元
PSN B-2017-667-1/1

地方发展类-文化

北京传媒蓝皮书
北京新闻出版广电发展报告（2017~2018）
著(编)者：王志　2018年11月出版 / 估价：99.00元
PSN B-2016-588-1/1

北京蓝皮书
北京文化发展报告（2017~2018）
著(编)者：李建盛　2018年5月出版 / 估价：99.00元
PSN B-2007-082-4/8

地方发展类-文化

皮书系列 2018全品种

创意城市蓝皮书
北京文化创意产业发展报告（2018）
著(编)者：郭万超 张京成　2018年12月出版 / 估价：99.00元
PSN B-2012-263-1/7

创意城市蓝皮书
天津文化创意产业发展报告（2017~2018）
著(编)者：谢思全　2018年6月出版 / 估价：99.00元
PSN B-2016-536-7/7

创意城市蓝皮书
武汉文化创意产业发展报告（2018）
著(编)者：黄永林 陈汉桥　2018年12月出版 / 估价：99.00元
PSN B-2013-354-4/7

创意上海蓝皮书
上海文化创意产业发展报告（2017~2018）
著(编)者：王慧敏 王兴全　2018年8月出版 / 估价：99.00元
PSN B-2016-561-1/1

非物质文化遗产蓝皮书
广州市非物质文化遗产保护发展报告（2018）
著(编)者：宋俊华　2018年12月出版 / 估价：99.00元
PSN B-2016-589-1/1

甘肃蓝皮书
甘肃文化发展分析与预测（2018）
著(编)者：周小华 周小华　2018年1月出版 / 估价：99.00元
PSN B-2013-314-3/6

甘肃蓝皮书
甘肃舆情分析与预测（2018）
著(编)者：陈双梅 张谦元　2018年1月出版 / 估价：99.00元
PSN B-2013-315-4/6

广州蓝皮书
中国广州文化发展报告（2018）
著(编)者：屈哨兵 陆志强　2018年6月出版 / 估价：99.00元
PSN B-2009-134-7/14

广州蓝皮书
广州文化创意产业发展报告（2018）
著(编)者：徐咏虹　2018年7月出版 / 估价：99.00元
PSN B-2008-111-6/14

海淀蓝皮书
海淀区文化和科技融合发展报告（2018）
著(编)者：陈名杰 孟景伟　2018年5月出版 / 估价：99.00元
PSN B-2013-329-1/1

河南蓝皮书
河南文化发展报告（2018）
著(编)者：卫绍生　2018年7月出版 / 估价：99.00元
PSN B-2008-106-2/9

湖北文化产业蓝皮书
湖北省文化产业发展报告（2018）
著(编)者：黄晓华　2018年9月出版 / 估价：99.00元
PSN B-2017-656-1/1

湖北文化蓝皮书
湖北文化发展报告（2017~2018）
著(编)者：湖北大学高等人文研究院
　　　　中华文化发展湖北省协同创新中心
2018年10月出版 / 估价：99.00元
PSN B-2016-566-1/1

江苏蓝皮书
2018年江苏文化发展分析与展望
著(编)者：王庆五 樊和平　2018年9月出版 / 估价：128.00元
PSN B-2017-637-3/3

江西文化蓝皮书
江西非物质文化遗产发展报告（2018）
著(编)者：张圣才 傅安平　2018年12月出版 / 估价：128.00元
PSN B-2015-499-1/1

洛阳蓝皮书
洛阳文化发展报告（2018）
著(编)者：刘福兴 陈启明　2018年7月出版 / 估价：99.00元
PSN B-2015-476-1/1

南京蓝皮书
南京文化发展报告（2018）
著(编)者：中共南京市委宣传部
2018年12月出版 / 估价：99.00元
PSN B-2014-439-1/1

宁波文化蓝皮书
宁波"一人一艺"全民艺术普及发展报告（2017）
著(编)者：张爱琴　2018年11月出版 / 估价：128.00元
PSN B-2017-668-1/1

山东蓝皮书
山东文化发展报告（2018）
著(编)者：涂可国　2018年5月出版 / 估价：99.00元
PSN B-2014-406-3/5

陕西蓝皮书
陕西文化发展报告（2018）
著(编)者：任宗哲 白宽犁 王长寿
2018年1月出版 / 估价：99.00元
PSN B-2009-137-3/6

上海蓝皮书
上海传媒发展报告（2018）
著(编)者：强荧 焦雨虹　2018年2月出版 / 估价：99.00元
PSN B-2012-295-5/7

上海蓝皮书
上海文学发展报告（2018）
著(编)者：陈圣来　2018年6月出版 / 估价：99.00元
PSN B-2012-297-7/7

上海蓝皮书
上海文化发展报告（2018）
著(编)者：荣跃明　2018年2月出版 / 估价：99.00元
PSN B-2006-059-3/7

深圳蓝皮书
深圳文化发展报告（2018）
著(编)者：张晓儒　2018年7月出版 / 估价：99.00元
PSN B-2016-554-7/7

四川蓝皮书
四川文化产业发展报告（2018）
著(编)者：向宝云 张立伟　2018年4月出版 / 估价：99.00元
PSN B-2006-074-1/7

郑州蓝皮书
2018年郑州文化发展报告
著(编)者：王哲　2018年9月出版 / 估价：99.00元
PSN B-2008-107-1/1

❖ 皮书起源 ❖

"皮书"起源于十七、十八世纪的英国,主要指官方或社会组织正式发表的重要文件或报告,多以"白皮书"命名。在中国,"皮书"这一概念被社会广泛接受,并被成功运作、发展成为一种全新的出版形态,则源于中国社会科学院社会科学文献出版社。

❖ 皮书定义 ❖

皮书是对中国与世界发展状况和热点问题进行年度监测,以专业的角度、专家的视野和实证研究方法,针对某一领域或区域现状与发展态势展开分析和预测,具备原创性、实证性、专业性、连续性、前沿性、时效性等特点的公开出版物,由一系列权威研究报告组成。

❖ 皮书作者 ❖

皮书系列的作者以中国社会科学院、著名高校、地方社会科学院的研究人员为主,多为国内一流研究机构的权威专家学者,他们的看法和观点代表了学界对中国与世界的现实和未来最高水平的解读与分析。

❖ 皮书荣誉 ❖

皮书系列已成为社会科学文献出版社的著名图书品牌和中国社会科学院的知名学术品牌。2016年,皮书系列正式列入"十三五"国家重点出版规划项目;2013~2018年,重点皮书列入中国社会科学院承担的国家哲学社会科学创新工程项目;2018年,59种院外皮书使用"中国社会科学院创新工程学术出版项目"标识。

中国皮书网

（网址：www.pishu.cn）

发布皮书研创资讯，传播皮书精彩内容
引领皮书出版潮流，打造皮书服务平台

栏目设置

关于皮书：何谓皮书、皮书分类、皮书大事记、皮书荣誉、
皮书出版第一人、皮书编辑部

最新资讯：通知公告、新闻动态、媒体聚焦、网站专题、视频直播、下载专区

皮书研创：皮书规范、皮书选题、皮书出版、皮书研究、研创团队

皮书评奖评价：指标体系、皮书评价、皮书评奖

互动专区：皮书说、社科数托邦、皮书微博、留言板

所获荣誉

2008年、2011年，中国皮书网均在全国新闻出版业网站荣誉评选中获得"最具商业价值网站"称号；

2012年，获得"出版业网站百强"称号。

网库合一

2014年，中国皮书网与皮书数据库端口合一，实现资源共享。

权威报告·一手数据·特色资源

皮书数据库
ANNUAL REPORT(YEARBOOK) DATABASE

当代中国经济与社会发展高端智库平台

所获荣誉

- 2016年,入选"'十三五'国家重点电子出版物出版规划骨干工程"
- 2015年,荣获"搜索中国正能量 点赞2015""创新中国科技创新奖"
- 2013年,荣获"中国出版政府奖·网络出版物奖"提名奖
- 连续多年荣获中国数字出版博览会"数字出版·优秀品牌"奖

成为会员

通过网址www.pishu.com.cn或使用手机扫描二维码进入皮书数据库网站,进行手机号码验证或邮箱验证即可成为皮书数据库会员(建议通过手机号码快速验证注册)。

会员福利

- 使用手机号码首次注册的会员,账号自动充值100元体验金,可直接购买和查看数据库内容(仅限使用手机号码快速注册)。
- 已注册用户购书后可免费获赠100元皮书数据库充值卡。刮开充值卡涂层获取充值密码,登录并进入"会员中心"—"在线充值"—"充值卡充值",充值成功后即可购买和查看数据库内容。

数据库服务热线:400-008-6695   图书销售热线:010-59367070/7028
数据库服务QQ:2475522410   图书服务QQ:1265056568
数据库服务邮箱:database@ssap.cn 图书服务邮箱:duzhe@ssap.cn

更多信息请登录

皮书数据库
http://www.pishu.com.cn

中国皮书网
http://www.pishu.cn

皮书微博
http://weibo.com/pishu

皮书微信"皮书说"

请到当当、亚马逊、京东或各地书店购买,也可办理邮购

咨询/邮购电话:010-59367028 59367070
邮　　箱:duzhe@ssap.cn
邮购地址:北京市西城区北三环中路甲29号院3号楼
　　　　　华龙大厦13层读者服务中心
邮　　编:100029
银行户名:社会科学文献出版社
开户银行:中国工商银行北京北太平庄支行
账　　号:0200010019200365434

特色小镇蓝皮书
BLUE BOOK OF CHARACTERISTIC TOWNS

特色小镇智慧运营报告（2018）

ANNUAL REPORT ON THE INTELLIGENT OPERATION OF CHARACTERISTIC TOWNS (2018)

顶层设计与智慧架构标准

Top Level Design and Intelligent Architecture Standards

主 编/陈 劲
副主编/于 飞 谢 俊 李圣权

社会科学文献出版社
SOCIAL SCIENCES ACADEMIC PRESS (CHINA)

图书在版编目(CIP)数据

特色小镇智慧运营报告：顶层设计与智慧架构标准.
2018／陈劲主编. --北京：社会科学文献出版社，
2018.1
　（特色小镇蓝皮书）
　ISBN 978-7-5201-2179-8

　Ⅰ.①特… Ⅱ.①陈… Ⅲ.①小城镇-城市建设-研究报告-中国 Ⅳ.①F299.21

中国版本图书馆CIP数据核字（2018）第016142号

特色小镇蓝皮书
特色小镇智慧运营报告（2018）
——顶层设计与智慧架构标准

主　　编／陈　劲
副 主 编／于　飞　谢　俊　李圣权

出 版 人／谢寿光
项目统筹／恽　薇　陈凤玲
责任编辑／田　康

出　　版／社会科学文献出版社·经济与管理分社（010）59367226
　　　　　　地址：北京市北三环中路甲29号院华龙大厦　邮编：100029
　　　　　　网址：www.ssap.com.cn
发　　行／市场营销中心（010）59367081　59367018
印　　装／北京季蜂印刷有限公司

规　　格／开　本：787mm×1092mm　1/16
　　　　　　印　张：16　字　数：211千字
版　　次／2018年1月第1版　2018年1月第1次印刷
书　　号／ISBN 978-7-5201-2179-8
定　　价／79.00元

皮书序列号／PSN B-2018-692-1/1

本书如有印装质量问题，请与读者服务中心（010-59367028）联系

▲ 版权所有 翻印必究

特色小镇蓝皮书编委会

顾　问
潘云鹤　中国工程院原常务副院长、院士
徐杨生　中国工程院院士
陈　纯　中国工程院院士
张　春　上海交通大学上海高级金融学院执行院长
张景安　中国城镇化促进会副主席

委　员　（按拼音排序）
陈　劲　清华大学经济管理学院教授，清华大学技术创新研究中心主任，长江学者
丁文锋　国家行政学院经济学部教授，中国区域经济学会智慧城市发展专委会主任
李圣权　城云科技（中国）有限公司副总裁、智慧城市首席架构师
尚　进　北京大学中国区域经济研究中心秘书长，国家发改委《中国信息界》杂志社社长
王秀义　科技日报社编委委员、机关党委书记
谢　俊　中国城镇化促进会信息部主任，特色小镇规划研究院院长
谢文武　浙江大学城市学院商学院副院长，特色小镇可持续发展研究院执行院长
于　飞　清华大学技术创新研究中心助理研究员

主　编　陈　劲

副主编　于　飞　谢　俊　李圣权

主要编撰者简介

陈　劲　清华大学经济管理学院教授、博士生导师，教育部长江学者特聘教授、国家杰出青年科学基金获得者，清华大学技术创新研究中心主任。主要研究领域为技术创新管理、创新政策、中国特色创新管理理论等。

于　飞　清华大学技术创新研究中心助理研究员，2014年获得西澳大利亚大学博士学位。主要研究领域为智慧企业、智慧型特色小镇。联系方式：yufei@sem.tsinghua.edu.cn。

谢　俊　欧洲科学院院士候选人，清华大学计算机学博士后，国家行政学院管理学博士后，在中国城镇化促进会任信息部主任兼特色小镇规划研究院院长，曾在国家行政学院等研究机构担任重要负责人。在国际重要刊物上发表论文三十余篇；成功申请国内国际发明专利二十余项；主持并参与国家重点课题四项。主要研究领域为智慧城市、共享经济、循环经济。

李圣权　武汉大学博士，教授级高级工程师。曾在政府部门作为技术主管从事房产管理、城市管理等电子政务工作，现为城云科技（中国）有限公司副总裁、智慧城市首席架构师。系智慧城市领域专家，任浙江省智慧城管协会秘书长、浙江省智慧城市标准技术委员会委员、浙江省智慧城管专家委员会委员等职务。主持和承担了多项国家及省部级智慧城市试点项目、科技示范项目和科研课题；多次获得住房和城乡建设部华夏建设科技奖、浙江省和杭州市科技进步奖等奖项。主要研究领域为智慧城管和智慧城市。

摘　要

党的十八大以来，党中央、国务院就深入推进新型城镇化建设做出了一系列重大战略部署，"十三五"规划明确提出，要因地制宜发展特色鲜明、产城融合、充满活力的小城镇。近年来，从中央到地方纷纷出台有关推进特色小镇发展的文件。在政策的正面推动下，多地积极开展特色小镇试点项目，探索和尝试培育特色小镇。继新农村、新型城镇化，特色小镇已经成为中国城乡发展的又一崭新发展模式。推进特色小镇发展对实施国家发展战略、全面建成小康社会和促进国家可持续发展具有十分重要的意义。但目前，特色小镇培育尚处于起步阶段，喜忧参半，巨大的发展空间伴随着特色小镇建设中出现的不可忽视的问题，从现有的特色小镇的建设与发展情况来看，中国特色小镇的发展和特色小镇智慧化发展依然任重道远。

本书从国内外智慧城市建设与发展入手，探究智慧城市内涵，建立智慧城市模型，给出智慧城市评估指标，并通过数据分析得出中国智慧城市排名，排名前十的城市依次为：深圳、上海、杭州、北京、广州、宁波、佛山、厦门、苏州、青岛；从整体上看，中国城市的智慧保障体系发展较为领先，智慧公共服务发展较为落后。进一步的，针对中国特色小镇发展中存在的盲目热、同质化、基础设施待完善等问题，提出包括云网、云脑、云擎三大部分的中国特色小镇智慧架构，旨在通过采用智慧化的技术和手段，从更全面和总体的角度去规划和运营特色小镇，促进中国小城镇和大中小城市相结合的智慧城市群的可持续性经济的快速发展。最后，选取目前较为成功的案例——

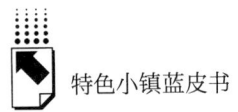

玉皇山南基金小镇作为专题案例进行深入研究,研究表明,正是基于智慧化架构带来的领先优势,使得该基金小镇无论是发展速度还是产业效应,都远远超过国内其他相似的基金小镇。

关键词: 智慧城市　特色小镇　顶层设计　智慧架构　智慧运营

序

  未来的 5 至 10 年是新产业革命推动的传统工业化与新型工业化相互交织,以及工业化与信息化深度融合的过渡期,从城市学角度看,它推动了城镇化和信息化的融合、数字城市向智慧城市的转化、特色小镇智慧化的转型。以人工智能、物联网、大数据、云计算为核心的智能技术引发的新革命正在发生,新能源、新材料、新技术与新模式的高度交互融合带来了科技、经济、社会、教育、生活等各方面的加速发展和变革。

  在大力建设和发展智慧城市的同时,不可忽略对小城镇的发展和建设。中国幅员辽阔,地区差距和城镇化发展进程差异较大,特色小镇的培育有利于多元化的城镇化发展,有利于使小镇发挥自然生态保护、传统文化传承、特色产业服务、卫星城市、"一带一路"重要节点等作用。特色小镇的建设是关系国家发展、民族未来、社会进步的重要事业,我们需要全新的视角、创新的理念、开放的思路。特色小镇智慧化就是一个突破口,如何智慧化建设和智慧化运营特色小镇,是值得我们思考的。

  本书对推动特色小镇智慧化的进一步深入应用具有重要意义。总报告对智慧城市和特色小镇进行了总结性分析,提出智慧特色小镇是智慧城市的升级;主题报告涉及智慧城市和特色小镇,发布了最新中国智慧城市排名,指出了特色小镇发展存在同质化、盲目热等问题;标准篇首创了中国特色小镇智慧架构标准,并详细阐述了特色小镇运营各标准模块的应用项目;案例篇对国内外人工智能产业聚集区域和小镇以及中国基金小镇进行了深入分析,列举了美国 2010 年至今新

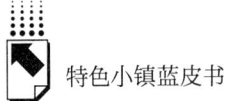

兴人工智能企业和产业分类。在对智慧城市和特色小镇进行深入研究和综合分析的基础上，前瞻探索颇具深度。

观念决定未来，格局决定高度。智慧城市和特色小镇建设是为社会和谐发展、稳定进步服务的，是我们共同的愿望和共同的使命。愿我们携手一起，通过智慧城市建设和特色小镇智慧化建设和运营，让物联网、数字化、云平台、云计算、人工智能等创新技术以及智慧运营、政府和社会资本合作等创新模式变成我们未来智慧中国建设的重要支柱。

中国高新技术产业开发区协会理事长
中国城镇化促进会副主席
国际欧亚科学院院士
国家科技部原秘书长

目 录

Ⅰ 总报告

B.1 特色小镇与智慧城市发展趋势 …………… 陈 劲 / 001
  一 国家政策助力特色小镇建设，特色小镇
    如雨后春笋般发展 ………………………… / 002
  二 盲目热、同质化、基础设施待完善、产镇
    发展欠平衡、体制机制缺活力
    制约特色小镇健康发展 …………………… / 003
  三 因地制宜、顺应互联趋势，合理发展路径，
    建设完整的特色小镇生态圈 ……………… / 006
  四 数据平台、特色运营、智慧管理，智慧
    特色小镇是智慧城市的升级形态 ………… / 008

Ⅱ 主题报告

B.2 中国特色小镇发展状况 …………………………… 谢 俊 / 010
B.3 中国智慧城市发展现状 ……………… 潘砚婷 于 飞 / 063

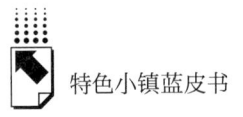

B.4 国外智慧城市发展现状 …………………… 潘砚婷　于　飞 / 085

Ⅲ 标准篇

B.5 特色小镇智慧架构 ………… 黄　微　王　冠　于　飞 / 106
B.6 特色小镇智慧化模块应用
　　………… 李圣权　王　冠　黄　微　黄紫虹　兰　飒
　　　　　　　　　　　陈国光　袁　帆　于　飞 / 127

Ⅳ 案例篇

B.7 中美人工智能产业聚集区域与人工智能小镇发展状况
　　………… 俞　璐　于　飞　廖广进　裘卉青　邵怀中 / 155
B.8 中国基金小镇发展状况
　　………………… 谢文武　吴青松　俞　璐　于　飞 / 191

Ⅵ 附录

B.9 中国特色小镇智慧化大事记
　　…………………………… 陈菲菲　向祉赟　徐　杰 / 234

皮书数据库阅读 使用指南

总报告
General Report

B.1
特色小镇与智慧城市发展趋势

陈 劲

摘 要： 特色小镇是新型城镇化下中国城乡建设发展的崭新模式，特色小镇不局限于建制镇的行政规划界限，它是一种创新的开放式空间，是"居民生活、区域产业、文化传承、城市发展"和谐相容、四位一体的创新空间。2016年10月，住建部公布了第一批127个特色小镇名单，其中旅游发展型和历史文化型特色小镇数量最多。在特色小镇的发展中，存在一些需要改善的问题，包括同质化现象、有待完善的基础设施配置、欠平衡的产镇发展、创新体制机制的欠缺等。面对这些问题，特色小镇建设应做好战略定位、组织建设和运营管理。同时，通过智慧化的基础数据建设和智慧运营手段，打造"人无我有"的特色定位，进行产业衍

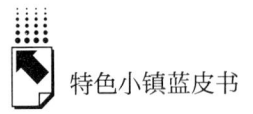

生和运营升值,从而打造智慧品牌。智慧特色小镇通过借鉴智慧城市的经验,以及与周边智慧城市相协调、相结合,有利于打造小城镇和大中小城市相结合的智慧城市群,带动区域经济转型,走向智慧新纪元。

关键词: 智慧城市　特色小镇　智慧特色小镇　产城人文

一 国家政策助力特色小镇建设,特色小镇如雨后春笋般发展

相比欧美等发达国家,我国在特色小镇建设方面起步较晚,但我国国家层面和地方层面的政策支持力度十分大,对特色小镇建设有着强有力的推进作用。

"特色小镇"的概念于2015年12月在中央经济工作会议中被提出,特色小镇建设在供给侧结构性改革引领新常态的起步阶段意义重大,它为各地产业发展战略的再选择提供了新思路。此后,国家颁布了诸如《国务院关于深入推进新型城镇化建设的若干意见》《国家新型城镇化规划(2014—2020年)》等一系列政策助力特色小镇发展,政策中明确提出,要加快特色小城镇的培育,从而促进农民就近城镇化、农业现代化和城市居民分散化。2016年7月,《关于做好2016年特色小镇推荐工作的通知》的下发,将特色小镇建设提升到国家高度,不同层面的政策也相应出台,为特色小镇的发展创造了可遇不可求的发展契机。

特色小(城)镇是一种创新的开放式空间,它是产业与城镇有机结合并互动的空间发展模式,既需要以独具特色的建设风貌、自然景观、历史人文、生态环境、生活方式为基础的城镇格局,也需要特

色化的产业定位和社会化的产业服务平台。特色小（城）镇打造产业聚集和创新的空间，通过新理念、新机制、新载体、新模式的融合，培育和建设具有文化内涵和个性特征、生态和生活宜居的高品质区域空间。产业为小镇提供就业机会、产品及经济产出与增值，小镇为产业和居民提供保障性服务以及衣、食、住、行、游、娱等生活配套基础设施与服务。总而言之，特色小镇通过发挥产业与区域协同发展的集聚效应及叠加效应，将产业竞争的优势转化为区域发展的优势，具有鲜明的产、城、文三者融合的发展特征。

2016年10月14日，住建部正式公布了北京市房山区长沟镇、杭州市桐庐县分水镇、金华市东阳市横店镇等第一批中国特色小镇名单，共计127个。从特色小镇区域分布来看，西南区域和华东区域的特色小镇数量较多，其中浙江省最多。《关于做好2016年特色小镇推荐工作的通知》将特色小镇主要分为六大类型，分别为历史文化型、工业发展型、旅游发展型、农业服务型、民族聚居型和商贸流通型，结合第一批中国特色小镇名单，旅游发展型特色小镇数量最多，共有64个，占比达50.39%，其次是历史文化型的特色小镇，共计23个，占比为18.11%。

二 盲目热、同质化、基础设施待完善、产镇发展欠平衡、体制机制缺活力制约特色小镇健康发展

建设小镇不能只追求速度，还需认真思考如何培养独特的风格和竞争力。在英美等发达国家数以万计的小（城）镇当中，能够成为全球特色小镇范本的也属凤毛麟角。由此可见，并非所有的小镇都具备成功基因，这为国内一窝蜂式的小镇建设潮流敲响警钟。

特色小（城）镇的建设与发展，需要注意目前出现的以下一系

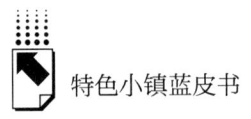

列问题。

（1）在特色小（城）镇发展热潮中，不应盲目求发展，最重要和最基础的是先做好规划工作。住建部、国家发改委、财政部发布的《关于开展特色小镇培育工作的通知》（147号文）提出，将争取到2020年在全国培育1000个特色小镇。在国家的利好政策下，面对这样一个庞大的、全国性的特色小镇布局，应该做好建设前的特色小镇总体规划，以及进一步的规划和项目部署工作，避免出现不必要的开发机构重叠和交叉发展。

（2）特色小（城）镇发展中存在同质化竞争问题，选择好特色主导产业和产业集群十分关键。在做好小镇产业SWOT事态分析的基础上，首先从小镇内部的有利条件和弱势，如小镇的区域优势、配套服务、政策、融资环境等着手研究；其次从外部条件的角度分析整个行业发展趋势中存在的机会与威胁，做区域范围内产业同质性分析等；最后在差异化发展原则下，筛选现在具有优势与未来具有潜力的特色产业，将它们结合起来作为特色小镇的主导产业，形成"人无我有"的区域特色。同时，特色小镇要形成产业集群，形成特色化、品牌化、规模化的产业链，在垂直产业链上，向上扩展到原材料供应环节，向下延伸到服务环节，通过将产业塑造成一、二、三分级的产业链形式，实现特色产业链与创新链的新融合。

（3）基础设施配置问题是特色小（城）镇发展的短板，就中国目前情况看，人才和产业更多地聚集在北上广深等大型城市，小城镇对人才和产业的吸引力一直是比较微弱的。原因之一是交通条件跟不上和配套基础设施落后。经过交通改善和配套基础设施建设，特别是网络通信质量和公共服务体系的提高和完善，安逸宁静、风光宜人、生活方便的小城镇是非常具有吸引力的。为此，在特色小镇建设中，对外要加强交通、运输、通信等市政设施的建设，对内要加强公共服务设施、市政工程设施以及防灾减灾设施等的配套，如此才能对人才和产业起到吸引和留住的作用。

(4) 目前特色小（城）镇还存在产业发展与配套服务脱节问题，对此，"产镇融合"是关键突破点。为达到"产镇融合"，需要关注产业、就业、居住、消费四个要素，产业及就业决定了居民收入差异，而收入差异又会导致消费层级的不同，因此只有达到产业结构、就业结构、居住结构、消费结构的相互匹配，才能促进特色小镇的产镇融合的健康发展。

(5) 特色小（城）镇发展还应建立有活力的体制机制，要保障特色小镇成功建设，进行政策机制的改革创新是目前的首要任务。首先，对于土地要素，应在集约节约用地上挖掘潜力，从增量规划调整至存量优化；进一步深化土地制度改革，出台土地要素保障的政策。其次，对于资金问题，应建立激励政策，扶持壮大镇级财力，创新金融解决方案；推进金融制度改革，鼓励和引导金融机构发展农村金融创新产品。再次，对于人口问题，应全面推行按居住地登记的小镇户籍管理制度改革，提升外来人口待遇，使之享受当地城镇居民同等的待遇。最后，对于社保问题，就业制度应按照城乡统一的标准设立，快速推进社会保障制度全面性的覆盖。

通过对全球闻名的100多个特色小镇进行产业定位与区位分布的分类分析，中国指数研究院发现，从产业类型来看，产业型、"产业+"旅游型和文旅型占比分别为35.8%、19.4%和44.8%，由于国外特色小镇多为历史悠久且自发形成的，人为因素及自然因素的影响较为均衡；从区位分布来看，大城市依托型、网络节点型和孤点分布型占比分别为22.4%、37.3%和40.3%，它们主要依赖于核心城市、节点型城市及孤点城市的特色资源。中国幅员辽阔，小城镇经济体发展是不平衡的，东部沿海地区的发展相对发达，市场调节、政府引导的经济发展体制有一定成效。然而，中西部地区的大部分小城镇尚处于工业化初中期，经济竞争力与其他地区相比较为弱势。所以，

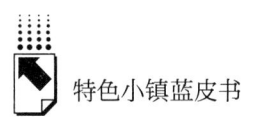

发展经济，集群发展，形成产业支撑是特色小镇发展的第一要务，对具有产业基础的网络节点型小镇，应深挖其基础产业特色，并通过资源精深利用、IP导入和消费链延伸，使之走上健康、可持续的特色小镇发展之路。

三 因地制宜、顺应互联趋势，合理发展路径，建设完整的特色小镇生态圈

中国幅员辽阔，广袤的疆土导致各地存在较为明显的区域性差异，经济背景和自然资源迥异，因此各特色小镇有不同的特征和定位。因为区位和历史原因，特色小镇的空间布局和风格特征是最为不同的，这体现为功能定位和产业选择的差异化。各地应依据自身的资源禀赋和产业结构，培育出各特色小镇自有的新产业和新动能，通过选择切合本地实际的特色主导产业来引导相关产业融合发展，做更专、更精、更强的特色小镇，设计并延展产业链与价值链，如"互联网+""人工智能+"等。同时，产业发展和与其相适应的空间布局进行结合，将产业促进策略落到地上，形成产业功能和城市功能并重的区域发展新生态，从而促进产城融合创新发展。

作为产业和区域特色相融合的创新开放空间，按照其发展路径，可以将特色小镇发展分为三大阶段：战略定位、基础建设和运营管理。

在战略定位阶段，特色小镇应注意定位的合理性，主要包括三个核心内容：功能定位、产业定位、特色定位。第一，小镇功能定位主要是明确小镇作为城市与农村之间的过渡与衔接，如北京东南部的通州区台湖小镇的功能定位是城市副中心，承担首都功能的特色小镇，以及促进相邻小镇之间的互利互惠互补，从而促进区域协调发展，做好整体发展方向、目标和阶段性任务的规划。第二，小镇产业定位关乎小镇的经济发展，应当明确特色小镇的主导产业类型，将产业作为

一个整体体系进行合理的规划，甄别和分析内在的资源条件和市场条件的优劣势，在大力发展特色主导产业的同时，聚集相关产业，建构产业生态圈。第三，小镇特色定位主要指的是人文跟空间的创新有机结合，将当地特有的固有资源，如历史文化、自然风光、民俗风情等，与空间环境的特质进行创新融合，形成"区域特性、产业发展、居民生活、文化传承"有机结合的特色小镇，在生活场景上产生革新。

在基础建设阶段，有序的组织建设应当服务于基础设施和相应配套政策。基础设施建设是特色小镇发展的基石工程，对外要连接大市场和大都市圈，加强交通、物流、通信等市政设施建设，获取可持续发展动力；对内要加强公共服务设施建设，如科技、教育、文化、卫生、商贸等，以及市政工程设施和防灾减灾设施等的建设，如给水、排水、电力、通信、燃气、供热等。使小城镇成为产业、生活、生态一体化的空间经济平台，使在小城镇内可以享受到跟大城市相近的生活便利。在特色小镇基础建设阶段，地方政府应在财政支持、土地保障、税收政策等方面，加强政策引导、鼓励和保障服务，促进特色小镇的新发展，建立创新的发展理念、创新的发展模式、创新的规划建设管理、创新的社会服务管理。

在运营管理阶段，系统的、宏观的特色小镇运营与管理才能保障小镇和产业的持续性发展，从前小而散的非系统性管理亟须升级。特色小镇的运营管理体系之所以能创造持续性发展，是因为它代表了小镇的机能，于内部关乎特色小镇的发展潜力和生命力、盈利状况、盈利模式，留住企业和投资人；于外部得到更多企业与投资人的青睐。为了保障运营管理的专业性、系统性和精细性，市场化的运行机制尤为重要，由建设期进入发展期之后，特色小镇应该引入市场化手段进行运营，构建产业发展平台，通过平台管理和服务实现各个产业发展的保障。特色小镇发展与智慧城市发展相似，是复杂的系统工程，关

涉环境、政治、经济、社会、健康、人文、教育、安全等方方面面，必须考虑综合的长远利益，除了贯彻自上而下的政策和建设规划外，还不能忽略关注和调动当地人自下而上的参与积极性，让特色小镇更好地服务于居民，实现自然、人居、产业的有机融合，构建区域经济社会的新秩序和新生态系统，赋予特色小镇更加旺盛的生命力。

总结来说，特色小镇是新型城镇化的新模式，创新发展是唯一能够实现优质资源聚集的路径。而创新的前提是做到精准确定的特色小镇定位、大力完善政策保障体系与基础设施、建立健全小镇运行机制，通过创新的模式将特色产业发扬光大，培育和扶持优秀的企业，创造就业机会、扩大就业容量，通过建设与产业结构相匹配的生活基础设施，增强对优质人才的吸引力，在留住区域内的人口的同时，吸引区域外的优质人力资本，以此带动资本、技术等资源的汇聚，资本和技术的引入才是产业和小镇持续发展的原动力。另外，发掘新区域开发和运营的可能性，利用特色小镇发展对于周边地区经济、公共服务产生的正面带动和辐射作用，建设完整的特色小镇生态圈。

四　数据平台、特色运营、智慧管理，智慧特色小镇是智慧城市的升级形态

智慧城市的辐射范围很广阔，它涉及城市的方方面面，比如经济、环境、生活、政府、人群、交通等，关乎贴近生活和城市发展的或大或小的事件和细节，比如出行方式、绿色能源、在线政府、开放数据、城市规划、公共服务、创新经济、包容性社会环境、创新教育等。智慧城市发展重点是通过物联网、大数据、云计算、城市信息学等将城市升级为数字城市、无线城市、感知城市、生态城市、低碳城市、智能城市。通过智慧化的技术和手段，城市从一个更全面和整体的角度去规划和运营，提高居民总体生活水平，促进可持续性经济的

快速发展。

与智慧城市不同，特色小镇更注重特色的培养和发展，特色小镇智慧化是在基础设施完备的基础上通过数据打通，运用智慧的手段从更高级别的规划、管理、运营的角度助力小城镇"产、城、人、文"四位一体的融合，更好地做好特色产业的培育和发展、城镇的建设和发展、居民的生活和就业、文化的传承和演绎，对小城镇进行翻天覆地的改造和升级。

智慧特色小镇对智慧城市发展的意义重大，它在一定程度上是智慧城市的能力提升和升级。特色小镇和其周边城市是密不可分的，智慧城市和智慧特色小镇并不是独立的个体，促进大中小城市和小城镇协调发展，建设包含智慧城市和智慧特色小镇的智慧城市群，带动整体性的区域发展，打造更好的智慧城市、更好的特色小镇。同时，这样的智慧化城市群，是"一带一路"重要节点城市发展的主要引擎，具有重要战略意义。

智慧特色小镇发展的核心是联结、聚集、生态和裂变。以数据为基础，利用大数据中心接收小镇终端数据，在城市部门间、产业间形成数据共享和联结，通过专业的运营和智慧的管理，聚集优势资本和价值链，形成创新的产业生态、产学研生态、创新创业生态等，当新生态积累到一定阶段时会产生裂变，重塑整个产业生态和商业模式，打造特色小镇形式的智慧品牌，通过智慧运营创造经济价值和实现价值的提升，带动区域化经济转型升级。

主题报告

Main Researches

B.2 中国特色小镇发展状况

谢 俊

摘 要： 进入转型期后，新型城镇化需要通过进一步改革实现创新。为配合实现新型城镇化的改革目标，住建部发布了第一批127个特色小镇名单和第二批276个特色小镇名单。特色小镇的发展为中国新型城镇化提供了可操作的实践空间，有利于探索多元化的城镇化途径，对于特色产业发展、城镇功能提升、人民生活水平提高，以及文化传承有非常重要的推进作用。目前，中国特色小镇发展仍然处于萌芽期，以浙江为首的经济发达省市走在特色小镇发展的领先位置，旅游型特色小镇、产业型特色小镇发展态势良好。但是，特色小镇在发展中被种种因素制约，比如基础设施不完善、体制机制缺乏活力、智慧化运营的缺乏，以及小镇同质化等。

关键词： 新型城镇化　特色小镇　产城人文

一　新型城镇化与特色小镇的关系

（一）新型城镇化的概念

城镇化是指人口向城镇集中的过程，在这个过程中，城镇数目不断增多，城市人口规模不断扩大。伴随城镇化进程，第一产业比重逐渐下降，第二、第三产业比重逐步上升。新型城镇化的核心在于不以牺牲农业和粮食、生态和环境为代价，着眼农民，涵盖农村，以城乡统筹、城乡一体、产业互动、节约集约、生态宜居、和谐发展为基本特征，实现城乡基础设施一体化和公共服务均等化，促进经济社会发展，实现共同富裕。

城镇化是伴随工业化发展，农村人口向城镇集中的自然历史过程，是人类社会发展的客观趋势，是国家现代化的重要标志。根据世界城镇化发展普遍规律，我国仍处于城镇化率30%～70%的快速发展区间。《国家新型城镇化规划（2014—2020年）》明确指出，我国现已进入全面建成小康社会的决定性阶段，正处于经济转型升级、加快推进社会主义现代化的重要时期，城镇化建设对经济社会发展具有重大意义。在人口多、资源相对短缺、生态环境比较脆弱、城乡区域发展不平衡的背景下推进城镇化建设，决定了我国必须从社会主义初级阶段这个最大实际出发，遵循城镇化发展规律，走中国特色新型城镇化道路。

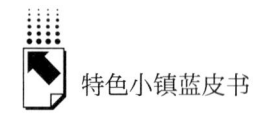

（二）特色小镇在新型城镇化中的地位与作用

1. 为新型城镇化提供可操作的实践空间

新型城镇化为解决现存矛盾和问题提供了思路。其内容几乎涉及当前中国社会的方方面面，范围涵盖全国的城镇和乡村，但它目前所要解决的问题主要集中在大城市病方面，而忽视了这些大城市病的根本原因是中小城市发展迟缓，特别是最靠近农村的小城镇发展不足，导致人口过度集中在大城市。

特色小镇试图用最小的空间实现资源的最优布局，与新型城镇化方向完全一致。特色小镇可以在大城市、中小城市，以及县级行政单元和乡镇、农村等任何地域内进行选择，具有很强的地域可选性；同时，又可以将不同级别的城市与乡村结合起来，有利于打通城镇化过程中乡村要素与城镇要素的流通渠道，在解决大城市问题的同时，照顾乡村发展，从而有利于实现真正的城乡一体化。

2. 有利于探索多元化的城镇化途径

我国自然环境多样、地区特点鲜明，同时地区差距巨大、发展进程参差不齐，各地发展条件悬殊。无论是优先发展大城市还是重点发展中小城镇，都不能完全满足各地城镇化的需求。由于城镇化道路缺乏应对不同城市问题的有效方法，我国的大城市发展效率不高，中小城镇也出现了环境污染、交通拥堵等大城市病；而且自上而下的制度弱化了农村地区的发展和组织管理，农村地区出现的文化缺失、传统丧失、生产力弱化等新问题已经波及小城镇。因此，摒弃行政命令式的人为设定城镇发展目标，遵循市场规律，充分调动各种利益相关者的积极性，因地制宜、因时制宜地探索既有利于发挥大城市和中小城镇的特长，又能兼顾各地特点的多元化道路是新型城镇化的最优选择。

特色小镇可以选择在任何一个城市地区、任何一个级别的城市的市域范围内,甚至可以选择在任何一个乡村的独立镇(或聚集点)内;可以在发达的一线城市地区,选择符合条件的郊区;也可以在落后地区选择有独特优势的地方。如住建部公布的第一批 127 个特色小镇中,东部地区有 51 个,中部地区 35 个,西部地区 41 个,各省份一般有 3~5 个。一线大城市如北京、天津和上海有 2~3 个;其余大部分分布在二、三线城市或一些小城镇地区。同时,这些小镇又分别具有特色旅游资源、文物保护、特色产品、乡镇企业示范基地、典型企业生产基地、文化艺术品牌、改革示范基地、众创空间、商业贸易、著名度假区、体育健康、科技乡镇、红色旅游、专业化生产基地以及经济强镇等因素。另外,发展途径和成长经历也各不相同。这种在全国范围内大分散、在省域范围内小集中的布局,有利于针对不同地区的发展条件和特点,形成多目标取向的城镇化价值观,在多层次区域上,探讨多元化、多模式、多类型、多层次的新型城镇化途径,打破差序格局,形成"多梯度"型城镇化模式。

3. 有利于寻找有效的政策工具

当前城镇化存在诸多问题,如城镇化进程与资源环境承载能力不匹配,城镇化质量偏低,人口拥挤、交通拥堵和环境污染等城市病日益突出。据中国社科院研究报告《中国新型城镇化道路的选择》,2000~2010 年,大城市和特大城市的人口增加迅猛,而 20 万人以下的小城市吸纳人口比重从 2000 年的 18.57% 下降到 2010 年的 10.32%。出现这种局面的根本原因是从大城市到小城镇,无论是经济发展水平,还是社会福利,抑或是基础设施建设,以及教育和就业机会等都呈递减趋势,而且差距巨大。尤其是基层公共服务比如社保、就业、医疗卫生、住房等,地方财政投入占全部投入的 90% 以上,而在这方面,小城镇基础设施投入仅相当于大城市的 13%。一直以来被广为讨论的户籍、住房、流动人口管理等问题都是针对大城市,鲜有针对就地城镇化的地方发展问题的管理办法和措施,因而小

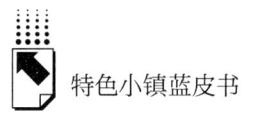

城镇缺乏基层城镇化管理工具。加上长期以来外发型的城镇化道路导致地方利益流失,基层组织责、权、利极其不对等,基层管理薄弱。因此,基层公共服务体制改革和共同治理体制的形成,是转移人口市民化的突破口。

特色小镇扎根在远离城市、靠近乡村的地区,既可以集中地区发展力量和地方优质资源,又能利用外部资本,在逐渐开放的市场环境中,寻找地方共同治理的有效机制,探索政府、公共组织、企业和个人等众多利益相关者共同参与地方发展的治理机制和发展道路。针对特色小镇建设中某些具体项目的实施,可以探索基于地方发展的创新模式,创立一种新的社会组织形式,使之能形成处理现代经济与传统经济、环境资源保护与经济发展、现代城市与传统文化、迁移人口与当地居民之间关系的能力;并通过这些模式在特色小镇中的实践,为新型城镇化提供基层管理工具和政策实施路径。

4. 有利于搭建城乡一体化的发展平台

长期的"二元"分制使得城乡之间的经济、社会差距不断拉大,农村较为落后的经济实力无力支撑农村公共服务的深度覆盖,严重阻碍就地城镇化,导致以人为本的城镇化严重滞后,这种现状被大多数人认为是我国城镇化过程中很多问题的根本原因。特色小镇可以充分利用本地优势,借助外部的资本、发展经验、管理经验、市场等,利用大城市需要转移出产业和人口的机会窗口,建设乡村地区的聚集中心。在这样的聚集中心里,可以运用城市的社区管理方式,淡化行政化管制,通过强化自治和自律意识,打破单一的管理主体格局,实行多元化的社会治理;采取灵活多样的人性化管理服务方式,以公共需求为导向,摒弃传统的刚性政策标准;培育和组建教育、卫生、医疗、社保、治安等各方面的公共服务队伍,明确划分责、权、利,从管理主体、服务对象、内容、方式等方面进行创新。这样的聚集中心,可以模糊城乡界限,弱化城乡居民身份,推进共同治理。在这样的聚集中心里，高端连接外部区域、低端连接本小镇腹地，打破以行政单元为单位的划界管理模式的差序格局，直接将乡村和城市连接起来，搭建一个有效的城乡发展平台，并创造出可以将城市和乡村结合起来的"单层"网络结构，使地方资源和要素能直接与外界经济建立联系，并通过资本流动、人口流动和信息流动等形成看得见的城乡一体化区域网络。这无疑是城乡一体化的突破口和捷径。

（三）新型城镇化对特色小镇的推动作用

我国城镇化从快速发展期走向转型期，尤其是在新型城镇化发展阶段取得了很多成就，对于小城镇建设和发展起了极大的推动作用。重点镇建设、新型城镇化试点镇改革、小镇传统文化的保护和宜居环境建设等在经济发展、空间区位条件、创新氛围、文化特色、自然环境建设等方面对特色小镇有正面积极的影响。

1. 重点建设镇为特色小镇发展奠定经济基础

为增强小城镇的实力和强化小城镇在城镇化中连接城乡的纽带作用，实现城镇化过程中提高质量、节约用地、体现特色等目标，国家发展和改革委员会、建设部、民政部、国土资源部、农业部、科技部等部门于2004年根据人口规模、区位条件、经济发展潜力、服务功能、规划管理水平和科技创新能力，在全国确定了一批重点镇，在政策、土地及项目安排上对这些重点镇的建设发展予以扶持，并于2014年重新增补调整后明确了3675个城镇作为全国的重点镇。这些城镇经过十余年的发展，大多成为经济实力强、综合发展能力得到有效提升的重要城镇。在经济基础和综合发展能力方面，有望成为特色小镇。

根据《中国统计年鉴（2016）》，截至2015年，我国共有县级区划2850个（包括自治县117个），乡镇级规划39789个（其中镇

20515个，乡11315个，街道7957个）。根据住房和城乡建设部、国家发展改革委、财政部、国土资源部、农业部、民政部、科技部于2014年7月21日联合发布的《关于开展全国重点镇增补调整工作的通知》（建村〔2013〕119号），在对全国重点镇进行增补后，全国重点镇共计3675个，占建制镇的18%，占全部乡镇区数量的0.2%。另外，首批特色小镇仅占全国重点镇的3.5%。这些重点镇多分布于中部地区，其中重点镇超过150个的有6个省份，分别是四川（277个）、山东（207个）、河南（203个）、河北（191个）、云南（184个）、湖南（170个），6省共计1232个，占全部重点镇的33.52%。鉴于中部地区在农业和制造业方面具有良好基础和发展优势，这些重点镇的经济基础和产业实力，将继续为产业型特色小镇建设提供综合经济和产业支撑。

2. 试点镇为特色小镇的改革方向

新型城镇化进入转型期后，新型城镇化需要通过进一步改革实现创新。为配合实现新型城镇化的改革目标，国家发展和改革委员会先后于2005年1月10日颁布《关于公布第一批全国发展改革试点小城镇的通知》（发改办规划〔2005〕36号），于2008年3月25日颁布《关于公布第二批全国发展改革试点小城镇名单的通知》（发改办规划〔2008〕706号），于2012年3月8日颁布《关于公布第三批全国发展改革试点城镇名单的通知》（发改办规划〔2012〕507号）。要求结合当前新型城镇化发展实际，坚持突出地方特色，重点在农民工融入城镇、新生中小城市培育、中心城市建设、城市绿色智能发展、产城融合发展、地方文化保护传承、城乡统筹发展等领域，根据《第三批国家新型城镇化综合试点工作方案要点》任务，结合本地发展实际，重点突破薄弱环节，积极探索，闯出新路。

经过在健全领导协调机制、强化责任分工落实、建立试点报告制度、建立监测考评机制、加强双向沟通交流和加强舆论宣传引导等方面的不断推进，试点镇的改革创新走在了城镇化建设的前沿。特色小镇作为改革的突破口，延续了城镇化的改革需要和改革成果。在三批发展改革试点镇中，第一批116个，第二批159个，第三批366个，三批共计641个，占全国建制镇的3.1%，是首批特色小镇数量的5倍多。发展改革试点镇大多分布于东部沿海地区，其中发展改革试点小城镇超过25个的有10个省份，分别是浙江（44个）、山东（38个）、辽宁（37个）、江苏（32个）、安徽（31个）、黑龙江（31个）、广东（30个）、河北（29个）、吉林（27个）、湖北（26个），10省共计325个，占三批发展改革试点小城镇的50.70%。这些地区既是经济强镇，也是改革的前沿阵地；事实上，也是特色小镇最发达的地区。随着特色小镇的进一步铺开，这些试点镇通过改革取得的经验，可为特色小镇改革创新提供强大的动力，也将成为创新特色小镇的所在地。

3. 历史文化名镇为特色小镇的文化根基

文化底蕴是特色小镇的灵魂和内涵，每个小镇只有拥有自己的文化图腾，才能形成向心力和凝聚力。小镇的个性、特点、灵魂和魅力，均体现在其文化中。特色小镇要想在较小空间范围内产生全国甚至全球知名度，需要的是文化内涵所产生的影响力。这种影响力就是通过文化对各种要素和各利益相关者的凝聚实现的。任何一种共同体都需要以共同精神为纽带，这种共同精神的基础，就是共同体成员对文化的认同。通过这种认同，可以实现共同体文化对个体的统摄、规范、吸引和关怀；同时也使个体对共同体文化做到自觉皈依、奉行和遵守，从而使他们为一个共同的目标而采取统一行动。这种文化凝聚力所产生的软实力，可以通过导向、吸引和效仿得以传播，从而产生更大的影响力。因此，特色小镇的文化是一个贯穿产业、空间、生产和生活的融合剂，是整体文化而不是单独文化。

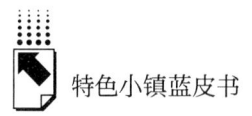

我国村镇有大量历史传统建筑，这是我国灿烂传统文化的重要组成部分，其中不少具有很高的历史文化保护价值和可供借鉴的建筑艺术价值，它们是了解地区文化独特性的重要载体。为更好地保护、继承我国优秀建筑历史文化遗产，弘扬民族传统和地方特色，建设部（住房和城乡建设部）在全国范围内评选命名了历史文化名镇和历史文化名村，包括历史价值与风貌特色、地方特色和民族风情名镇和名村，并要求保护的完好程度和现状具有一定规模，这与特色小镇秉承文化的传承性和延续性一脉相承。事实上，现今的很多特色小镇是在古镇的基础上形成的，尤其是旅游型特色小镇。

2003~2014年，建设部共评选了六批中国历史文化名镇：第一批10个、第二批34个、第三批41个、第四批58个、第五批38个、第六批71个，共计252个，占全国所有建制镇的1.2%，约是首批特色小镇的2倍。历史文化名镇多分布于东部沿海和川渝地区，其中省域历史文化名镇超过20个的有3个省份，分别是江苏（27个）、四川（24个）、浙江（20个），3省共计71个，占六批中国历史文化名镇的28.17%。

建设部评选的中国传统村落共四批：第一批646个、第二批915个、第三批994个、第四批1592个，共计4147个。传统村落多分布于东中部地区和少数民族聚集地区，其中传统村落超过200个的有7个省份，分别是：云南（615个）、贵州（546个）、浙江（401个）、山西（279个）、湖南（257个）、福建（230个）、四川（225个），7省共计2553个，占四批传统村落的61.56%。

这些古镇和古村分别组成了北方大院建筑群、西北古镇古村群落、西南古村群落、南诏古镇古村群落、水乡古镇古村浦、岭南古村群落、湘黔古镇古村群落，从而奠定了中华文化的基本空间格局。特色小镇的传统文化传承也将在此空间格局下进行提升和不断挖掘。因此，这些古镇、古村将是特色小镇寻找传统文化和挖掘传统文化的最佳地区，也是借助旅游创建知名度和品牌的重要途径。需要注意的是避免就古镇做古镇、千镇一面、注重观光忽视产业等问题，突破旅游局限性，以全域旅游为契机，将重心转向综合和融合发展的特色小镇建设模式。

4. 自然环境建设为特色小镇的最佳本底

自然环境是特色小镇建设的基础。我国在经历了 30 多年的经济高速增长后，自然环境破坏比较严重，以可持续发展为首要任务的新型城镇化特别突出了自然环境的重要性。自然环境建设也是特色小镇建设中贯穿始终的重要组成部分。我国大部分地区普遍走了先污染后治理的老路。在自然环境方面临严峻挑战和巨大压力的情况下，环境的改善和治理成效在某种程度上决定着特色小镇建设的成败。自然环境好的地区也是特色小镇建设好的地区。

自然环境特色作为特色小镇的先天基础，只有在当地特殊环境下才能出现，是大自然赋予的财富，是任何人工建设所不能代替的。美丽宜居城镇和美丽宜居村庄的评选，是住房和城乡建设部根据环境保护的要求对具有特色宜居环境城镇和村庄的保护措施。这些被保护的村镇是指风景美、街区美、功能美、生态美、生活美的建制镇和村庄，其评判标准分为五方面，包括整体风貌、格局特色、街巷空间、园地绿地、景观设施、建筑住房、历史遗产、文化活力等，以及收入水平、就业保障、社会管理、安全管理、建设管理等内容。其中风景类要求在自然景观、田园风光、村庄风貌等方面体现当地的特色和自然地理特征；街区类需要在整体风貌、格局特色、街巷空间、园林绿地、景观设施、建筑住房、历史遗迹和文化活动等方面具有保护完好的传统特色；功能类要求在公共服务、商业服务、生活用水、污水处理、垃圾治理、道路建设、防灾设施等方面设施健全，基本满足居民生活需要；生态类要求在生态环境和绿色低碳等方面达到指定的国家标准；生活类在收入水平、就业保障、社会

管理、安全管理和建设管理等方面也有基本要求。这些评选标准正是特色小镇自然环境建设所需要的，美丽宜居小镇是在丰富自然、人文景观的基础上，保留村镇特色，使生活在城区里的人离开城市来到这里时，能忘记城市的喧嚣，看得见山水，记得住乡愁。因此选出的村镇能从一定程度上反映目前我国在环境建设方面走在前列的城镇和村庄。

截至2016年底，住房和城乡建设部评选的美丽宜居小镇共计四批：第一批8个、第二批45个、第三批42个、第四批95个，共计190个。多分布于经济发达地区和自然环境基础良好地区，其中美丽宜居小镇超过10个的有4个省份，分别是江苏（12个）、湖南（11个）、浙江（11个）、四川（10个），4省共计44个，占四批美丽宜居小镇的23.16%。事实上，这些地区也是特色小镇发展较好的地区。

美丽乡村建设作为新农村建设的高级阶段，以"看得见山水、留得住乡愁"为核心，最终目的是改善农村生活环境，尤其是让农民不进城也能享受到与城市居民同样的公共服务和高品质生活，而且还保持了乡村田园风光和良好的生态环境。这与特色小镇的环境、文化、产业等融合的城镇功能区目标完全一致。因此，特色小镇是从城市一端实现健康的城镇化目标；美丽乡村建设是从乡村一端实现健康居住和美好生活的目标，两者殊途同归。

美丽乡村建设是为了缩小城乡差距，使乡村居民也能享有与城市居民同等的基础设施、公共服务和良好的生态环境。这是一个动态化的过程，是一个随着城镇化程度和质量的提高而改变的过程。随着城镇化水平的提高，以及乡村生产力水平的提高，实现农业现代化和产业化，农业生产呈现大规模种植和现代化经营格局，农村地区产值接近全国平均水平、人均产值达到0.5万~1万美元，都会成为可能。到那时，农民有条件集中居住、生产和生活，结果反而是现在建设的美丽乡村建筑和设施以及公共服务远远不能满足他们的需要。另外，到那时，生产关系是工厂化的雇佣和被雇佣关系，脱离了自家宅基地和土地的个人或集体所有形式，结果反而是现在以家庭经济为形式的美丽乡村建设不能适应。甚至，将来的农村人士很可能大多是有能力的农业生产经营者和管理者，以及有创新精神的创业者和富裕阶层的养老者，而在目前框架内形成的美丽乡村显然也不是他们想要的。因此，以聚集为特征的特色城镇，既能保证宜居环境，又能发挥城镇的聚集效应，是美丽乡村的未来。反过来，现在的美丽村庄中的一部分也将随着人口聚集而变成特色小镇。

截至2016年底，住房和城乡建设部评选的美丽宜居村庄共计四批：第一批12个、第二批61个、第三批78个、第四批413个，共计564个。多分布于东中部地区，其中美丽宜居村庄超过20个的有18个省份，分别是浙江（34个）、四川（30个）、江苏（29个）、湖南（27个）、辽宁（25个）、福建（25个）、湖北（25个）、江西（24个）、重庆（24个）、贵州（24个）、安徽（23个）、陕西（23个）、北京（21个）、山东（21个）、新疆（21个）、天津（20个）、河南（20个）、云南（20个），共计436个，占四批美丽宜居村庄的77.30%。这些村庄的环境保护、文化传承、基础设施和公共服务建设等将为特色小镇奠定天然基础，但是需要进一步整合，选择其中的一部分作为将来的特色小镇。

5. 旅游景区建设为特色小镇提供先发条件

旅游型特色小镇既是特色小镇的一种主要类型，也是各种类型特色小镇发展到成熟阶段、走向融合发展后必要的基本功能。浙江省特色小镇发展模式将打造3A级旅游景区作为指标之一。因此，特色小镇也是风景旅游地的高级发展目标。

我国旅游业已快速发展近30年。一些开发时间长的旅游景点由于功能完善已经成为特色小镇。而大量旅游景点经过进一步完善和产

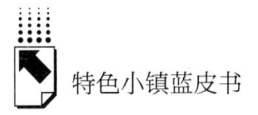

业多样化也将成为特色小镇。因此，旅游景点也是最有潜力发展成特色小镇的地区。例如，5A级景区最核心的内涵主要体现在对文化性与特色性的要求上，即通过"以人为本"的服务，为旅客营造舒适优美的旅游环境，以及对基础设施、交通、卫生、管理等方面有严格规定，而且强调动态管理和进入退出机制。这些内容与特色小镇建设有着异曲同工之处。

截至2016年底，我国共有218个5A级旅游景区，这些景区多分布在东部沿海地区，以江苏和浙江为代表。西部一些有特点的地区，如新疆、云南、贵州等也有一定数量的5A级旅游景区，在5A级旅游景区数量上西部地区占全国的20%以上。因此，5A级旅游景区的普及，将为以旅游为特色的小镇建设奠定旅游产业和人口流动基础。

随着全域旅游在各地逐渐铺开，以综合发展为理念的旅游景区越来越接近特色小镇的发展目标。全域旅游使一批有条件的地方率先启动城镇综合规划，一批立足于旅游的特色小镇将应运而生。另外，全域旅游的"旅游+"将在旅游形成的地区品牌和知名度的基础上，不断扩展农业、制造业和服务业，增强城镇的融合功能。东部沿海和西部的云南、贵州、新疆，以及中部广大地区将通过全域旅游开发和不断延长旅游产业链，成为特色小镇建设的主要领地，并将促进文化产业与旅游产业的进一步融合。

6. 林场将成为贴近自然的"森林特色小镇"

在特色小镇自然环境建设中，森林资源是最主要的资源之一，它不仅直接构成景观的一部分，还是改善整体环境的重要因素。我国森林覆盖率低，只要有森林的地方就有可能成为重要的风景点和旅游景区。因此，森林资源在一定程度上成为自然风景的代名词。但是，由于长期对林业资源的过度采伐，目前我国各地林场呈现森林覆盖率低、采伐多、更新少、林区道路少、森林资源利用率低等特点。有的林场甚至陷入资源危机与经济危困的"两危"状态。国外森林旅游以及森林城镇的发展说明,以森林为依托的发展模式可以在保护资源的基础上,通过多种经营与综合开发,有效地实现可持续发展。

目前,我国共有国有林场4507家,分布在31个省(区、市)的1600多个县(市、旗、区),约占全国林区的1/2,其中2500多家为森林公园,包括湿地公园。林场的资源和环境效应正在逐渐显现。以"森林小镇"为特征的特色小镇建设,既能保护森林,又能为人们提供宜居、宜养、宜游的地方。与农业小镇、科技小镇、互联网小镇、创新小镇和制造业小镇有很大区别,森林小镇是能够体现人与自然和谐相处的地方,是典型的近自然的特色小镇,更能体现特色小镇的内涵。森林小镇建设既可以推动林区健康产业、养老产业、旅游产业与新型城镇化的融合,又能实现"以人为本"的新型城镇化发展路径和发展质量,还能带动就地城镇化,改善林场职工的生活条件。

我国森林小镇或者生态价值最好的地市集中在南北"四+八"地区,北部包括黑吉辽、内蒙古,南边主要集中在湖南、江西、福建、两广、云贵川等。这些地区除了森林资源与水资源丰富外,还具有地形错落有致的特点,更适宜成为森林小镇先行先试的试点地区。我国地级以上国有林场主要分布于黑龙江、湖南、湖北三省,这三省地级以上国有林场总数占全国的63.03%,西部地区的地级以上国有林场份额只有10%左右,林业资源在我国分布极不均衡。尤其是东北的黑龙江,在经济出现下滑的现状下,以林场资源为主的林业及其服务业将成为经济转型的新兴领域。因此,以林场为依托的特色小镇建设将为黑龙江等地带来新的发展机遇。

但是,我国的林业旅游仍停留在纯粹的自然观光层面上,林场除旅游之外的收入仍然很低,基础设施和公共服务完全不能满足城镇建设的需要。尤其是处于老、少、边、穷地区的林场,还承担对

当地村落进行托管的责任。通过促进森林资源合理利用，推动地区扶贫和促进地区发展也是特色小镇建设的任务。利用特色小镇建设中的基础设施、产业发展和扶贫政策，充分发挥市场作用实现PPP投融资模式，改善林区的基础设施和公共服务条件，将是森林小镇的主要任务。

特色小镇就是要在重视环境的基础上，强调利用资源进行综合发展与融合发展。林场既有环境与资源优势，又有涉林产业，还有以森林为依托的林场职工，以及他们长期生活形成的社区与社会管理，完全具备特色小镇发展的资源与特色产业基础及社会基础条件。合理地利用资源发展综合经济，在旅游和林业经济的基础上，延长涉林产业的产业链，改善基础设施，强化林业经济与旅游和服务经济的融合发展，不断提升林业经济发展质量，是特色小镇建设的重要方向。目前，我国有大量林场可以为特色小镇提供这样的条件。

二 中国特色小镇建设研究

（一）中国特色小镇的内涵

"特色小镇"的概念起源于20世纪80年代，在探索城镇化发展的道路中，费孝通先生在《小城镇 大问题》中首先提出了"小城镇"这一概念。随后的20世纪90年代中期，国家、地方政府、学界纷纷开始了对城市特色的探索和认识，对空间特色、文化特色、产业特色、民族特色、古镇特色等方面进行了全面的学习和总结。"十二五"期间，在小城镇建设和生态城市建设中，建设特色的小镇被不断地提及。北京市于2011年设立了小城镇发展基金，投资100亿元来引导建设42个特色小城镇。"十二五"期间，天津、黑龙江、云南、江西、安徽、浙江等省市分批次展开了特色小镇的试点建设。

近一两年,"特色小镇"的概念在国内外被越来越频繁地提及和讨论,并且迅速成为跨商界、地产界、学界以及国家层面和地方层面的关注焦点。

目前,被广为接受的特色小镇定义和概念有两个,分别是由浙江省与住房和城乡建设部提出的。

(1) 概念一。2014年,浙江省提出,特色小镇并不是指行政区划单元的建制镇,也不是指工业生产或者旅游区等具有产业功能的园区;特色小镇是指具有明确产业定位、文化内涵、旅游资源和具有一定社会功能的聚集发展平台,它是一个创新空间,是由企业协同创新的企业社区,是以企业为主体,进行市场化运作运营,并且空间便捷明确的一种新型创新创业空间。2017年12月,国家发改委、国土资源部、环境保护部与住房和城乡建设部联合发布的《关于规范推进特色小镇和特色小城镇建设的若干意见》再次明确了特色小(城)镇不同于行政建制镇,而是创新创业平台。

(2) 概念二。住房和城乡建设部在评选全国特色小镇时提出,特色小镇是以行政建制镇为单位的小城镇,这与浙江省所提出的特色小镇概念有所不同。2016年10月,国家发改委颁发了《关于加快美丽特色小(城)镇建设的指导意见》,将小城镇的概念做了进一步的阐述。国家发改委提出的特色小城镇包含两种形态,既包括特色小镇,也包括小城镇。这一对特色小(城)镇的概念定义也是中国城镇化促进会所采用的内涵定义。在这一概念定义中,特色小镇不是行政单元,它是行政单元内的一个组成部分,是地区中的一个聚集中心,是该建制镇经济特色和文化特色的核心区象征。在核心区的外围有一定的腹地,小镇的发展和城市往往是离不开这个腹地的支撑的,因此这个腹地通常为该特色小镇所在的建制镇。特色小镇应与腹地相辅相成、相互融合,在文化上高度统一、在产业上相互衔接、在景观

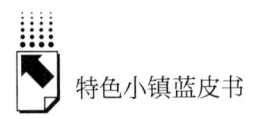

上互相协调，如此特色小镇才能成为当地的特色代表，并且通过辐射促进当地的发展。

（二）中国特色小镇的实施路径

对于特色小镇的建设，需要加强总体定位和布局规划引导；确立符合小城镇实际的规划建设理念和方法，制定镇规划编制办法，推进镇规划和管理全覆盖；鼓励地方开展镇行政管理体制改革，建立全国小城镇规划建设信息系统；盘活小城镇建设用地，提高土地使用效率，促进土地集约利用。

第一，资金问题的解决非常重要，各级政府需要在土地和税收，各类金融机构需要在信贷方面提供精准支持。全面实施城乡土地增减挂钩政策，统筹解决城市房价、农民增加财产性收入和特色小镇建设用地需要三个问题。在税收政策方面，借鉴浙江"三免两减"的经验，对入驻企业实施税收个性化对接政策。在信贷政策上，住建部与农发行共同提供融资支持，中国城镇化促进会与国开金融公司共同提出了"市民农庄"模式的金融创新措施，对特色小镇融资起到了巨大的支持作用。

第二，特色小镇建设需要特别重视吸纳就业、承载人口的核心能力。建设特色小镇，要紧紧抓住就业和产业这两个关键因素。

第三，建设特色小镇需要发挥市场对资源配置的决定性作用，充分发挥企业的主体性作用。2016年初，中国城镇化促进会在国家发改委的指导下，联合中国企业联合会等企业家组织，共同推出"千企千镇工程"。不只企业，大学、医院、科研机构、智库、银行等不同机构都可以参加特色小镇建设。"千企千镇工程"已在国家发改委组织指导下正式启动。目前，已经有近300个企业等组织和200多个小镇表示会积极参加。

第四，加大力度建设基础设施。重点是完善小城镇的道路、供水、教育、医疗、商业等基本功能建设，实现污水、垃圾处理设施全覆盖。近期将启动小城镇环境综合整治工程。大力推动政府和社会资本合作，引导社会资本参与。

第五，坚持产城融合。以城镇为基础，承载产业发展。围绕面向大众、服务小微企业，鼓励有条件的小城镇通过校企合作、产研融合、产教融合，对接大城市创新资源，建设科技创新服务平台和资源信息共享平台，构建富有吸引力的创业创新生态圈，提高资本、技术、创业者、孵化器等发展要素聚合度，推动新技术、新产业、新业态加快成长。通过发展特色产业，提升特色小镇和小城镇的活力、竞争力和吸引力，实现可持续发展。

第六，政府需要注重为特色小镇建设提供高品质的环境。好的环境是特色小镇发展的基础。环境既包括工作生活环境如交通、住房等，也包括生态环境如绿化、清洁的空气和水，还包括文化环境如文化娱乐等，更包括法律环境如重合同、守信用。这些都是政府提供基础设施和公共服务的基本责任和工作重点。

第七，指导培育特色小镇和重点镇。制定特色小镇和重点镇标准并大力开展培育工作。要培育1000个特色小镇，引导各地将全国重点镇建设成为县域的副中心。通过5年努力，建成一批富有活力和魅力的特色产业小镇、旅游小镇、文化小镇、宜居小镇；通过改造更新一般小城镇，使大部分小城镇成为具有基本功能的生产生活服务中心。到2020年，努力实现小城镇承载能力有较大幅度提高，居住人口有较大幅度的增长，镇容镇貌有较大幅度的提升。

（三）以企业为主导的中国特色小镇模式

特色小镇建设中，浙江省提出的"政府引导、企业主体、市场化运作"模式已经被广泛应用。探索企业主导的市场化特色小镇建设运行机制，也正在成为普遍的做法。

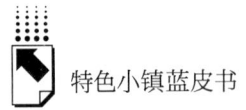

企业发挥主导作用，践行产城融合发展理念，以特色小（城）镇为空间载体，积极邀请国内外城市发展规划、产业设计和空间规划专家，勾画特色小（城）镇产业和产业园发展蓝图；以打造产业集群发展生态系统为目标，引入龙头企业，创新手段，打造科技、人才、金融等服务平台，支持产业落地发展与结构优化；直接进行策划、投资、建设和运营，注重形成多种经营方式和固定的商业模式；注重提升特色小（城）镇生活品质，形成功能齐全、服务齐备的城市核心，带动区域经济转型发展。

"千企千镇工程"就是以企业为主导建设中国特色小镇的标杆工程。2016年12月，国家发展和改革委员会、国家开发银行、中国光大银行、中国企业联合会、中国企业家协会、中国城镇化促进会六部门联合发布《关于实施"千企千镇工程"推进美丽特色小（城）镇建设的通知》，共同组织实施美丽特色小（城）镇建设"千企千镇工程"。"千企千镇工程"是指根据"政府引导、企业主体、市场化运作"的新型小（城）镇创建模式，搭建小（城）镇与企业主体有效对接平台，引导社会资本参与美丽特色小（城）镇建设，促进镇企融合发展、共同成长。本着"创新、协调、绿色、开放、共享"的发展理念，按照党中央、国务院关于推进新型城镇化的部署要求，深入推进供给侧结构性改革，以企业等社会资本和特色小（城）镇融合协同发展为方向，以建设美丽特色小（城）镇和实现产业转型升级为目标，因地制宜、突出特色，努力探索形成政府引导、市场主导、多元主体参与的特色小（城）镇建设运营机制，致力于建成1000个左右特色鲜明、产城融合、惠及群众的新型美丽特色小（城）镇。

"千企千镇工程"的主要内容有五点：一是聚焦重点领域，围绕产业发展和城镇功能提升两个重点，培育壮大休闲旅游、商贸物流、信息产业、智能制造、科技教育、民俗文化传承等特色主导优势产业；二是建立信息服务平台，包括"千企千镇服务网"和企业产转型数据库、全国特色小（城）镇数据库；三是搭建镇企合作平台，定期举办"中国特色小（城）镇发展论坛"；四是镇企结合，树立品牌；五是推广典型经验。

"千企千镇工程"的改革创新之处是实施创建制度，这项制度充分发挥政府、企业、银行、社会联动的制度创新优势，鼓励广大企业和特色小镇主动积极参加"千企千镇工程"，并引导企业和政府加强自我约束，促使政府加强事中、事后的监管和跟踪服务。这项制度全流程包括六个环节，即自愿申报、培育、创建、验收命名、跟踪评估、年度公布。每年1月，六家主办单位共同举办"新型城镇化论坛"，邀请主流媒体参加，联合公布《千企千镇工程年度报告》。

自2015年3月初提出"千企千镇"倡议以来，已有270多家企业和350多个小城镇提出了镇企合作需求，经多方撮合，已促成20多对企业和小城镇建立镇企合作关系。在2017年1月8日的启动仪式现场，中信集团华晟基金与宁波余姚市人民政府、上海市金山区人民政府，中船集团九院与常熟市梅里镇人民政府，国开东方城镇发展投资有限公司与北京市房山区人民政府，华夏幸福基业股份有限公司与安徽合肥市肥东县人民政府，北京首创股份有限公司与江苏省扬中市扬中经济开发区管委会等签订了镇企合作协议。

乌镇以企业为主导的特色小镇建设更是走在"千企千镇工程"之前，中青旅的加入已经让乌镇成为中国特色小镇的标杆。中青旅控股股份有限公司在2007年初以3.55亿元收购乌镇景区60%的股份，获得乌镇东栅、西栅的独家经营权以及南栅、北栅的优先开发权，注资成立乌镇旅游公司。自中青旅2006年底控股乌镇景区以来，乌镇景区的游客人数和收入实现快速增长。2006年，乌镇景区的游客人数为159万人次，收入为0.88亿元；2014年，乌镇景区的游客数量为692.2万人次，收入为9.61亿元；2015年，乌镇景区游客接待量超过795万人次，同比增长14.84%，营业收入为11.35亿元，同比

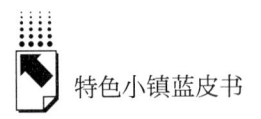

增长17.38%,净利润为4.05亿元,同比增长30.12%。2016年上半年,乌镇景区的游客数量为477.85万人次,收入为7.04亿元。而在毛利率方面,乌镇景区的毛利率远高于中青旅旗下的旅行社、会展等传统旅游业务。在这个过程中,乌镇文化在传统形态和现代内容之间实现富有活力的创新,形成了乌镇的"文化之魂"。中青旅也形成了以旅行社业务为主体,以景区运营和酒店管理为两翼,并辅以房地产销售、IT等策略投资的业务结构,成为我国旅游行业综合旅游龙头企业。

乌镇旅游也已经成为国内一流旅游品牌。2014年11月21日,乌镇成为世界互联网大会永久会址,这一天改变了乌镇的命运,"互联网+"的概念一跃而起,互联网基因被全面激发。从1999年乌镇正式启动古镇保护和旅游开发起,短短十几年乌镇先后打造出东栅景区和西栅景区,并以其独特的"乌镇模式"为业界所认可。

2016年底,乌镇旅游与景耀咨询成立合资公司——乌镇景区管理有限公司。该公司注册资本为800万元,其中乌镇旅游出资392万元,持股49%;景耀咨询出资408万元,持股51%。乌镇旅游拟与乌镇景区管理有限公司(筹)签署《乌镇景区管理服务协议》,委托乌镇景区管理有限公司对乌镇景区提供管理服务。由此,乌镇旅游成为乌镇景区管理有限公司的第一个客户。该协议规定,委托管理服务的有效期为3年,如双方没有异议,可续签下一个3年期管理服务协议,原则上可以累计至15年。而在费用方面,管理服务费由年度基本管理费和业绩提成奖励组成。这体现了以企业为主体的运营模式获得成功。

(四)中国特色小镇名单

1. 第一批名单

2016年10月14日,住建部正式公布北京市房山区长沟镇等127个第一批中国特色小镇名单(见表1)。在第一批中国特色小镇中,从各区域的特色小镇数量来看,华东区域和西南区域的特色小镇数量较多，其中以浙江省的为最多。根据住建部发布的第一批中国特色小镇名单，结合《关于做好2016年特色小镇推荐工作的通知》可知，特色小镇的类型主要有工业发展型、历史文化型、旅游发展型、民族聚居型、农业服务型和商贸流通型。其中，旅游发展型的特色小镇最多，共有64个小镇上榜，占比达50.39%；其次是历史文化型的特色小镇，共有23个小镇上榜，占比18.11%。

表1 第一批特色小镇名单

序号	省份(个数)	特色小镇名单
1	北京市(3个)	房山区长沟镇、昌平区小汤山镇、密云区古北口镇
2	天津市(2个)	武清区崔黄口镇、滨海新区中塘镇
3	河北省(4个)	秦皇岛市卢龙县石门镇、邢台市隆尧县莲子镇镇、保定市高阳县庞口镇、衡水市武强县周窝镇
4	山西省(3个)	晋城市阳城县润城镇、晋中市昔阳县大寨镇、吕梁市汾阳市杏花村镇
5	内蒙古自治区(3个)	赤峰市宁城县八里罕镇、通辽市科尔沁左翼中旗舍伯吐镇、呼伦贝尔市额尔古纳市莫尔道嘎镇
6	辽宁省(4个)	大连市瓦房店市谢屯镇、丹东市东港市孤山镇、辽阳市弓长岭区汤河镇、盘锦市大洼区赵圈河镇
7	吉林省(3个)	辽源市东辽县辽河源镇、通化市辉南县金川镇、延边朝鲜族自治州龙井市东盛涌镇
8	黑龙江省(3个)	齐齐哈尔市甘南县兴十四镇、牡丹江市宁安市渤海镇、大兴安岭地区漠河县北极镇
9	上海市(3个)	金山区枫泾镇、松江区车墩镇、青浦区朱家角镇
10	江苏省(7个)	南京市高淳区桠溪镇、无锡市宜兴市丁蜀镇、徐州市邳州市碾庄镇、苏州市吴中区甪直镇、苏州市吴江区震泽镇、盐城市东台市安丰镇、泰州市姜堰区溱潼镇
11	浙江省(8个)	杭州市桐庐县分水镇、温州市乐清市柳市镇、嘉兴市桐乡市濮院镇、湖州市德清县莫干山镇、绍兴市诸暨市大唐镇、金华市东阳市横店镇、丽水市莲都区大港头镇、丽水市龙泉市上垟镇

续表

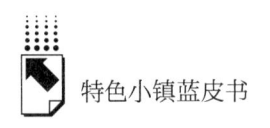

序号	省份(个数)	特色小镇名单
12	安徽省(5个)	铜陵市郊区大通镇、安庆市岳西县温泉镇、黄山市黟县宏村镇、六安市裕安区独山镇、宣城市旌德县白地镇
13	福建省(5个)	福州市永泰县嵩口镇、厦门市同安区汀溪镇、泉州市安溪县湖头镇、南平市邵武市和平镇、龙岩市上杭县古田镇
14	江西省(4个)	南昌市进贤县文港镇、鹰潭市龙虎山风景名胜区上清镇、宜春市明月山温泉风景名胜区温汤镇、上饶市婺源县江湾镇
15	山东省(7个)	青岛市胶州市李哥庄镇、淄博市淄川区昆仑镇、烟台市蓬莱市刘家沟镇、潍坊市寿光市羊口镇、泰安市新泰市西张庄镇、威海市经济技术开发区崮山镇、临沂市费县探沂镇
16	河南省(4个)	焦作市温县赵堡镇、许昌市禹州市神垕镇、南阳市西峡县太平镇、驻马店市确山县竹沟镇
17	湖北省(5个)	宜昌市夷陵区龙泉镇、襄阳市枣阳市吴店镇、荆门市东宝区漳河镇、黄冈市红安县七里坪镇、随州市随县长岗镇
18	湖南省(5个)	长沙市浏阳市大瑶镇、邵阳市邵东县廉桥镇、郴州市汝城县热水镇、娄底市双峰县荷叶镇、湘西土家族苗族自治州花垣县边城镇
19	广东省(6个)	佛山市顺德区北滘镇、江门市开平市赤坎镇、肇庆市高要区回龙镇、梅州市梅县区雁洋镇、河源市江东新区古竹镇、中山市古镇镇
20	广西壮族自治区(4个)	柳州市鹿寨县中渡镇、桂林市恭城瑶族自治县莲花镇、北海市铁山港区南康镇、贺州市八步区贺街镇
21	海南省(2个)	海口市云龙镇、琼海市潭门镇
22	重庆市(4个)	万州区武陵镇、涪陵区蔺市镇、黔江区濯水镇、潼南区双江镇
23	四川省(7个)	成都市郫县德源镇、成都市大邑县安仁镇、攀枝花市盐边县红格镇、泸州市纳溪区大渡口镇、南充市西充县多扶镇、宜宾市翠屏区李庄镇、达州市宣汉县南坝镇
24	贵州省(5个)	贵阳市花溪区青岩镇、六盘水市六枝特区郎岱镇、遵义市仁怀市茅台镇、安顺市西秀区旧州镇、黔东南州雷山县西江镇
25	云南省(3个)	红河州建水县西庄镇、大理州大理市喜洲镇、德宏州瑞丽市畹町镇

续表

序号	省份(个数)	特色小镇名单
26	西藏自治区(2个)	拉萨市尼木县吞巴乡、山南市扎囊县桑耶镇
27	陕西省(5个)	西安市蓝田县汤峪镇、铜川市耀州区照金镇、宝鸡市眉县汤峪镇、汉中市宁强县青木川镇、杨陵区五泉镇
28	甘肃省(3个)	兰州市榆中县青城镇、武威市凉州区清源镇、临夏州和政县松鸣镇
29	青海省(2个)	海东市化隆回族自治县群科镇、海西蒙古族藏族自治州乌兰县茶卡镇
30	宁夏回族自治区(2个)	银川市西夏区镇北堡镇、固原市泾源县泾河源镇
31	新疆维吾尔自治区(3个)	喀什地区巴楚县色力布亚镇、塔城地区沙湾县乌兰乌苏镇、阿勒泰地区富蕴县可可托海镇
32	新疆生产建设兵团(1个)	第八师石河子市北泉镇

2. 第二批名单

2017年7月，按照《住房城乡建设部关于保持和彰显特色小镇特色若干问题的通知》与《住房城乡建设部办公厅关于做好第二批全国特色小镇推荐工作的通知》的要求，住房和城乡建设部拟定了第二批中国特色小镇名单，包括276个小镇（见表2）。

表2 第二批特色小镇名单

序号	省份(个数)	特色小镇名单
1	北京市(4个)	怀柔区雁栖镇、大兴区魏善庄镇、顺义区龙湾屯镇、延庆区康庄镇
2	天津市(3个)	津南区葛沽镇、蓟州区下营镇、武清区大王古庄镇
3	河北省(8个)	衡水市枣强县大营镇、石家庄市鹿泉区铜冶镇、保定市曲阳县羊平镇、邢台市柏乡县龙华镇、承德市宽城满族自治县化皮溜子镇、邢台市清河县王官庄镇、邯郸市肥乡区天台山镇、保定市徐水区大王店镇

续表

序号	省份(个数)	特色小镇名单
4	山西省(9个)	运城市稷山县翟店镇、晋中市灵石县静升镇、晋城市高平市神农镇、晋城市泽州县巴公镇、朔州市怀仁县金沙滩镇、朔州市右玉县右卫镇、吕梁市汾阳市贾家庄镇、临汾市曲沃县曲村镇、吕梁市离石区信义镇
5	内蒙古自治区(9个)	赤峰市敖汉旗下洼子镇、鄂尔多斯市东胜区罕台镇、乌兰察布市凉城县岱海镇、鄂尔多斯市鄂托克前旗城川镇、兴安盟阿尔山市白狼镇、呼伦贝尔市扎兰屯市柴河镇、乌兰察布市察哈尔右翼后旗土牧尔台镇、通辽市开鲁县东风镇、赤峰市林西县新城子镇
6	辽宁省(9个)	沈阳市法库县十间房镇、营口市鲅鱼圈区熊岳镇、阜新市阜蒙县十家子镇、辽阳市灯塔市佟二堡镇、锦州市北镇市沟帮子镇、大连市庄河市王家镇、盘锦市盘山县胡家镇、本溪市桓仁县二棚甸子镇、鞍山市海城市西柳镇
7	吉林省(6个)	延边州安图县二道白河镇、长春市绿园区合心镇、白山市抚松县松江河镇、四平市铁东区叶赫满族镇、吉林市龙潭区乌拉街满族镇、通化市集安市清河镇
8	黑龙江省(8个)	牡丹江市绥芬河市阜宁镇、黑河市五大连池市五大连池镇、牡丹江市穆棱市下城子镇、佳木斯市汤原县香兰镇、哈尔滨市尚志市一面坡镇、鹤岗市萝北县名山镇、大庆市肇源县新站镇、黑河市北安市赵光镇
9	上海市(6个)	浦东新区新场镇、闵行区吴泾镇、崇明区东平镇、嘉定区安亭镇、宝山区罗泾镇、奉贤区庄行镇
10	江苏省(15个)	无锡市江阴市新桥镇、徐州市邳州市铁富镇、扬州市广陵区杭集镇、苏州市昆山市陆家镇、镇江市扬中市新坝镇、盐城市盐都区大纵湖镇、苏州市常熟市海虞镇、无锡市惠山区阳山镇、南通市如东县栟茶镇、泰州市兴化市戴南镇、泰州市泰兴市黄桥镇、常州市新北区孟河镇、南通市如皋市搬经镇、无锡市锡山区东港镇、苏州市吴江区七都镇

续表

序号	省份(个数)	特色小镇名单
11	浙江省(15个)	嘉兴市嘉善县西塘镇、宁波市江北区慈城镇、湖州市安吉县孝丰镇、绍兴市越城区东浦镇、宁波市宁海县西店镇、宁波市余姚市梁弄镇、金华市义乌市佛堂镇、衢州市衢江区莲花镇、杭州市桐庐县富春江镇、嘉兴市秀洲区王店镇、金华市浦江县郑宅镇、杭州市建德市寿昌镇、台州市仙居县白塔镇、衢州市江山市廿八都镇、台州市三门县健跳镇
12	安徽省(10个)	六安市金安区毛坦厂镇、芜湖市繁昌县孙村镇、合肥市肥西县三河镇、马鞍山市当涂县黄池镇、安庆市怀宁县石牌镇、滁州市来安县汊河镇、铜陵市义安区钟鸣镇、阜阳市界首市光武镇、宣城市宁国市港口镇、黄山市休宁县齐云山镇
13	福建省(9个)	泉州市石狮市蚶江镇、福州市福清市龙田镇、泉州市晋江市金井镇、莆田市涵江区三江口镇、龙岩市永定区湖坑镇、宁德市福鼎市点头镇、漳州市南靖县书洋镇、南平市武夷山市五夫镇、宁德市福安市穆阳镇
14	江西省(8个)	赣州市全南县南迳镇、吉安市吉安县永和镇、抚州市广昌县驿前镇、景德镇市浮梁县瑶里镇、赣州市宁都县小布镇、九江市庐山市海会镇、南昌市湾里区太平镇、宜春市樟树市阁山镇
15	山东省(15个)	聊城市东阿县陈集镇、滨州市博兴县吕艺镇、菏泽市郓城县张营镇、烟台市招远市玲珑镇、济宁市曲阜市尼山镇、泰安市岱岳区满庄镇、济南市商河县玉皇庙镇、青岛市平度市南村镇、德州市庆云县尚堂镇、淄博市桓台县起凤镇、日照市岚山区巨峰镇、威海市荣成市虎山镇、莱芜市莱城区雪野镇、临沂市蒙阴县岱崮镇、枣庄市滕州市西岗镇
16	河南省(11个)	平顶山市汝州市蟒川镇、南阳市镇平县石佛寺镇、洛阳市孟津县朝阳镇、濮阳市华龙区岳村镇、周口市商水县邓城镇、郑州市巩义市竹林镇、新乡市长垣县恼里镇、安阳市林州市石板岩镇、商丘市永城市芒山镇、三门峡市灵宝市函谷关镇、南阳市邓州市穰东镇
17	湖北省(11个)	荆州市松滋市涴水镇、宜昌市兴山县昭君镇、潜江市熊口镇、仙桃市彭场镇、襄阳市老河口市仙人渡镇、十堰市竹溪县汇湾镇、咸宁市嘉鱼县官桥镇、神农架林区红坪镇、武汉市蔡甸区玉贤镇、天门市岳口镇、恩施州利川市谋道镇

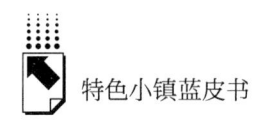

续表

序号	省份(个数)	特色小镇名单
18	湖南省(11个)	常德市临澧县新安镇、邵阳市邵阳县下花桥镇、娄底市冷水江市禾青镇、长沙市望城区乔口镇、湘西土家族苗族自治州龙山县里耶镇、永州市宁远县湾井镇、株洲市攸县皇图岭镇、湘潭市湘潭县花石镇、岳阳市华容县东山镇、长沙市宁乡县灰汤镇、衡阳市珠晖区茶山坳镇
19	广东省(14个)	佛山市南海区西樵镇、广州市番禺区沙湾镇、佛山市顺德区乐从镇、珠海市斗门区斗门镇、江门市蓬江区棠下镇、梅州市丰顺县留隍镇、揭阳市揭东区埔田镇、中山市大涌镇、茂名市电白区沙琅镇、汕头市潮阳区海门镇、湛江市廉江市安铺镇、肇庆市鼎湖区凤凰镇、潮州市湘桥区意溪镇、清远市英德市连江口镇
20	广西壮族自治区(10个)	河池市宜州市刘三姐镇、贵港市港南区桥圩镇、贵港市桂平市木乐镇、南宁市横县校椅镇、北海市银海区侨港镇、桂林市兴安县溶江镇、崇左市江州区新和镇、贺州市昭平县黄姚镇、梧州市苍梧县六堡镇、钦州市灵山县陆屋镇
21	海南省(5个)	澄迈县福山镇、琼海市博鳌镇、海口市石山镇、琼海市中原镇、文昌市会文镇
22	重庆市(9个)	铜梁区安居镇、江津区白沙镇、合川区涞滩镇、南川区大观镇、长寿区长寿湖镇、永川区朱沱镇、垫江县高安镇、酉阳县龙潭镇、大足区龙水镇
23	四川省(13个)	成都市郫都区三道堰镇、自贡市自流井区仲权镇、广元市昭化区昭化镇、成都市龙泉驿区洛带镇、眉山市洪雅县柳江镇、甘孜州稻城县香格里拉镇、绵阳市江油市青莲镇、雅安市雨城区多营镇、阿坝州汶川县水磨镇、遂宁市安居区拦江镇、德阳市罗江县金山镇、资阳市安岳县龙台镇、巴中市平昌县驷马镇
24	贵州省(10个)	黔西南州贞丰县者相镇、黔东南州黎平县肇兴镇、贵安新区高峰镇、六盘水市水城县玉舍镇、安顺市镇宁县黄果树镇、铜仁市万山区万山镇、贵阳市开阳县龙岗镇、遵义市播州区鸭溪镇、遵义市湄潭县永兴镇、黔南州瓮安县猴场镇
25	云南省(10个)	楚雄州姚安县光禄镇、大理州剑川县沙溪镇、玉溪市新平县戛洒镇、西双版纳州勐腊县勐仑镇、保山市隆阳区潞江镇、临沧市双江县勐库镇、昭通市彝良县小草坝镇、保山市腾冲市和顺镇、昆明市嵩明县杨林镇、普洱市孟连县勐马镇

续表

序号	省份(个数)	特色小镇名单
26	西藏自治区(5个)	阿里地区普兰县巴嘎乡、昌都市芒康县曲孜卡乡、日喀则市吉隆县吉隆镇、拉萨市当雄县羊八井镇、山南市贡嘎县杰德秀镇
27	陕西省(9个)	汉中市勉县武侯镇、安康市平利县长安镇、商洛市山阳县漫川关镇、咸阳市长武县亭口镇、宝鸡市扶风县法门镇、宝鸡市凤翔县柳林镇、商洛市镇安县云盖寺镇、延安市黄陵县店头镇、延安市延川县文安驿镇
28	甘肃省(5个)	庆阳市华池县南梁镇、天水市麦积区甘泉镇、兰州市永登县苦水镇、嘉峪关市峪泉镇、定西市陇西县首阳镇
29	青海省(4个)	海西州德令哈市柯鲁柯镇、海南州共和县龙羊峡镇、西宁市湟源县日月乡、海东市民和县官亭镇
30	宁夏回族自治区(5个)	银川市兴庆区掌政镇、银川市永宁县闽宁镇、吴忠市利通区金银滩镇、石嘴山市惠农区红果子镇、吴忠市同心县韦州镇
31	新疆维吾尔自治区(7个)	克拉玛依市乌尔禾区乌尔禾镇、吐鲁番市高昌区亚尔镇、伊犁州新源县那拉提镇、博州精河县托里镇、巴州焉耆县七个星镇、昌吉州吉木萨尔县北庭镇、阿克苏地区沙雅县古勒巴格镇
32	新疆生产建设兵团(3个)	阿拉尔市沙河镇、图木舒克市草湖镇、铁门关市博古其镇

（五）中国特色小镇的类型和分布

住房和城乡建设部于 2016 年 10 月公布了首批 127 个中国特色小镇名单，而后于 2017 年 7 月拟定了第二批中国特色小镇名单，包括 276 个特色小镇，是第一批特色小镇数量的 2 倍多。从各省份分布的特色小镇数量来看，浙江、上海、山东、四川拥有较多的特色小镇，而西藏、青海、宁夏、吉林等省份上特色小镇名单的小镇数量较少。

鉴于小镇特色产业、功能等方面的多样性，特色小镇可以分为很多类型。我国的特色小镇目前正处于起步期，根据经济特点可以分为旅游型、产业型以及其他类型。其中，旅游型又可以根据景点的资源范畴分为历史文化旅游型和自然风景旅游型;产业型则根据产业分工可以分为农产品产业型和制造业产业型,以及文化创意产业型。同时,也可以根据行业多样性特征,将特色小镇划分为旅游兼业型(包括旅游兼农业型、旅游兼制造业型和旅游兼文化创意产业型)和纯产业型。

2016年10月,根据各镇已获得的各种称号、规划编制、产业、基础设施、用地、公共服务、文化传播、社会管理等指标,经过专家论证,评选出了首批127个特色小镇,这成为特色小镇建设的主要标志事件,引起了各界关注。根据各种类型的特征,在首批127个特色小镇中,属于纯旅游型的有58个(见图1),占总数的45.67%;旅游兼业型的有29个,占总数的22.83%,两者占总数的68.50%;纯产业型的有40个,仅占31.50%,纯产业型和旅游兼业型共计69个,占总数的54.33%。

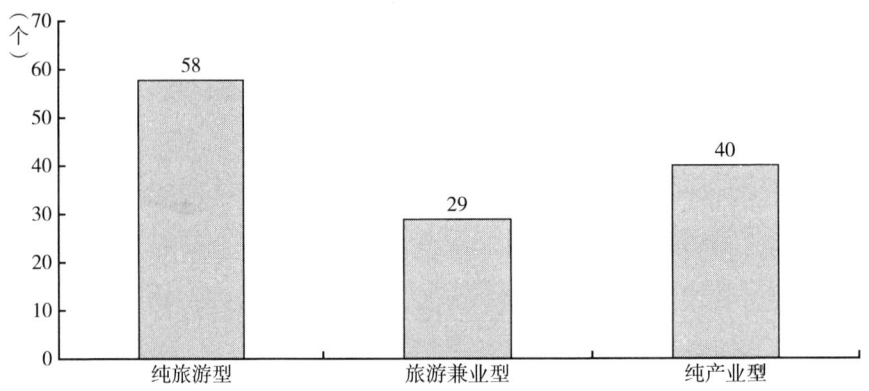

图1 特色小镇产业类型

特色小镇的功能分类也有不同,主要分类有产业发展型、历史文化型、旅游发展型、民族聚居型、农业服务型和商务流通型。在浙江和山东,大部分特色小镇为产业发展型特色小镇,新疆、辽宁和青海则主要分布有旅游发展型特色小镇,广东历史文化型特色小镇占比较大，河南、黑龙江和重庆则拥有比较多的农业服务型特色小镇（见图2）。

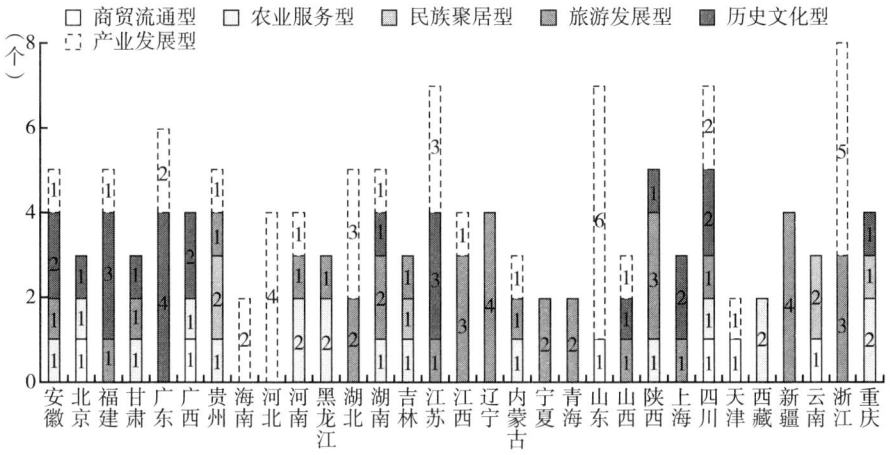

图2　各省份特色小镇功能类型

资料来源：数读城，https：//public.tableau.com/profile/xkh92#!/vizhome/_13591/1。

（六）中国特色小镇的发展现状和特点

特色小镇的核心内涵是在体现特色的同时，使地区经济不断向可持续和高级形态演化。因此，特色小镇是基于地区发展特点而形成的经济和城镇化的高级形态。特色小镇虽然历来已久，但是一直没有将其作为一种特殊的地域类型来看待。在人类社会进入服务经济时代，不仅要产业高效率，还要环境优美，甚至更需要具有文化、创意和历史价值的城镇。特色小镇作为能满足这些需求的特殊城镇，受到人们的青睐。一般来说，在工业化中期很难有意识地形成特色小镇。很多保留下来的特色小镇，往往是因为其资源开发价值没有被发现或者当时没有能力开发而得以保留；或者本地居民有很强的自我保护意识和保守的封闭意识，为了不让外界打扰其生活状态，采取了封闭式发

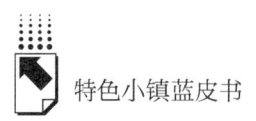

展，使其特色资源得以保留。只有在进入工业化后期和服务经济时代，工业污染加剧，人民对物质消费厌倦，并有条件、有能力追求精神消费，才能从消费侧促生了对特色小镇的需求。因而，这个阶段的特色小镇因成为生产者和消费者共同的愿望而得以产生。

2016年是特色小镇蓬勃发展的开局之年，各部门、各地方政府和企业等积极行动，为特色小镇在经济、产业和空间等方面构建了发展的总体构架。

1. 地区经济水平与特色小镇分布呈正比

地区经济发展是特色小镇建设的基础。特色小镇在工业化后期和服务经济时代出现，也是经济发达的标志。尽管从供给角度来看，各地区都可能出现特色小镇，但从经济基础和需求角度出发，经济发达地区具有较为完善的基础设施和公共服务、多样性产业和完备的产业链；另外，经济发达后，人们对精神和文化的追求，导致消费者青睐宜居宜业。因此，特色小镇往往与地区经济发展程度密切相关。

我国地区发展差异巨大，东部地区的大部分省份人均GDP已接近中高收入国家水平，特色小镇作为大城市的功能区，不但承接大城市转移的人口和产业，还承担必要的研发和创新职能。中西部和边远地区的特色小镇，多以某种自然资源或历史文化资源为特色，与周边乡村地区联系紧密，有很多就是乡村地区的中心城镇，往往属于资源型的旅游特色小镇。

2016年是特色小镇全面铺开的起步阶段，以浙江为典型的特色小镇建设以各自的方式在全国不同地区不断涌现。各地区政府还根据自身发展的需要，以规划、认定和商业开发等方式，建设各种特色小镇。比如，长三角地区在原有各种产业园区的基础上，转换规划、建设和管理方式，采用特色小镇的理念，将一部分工业园区按照特色小镇的模式整合和建设。企业家则以旅游和地产开发为契机，在各地选择合适的项目建设特色小镇，如 2016 年以"文旅小镇"为热点的开发，将旅游与地产开发，甚至养老等人文服务业相结合，成为地产企业的转折点。到 2016 年底，除了住房和城乡建设部认定的首批 127 个特色小镇以外，还陆续出现了度假小镇、音乐小镇、粮画小镇等，它们与首批认定的特色小镇一起，共有近 300 个，东部和南部地区的较多。这说明特色小镇以经济为主，以文化和自然环境为依托。

在新媒体上出现的近 300 个特色小镇中，浙江省的最多，共有 103 个，占总数的 1/3 多；其次是江苏省和山东省的。其中，首批认定的 127 个，尽管以东部发达地区的较多，但仍以各省份均衡分布为特点，平均每个省份有 4 个，最多的是浙江省有 8 个，最少的省份也有 2 个。尤其需要指出的是，未被认定的特色小镇，以小镇在新媒体等渠道中的广度和知名度而获得；主要代表了市场对特色小镇在旅游价值、开发价值和特色产业等方面的认可，代表了非官方的力量，也代表着市场开发潜力。分布最多的省份为浙江、江苏和山东等地，同样反映了经济发达程度与特色小镇建设的密切关系。这说明，地区经济发展是特色小镇建设的基本条件，县域经济发达的省份，特色小镇也得到了快速成长。

2. 中国特色小镇发展仍然处于萌芽阶段

产城融合是特色小镇的目标，也是城镇化质量的一个指标。尽管城镇化有"外发型"和"内发型"两种方式，但健康的城镇化归根结底是由地区经济发展到一定程度而产生的。正是地方经济发展催生了特色小镇出现的条件，以及对特色小镇的需求，才使特色小镇方兴未艾。"创新、协调、绿色、开放、共享"是特色小镇发展的五大理念，它的最终目标是实现生态、生产和生活的"三生"融合，从而形成产业融合、功能融合的综合发展城镇。因此，根据"三生"融合的程度，可以将特色小镇划分为萌芽期、成长期、成熟期和衰退期

(见图3)。特色小镇的成长过程就是一个发现价值、创造价值和传递价值的过程;越向高级阶段,其融合价值越大。在目前阶段,主要以具有单一旅游功能或产业功能的特色小镇为主,因其仅具有某种产业,尚不具备融合功能,故属于萌芽期;旅游兼业型的,因将产业与旅游相结合,基本已经派生出为旅游服务的城市设施,并形成以产业发展为基础的生产和生活服务,以及城市设施和公共服务,故属于成长期。

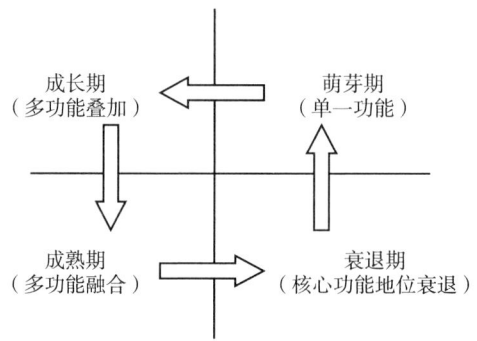

图3 特色小镇的发展阶段

特色小镇建设既是以往小城镇建设的延续,又是在创新发展理念下进行的新型城镇化试验,在新理念下发展的时间短,故大多数尚处在萌芽期。首批特色小镇中,处于萌芽期的有98个,占总数的77.17%;进入成长期的有29个,占总数的22.83%;没有成熟期和衰退期的特色小镇(见图4)。

3. 旅游型中国特色小镇发展情况

一般来说,旅游业的发展可以分为三个阶段:人均GDP达到1000美元,主要是观光旅游,属于经济型,消费保守,旅游层次较低;人均GDP达到2000美元,开始向休闲旅游转化,旅游消费进入快速增长期;人均GDP达到3000美元,转向度假旅游,旅游消费与中收入阶层消费能力匹配;人均GDP达到5000美元,开始进

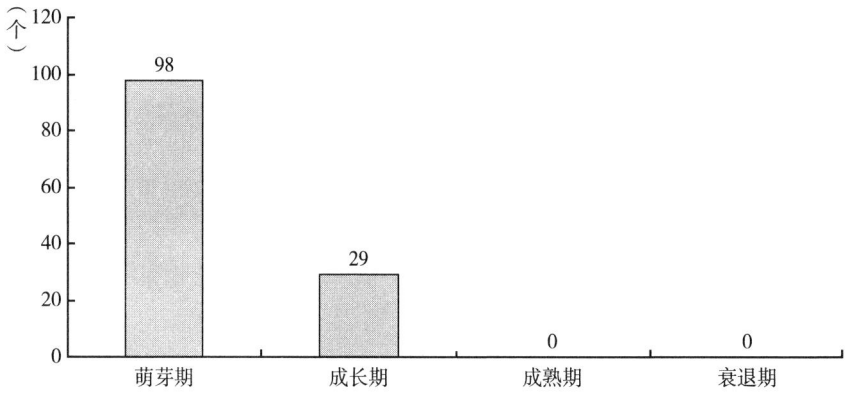

图 4　首批特色小镇发展阶段分布

入成熟的度假经济时期，旅游集娱乐、度假和体验于一体，向纵深发展。

2015年底，我国人均GDP超过8000美元，进入旅游业发展的高级阶段。不仅旅游业规模巨大、增长快，而且游客对旅游产品要求更高，更注重旅游的地点、自然环境和人文环境、历史底蕴和文化内涵。旅游型特色小镇正是迎合了居民收入水平提高后的这种高层次旅游需求，针对成熟期的旅游业发展需求而开发、建设、服务和管理的体验型和综合型服务城镇。旅游型特色小镇是基于地区的某种旅游价值而产生的，当然这种旅游价值也可以通过建设引导创造出来，如影视基地和创意产业基地。因此，地区的旅游价值就是旅游型特色小镇形成的基础。世界各地有很多旅游小镇，但多数是随着城镇的发展自然形成的，如荷兰北部的羊角村，就是在村民们共同愿望下选择传统的生活方式，而这种生活方式随着时间的流逝一直保持了下来；法国南部的普罗旺斯，从诞生之日起，就谨慎地保守着自己的秘密，直到英国人彼得·梅尔的到来，普罗旺斯许久以来独特生活风格的面纱才被渐渐揭开；德国的巴登小镇因为卓越的建筑吸引了很多著名人物，

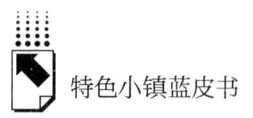

由此发展成一个集旅游、博彩和度假于一体的特色小镇；美国加州旧金山北部的索萨利托小镇，南欧的西班牙和意大利移民最先居住于此，他们带来的地中海生活习俗不断演化，到目前为止，耀眼多姿的滨海区、步行街道、陡峻的小山环抱着的迷人的水畔船坞，都令人想起地中海小渔村，天然美景、多元化的艺术社区和举世闻名的艺术节等，以及许多旅游纪念品店、商店、画廊以及高端餐厅，形成一个镶嵌于旧金山而又有别于美国文化的意大利风情小镇。这些小镇都有一个共同的特点，那就是不受外界干扰，保持自身独特性，按照它应该有的样子健康成长。

旅游小镇是指以开发当地具有旅游价值的自然或人文景观为主或在此基础上开展旅游服务的地区。根据小镇依托的旅游资源不同，旅游小镇又可分为自然风景旅游型和历史文化旅游型。在2016年10月公布的全国第一批127个特色小镇中，属于旅游型的有87个，其中纯旅游型的有58个，旅游兼业型的仅有29个。在纯旅游型的58个小镇中，以自然景观为特色的有19个，以历史文物古迹为特色的有33个，2个以度假为主，2个以文化影响力为特色，1个以民俗为特征，1个兼有休闲和娱乐。这些小镇的共同特征是当地具有深厚的历史积淀，自然环境较好。我国各地的历史文化资源均十分丰富，历史文化资源是旅游小镇最主要的发展资源。在自然资源中，以国家森林（地质、湿地）公园最为典型。兼业型的旅游特色小镇以娱乐性的创意产业为主要内容，著名的四个影视城，即上海车墩影视基地、横店影视城、赤坎影视城和西部影视城是典型的集旅游与文化产业于一体的特色小镇。

旅游特色小镇发展的方向是将旅游功能与产业功能相融合，旅游兼业型作为旅游特色小镇的高级阶段说明，目前旅游特色小镇的知名度主要取决于现存的自然或历史文物价值，还缺少城市建设、经济发展、休闲生活等后续发展所形成的竞争力和区域品牌。旅游特色小镇只有在特色产业和产业集群基础上，通过逐渐完善基础设施和公共服务，且注重环境和文化建设，以及创造创新氛围，才能成为融合型特色小镇。

4. 农业、制造业和创意产业型中国特色小镇的发展情况

特色产业是特色小镇的核心，而特色产业的发展是建立在地方产业基础上的。特色小镇建设需要地方有特色资源、比较扎实的产业基础、一定的经营规模、生产技术、管理标准、深加工能力、市场拓展能力和一定的投资能力，如此才能打造特色产品。因此，以特色产业为核心的特色小镇必须建立在地区产业发展之上。产业一般分为农业、制造业和服务业（包括金融业、创意产业、文化产业等）。对于农业，主要是基于农产品产地的地域特征而形成品牌；对于制造业，则是打造配套能力和产业基础；对于服务业，我国主要表现为创意产业等现代服务业集中而形成特色小镇。

小镇的产业特色，主要是指在某一个专业领域里具有独特竞争优势的情况下，企业通过与周边各种因素进行组合，通过远程分工而形成专门化的生产地区。这种小镇一般以一个地域专门化的形式与外界建立联系，或者以一个企业族群（企业集群）的方式与其他地区进行合作与竞争。在这样的地区，企业与企业之间、企业与城镇之间，都建立了紧密的联系，企业也与所在城镇的各种要素融合在了一起，任何一个企业离开这个环境都很难生存，同时也会给其他企业带来损失。这类小镇多以传统制造业为主，经过长期积累，形成极强的品牌效应，成为"产业之都"，如"陶都"宜兴丁蜀镇、"袜都"诸暨大唐镇、"中国灯饰之都"中山市古镇镇、"华夏笔都"南昌市文港镇等。这些地区产品类型虽然相对单一，但地方特色明显、品牌优势强，并且形成了相当规模的地方产业集群。还有小部分产业小镇已经成为工业强镇，成为全国的制造业基地，比较典型的有徐州市碾庄镇、温州市柳市镇、佛山市北滘镇、肇庆市回龙镇等。这些小镇的经

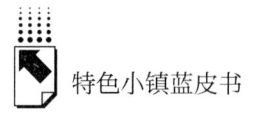

济十分发达,成为带动周边地区经济发展的重要力量。围绕某种独特产品而形成的产业小镇,如"一村一品""一镇一品"等,基本上都属于这种小镇,在围绕该类产品逐渐丰富其产品类型和消费方式的过程中,这些产业小镇演化成为产品与地域相融合的"地域商标"型小镇。很多乡镇工业基础薄弱,但环境和自然条件适宜特色农产品种植。同时,一些农业基础好的乡镇也陆续出现了以地域品牌为特征的农产品小镇。如天津滨海新区的中塘镇以冬枣闻名;河北邢台市隆尧县莲子镇以在小麦产地建立了今麦郎集团而闻名;山西吕梁汾阳市杏花村镇以酒都闻名等。

还有一些小镇是在旅游业和文化创意基础上,经过投资建设和品牌打造而形成的。这些小镇往往形成时间相对较长,旅游和文化产业融合得较为充分,项目运作较为成功,从而使所在地成为特色发展地区。这类小镇一般属于旅游兼业型,产业种类较多。上海青浦区朱家角镇利用沿海资源,建设了国际现代化水上设施的活动中心、上海市青少年校外活动营地、上海太阳岛国际俱乐部、上海国际高尔夫乡村俱乐部等,是集商务、度假、休闲于一体的娱乐旅游基地;江苏无锡宜兴市丁蜀镇,在紫砂壶文化基础上,发展成文化、商贸服务和旅游小镇;浙江金华东阳市横店镇,利用影视基地发展成文化产业与旅游小镇。

另外一种旅游兼业型小镇,是产业资源和旅游资源同时开发而形成的,一般是农业基础好、农产品具有地方特色,或者某一种独特的传统产品有很高的知名度,所在地区的自然环境或人文景观具有旅游价值,从而"两条腿"走路。如北京昌平小汤山镇,兼具农产品和温泉旅游;天津武清区崔黄口镇,兼具地毯和古迹旅游。在农业方面,主要有特色传统农业和高科技现代农业两种。具备特色传统农业的小城镇往往具有很强的市场品牌竞争力,出产具有原产地标志的产品,如群科镇的西瓜、武陵镇的蜜柚、德源镇的大蒜等;部分小城镇还成功地发展起了当地的龙头企业，如邢台市莲子镇的今麦郎和中旺集团，成为带动当地发展的重要力量。还有部分小城镇已经成功实现了传统农业向现代化农业的转型，建立起了标准的农业基地和高科技农业示范区。

在2016年10月公布的第一批127个特色小镇中，属于纯产业型的特色小镇有40个。在纯产业型的40个小镇中，属于制造业型的有8个，其中有1~2个为制造业向娱乐业延伸型，另外还有1个矿业型和1个传统手工业型城镇；属于农业特色产品型或因农产品加工而拥有特色产品以及向农产品贸易延伸的有28个，另外还有1个由农业向农产品会展业延伸型。在产业与旅游业兼顾的29个产业城镇中，有10个是农业和景观旅游业同时兴起；属于制造业与旅游业同时发展的也有11个；属于传统手工业与旅游业相互促进的仅有3个；文化创意产业与旅游业双赢的有4个；属于景观农业类的有1个。

纯农业型特色小镇主要分布在东北、华北和海南以及西部地区，主要是因为这些地区农业产业基础好、发展空间大；纯制造业型的，主要分布在长三角和珠三角地区，这一带工业基础好、制造业发达；农业兼旅游型的，则以地方资源和发展条件为决定因素，在目前数量少的情况下，分布较为分散；制造业兼旅游型的，则主要分布在长江三角洲一带，这里制造业发展基础和文化底蕴同时兼具，具有良好的融合发展条件。这些小镇的共同特征是，所在地区经济较发达，城市建设水平较高。从全国总体情况来看，产业型特色小镇刚刚开始从地方经济向产城融合起步，具有较大融合空间。

5. 特色小镇作为微中心连接农村与城市

城镇是地区经济发展到一定阶段后，以聚集优势而存在的一类特殊区域。每个城镇都有自己特定的腹地作支撑。城镇与腹地之间进行着要素流动，从而维持城镇不断聚集创新要素并向更高级形态演化。

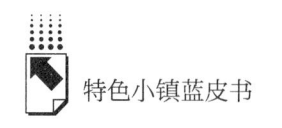

城镇从来都不是孤立存在的,而是与腹地之间、与多层的上级城市,以及横向的多个城镇之间,都存在唇齿相依的关系。因此,作为城镇体系中的组成部分,小城镇也绝不是孤立存在的,而是作为城镇体系、城市群或大城市功能的组成部分,加入空间体系中。特色小镇与传统的功能区不同,在承担文化功能的同时还承担了一定的产业和人口居住功能;在承担生态功能的同时,也兼具文化和人口居住功能;在承担旅游功能的同时,兼具文化、生态等功能;在承担创意产业(或某一个产业)功能的同时,承担人口疏解功能等。因此,特色小镇作为功能融合区,是城市重要的"微中心",是大城市融合功能区在主中心以外的空间延伸。

特色小镇对于大城市而言,是城市郊区的卫星城或"微中心",承担着大城市的一部分职能。中国大城市目前正面临空间扩张过快、城市"摊大饼"的蔓延带来人口过多、交通拥堵、环境污染等严重的"大城市病"。在大城市周边发展特色小镇,正是疏解大城市过于拥挤的交通、解决"大城市病"的重要途径。选择在大城市周边、自然环境和人文条件比较好的地区建设特色小镇,可以借助大城市的经济辐射和产业转移,使特色小镇承担大城市的特色功能。这类地区一般具有边缘城市的特征,即处于城市外围、依托大城市并以承担某一项职能为特征,是具有强劲生长点的城市中心之一。但是,处于大城市边缘地区的小镇,其土地利用受到了限制,一般地价也较高,仍需要遵循该城市建设用地的总量控制要求,尽管可以通过一定程度的土地置换,但这属杯水车薪;另外,自然环境也难以具有独特性,故特色小镇数量有限。

中小城市周边的特色小镇主要基于地区产业,一般都分布在远离大城市的地区。特色小镇往往采用背靠城市的办法,在与城市保持一定距离的情况下,既可以享受产学研配套的聚集优势,又可以避免大城市的喧嚣。如杭州临安云制造小镇,坐落在杭州远郊区的临安市,利用周边环境建设了包含客创工厂区块、众创服务中心区块、创智天地、科技创意园以及装备制造产业智能化提升改造区的综合小镇群。在产业逐渐由中心城市向外围城市转移的趋势下，特色产业往往选择落脚在既有一定的产业基础，又有相对安静和优美的自然环境，还能发挥聚集效应吸引优质人才的地区，这类地区往往成为产业特色小镇的首选之地。

作为"城市之尾"和"农村之首"的小城镇，与农村联系更紧密，是农村经济发展后剩余劳动力转移的最直接目的地。特色小镇中的"特色"除产业特色外，还有景观特色和服务特色等内容。中国一直都是农业大国，农村地区具有长期历史积淀所形成的大量特色建筑、文化传统、风俗习惯和地域精神，这些正是特色小镇的内涵所在。因此，基于农村地区的特色小镇其实就是基于传统特色的小镇。一些小镇位于经济较为落后、某种自然资源和文化在全国甚至全球具有独特性的地区，可以利用地方经济和产业发展的需要，通过内发型方式形成自己的品牌。此类小镇一般分布在农村地区，属于县级行政单元下的独立城镇。这类小镇无大城市可依靠，需要周围腹地农业和农村发展的支持。农村地区的特色小镇可以发挥自身的聚集功能，建设农产品市场，通过提供完善的设施和公共服务吸引龙头企业进驻，建立农产品服务体系，完善农产品产业链，从而带动农村地区发展。

首批特色小镇中，大城市周边的特色小镇有42个，占总数的33.07%，主要分布在三大城市群，即珠三角城市群、长三角城市和京津冀城市群一带；中小城市周边的特色小镇有28个，占总数的22.05%，主要分布在长三角城市群和京津冀城市群的外围，以及山东半岛和辽东半岛城市群一带；农村地区的特色小镇有57个，占总数的44.88%，是三类区位条件特色小镇中最多的一类，主要分布在农业基础较好的中部地区和东北地区，而且有巨大的发展空间。

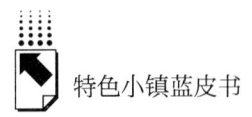

三种区位条件特色小镇的分布，表明特色小镇在城市功能和对农村地区的带动方面有所差异。作为城市的功能组成部分，加入城市群中，成为连接城市的纽带；作为农村地区的对外窗口，连接城市和农村，促进城乡一体化。因此，在农村地区建设特色小镇也大有可为。

（七）中国特色小镇建设经验

2016年10月13日，中央财经领导小组办公室、国家发展改革委与住房和城乡建设部联合在浙江杭州召开特色小镇建设经验交流会，重点介绍浙江特色小镇的发展经验和实践模式。会议一致认为，推进特色小镇建设的理念在于"新"，核心在于"特"，根本在于"改"。必须牢固树立和贯彻落实中央提出的"创新、协调、绿色、开放、共享"五大发展理念，从实际出发，力求把小镇的特色做精做强，在差异定位中开阔大视野，在细分领域中构建大产业，在错位发展中形成大格局。此次会议内容随后成为很多地方特色小镇建设的学习目标和参考依据。另外，各地之间也相互交流与学习。到目前为止，多个省市在特色小镇建设方面积累了宝贵经验，详情见表3。

（八）中国特色小镇知名度综合排名

特色小镇的知名度需要跨越空间，扩散到全国甚至全球。基于通常的竞争力指标如客流与旅游生产总值，很难得出有效的知名度评价结果。互联网和新媒体为这种传播扩散提供了非常方便的途径。尤其是作为小尺度空间地域的某项内容的知名度，在互联网上可以得到比较真实的反映。当利用关键词在百度等著名搜索引擎上搜索时，出现频率越高，说明知名度越高。目前我国以百度搜索引擎最为常用，故这里以百度搜索量作为不同类型特色小镇的知名度指标。用搜索引擎

中国特色小镇发展状况

表3 特色小镇建设经验

地区	做法和运行机制		制度	建设成效	经验
浙江省	特定内涵 特攻产业 特别功能 特殊形态	建设主体源活 资金管理活活 过程管理方式活	扶持政策：奖罚分明； 政策红利：事后兑现； 服务机制：创新供给	加快产业升级，形成经济新动能	主动作为，积极探索，安排规划编制，人才支持，项目推介，专项资金，对接国企、科研院校
重庆市	深化拓展五大功能区域发展战略，推动产城人文融合，强调三特色、三集聚	以市新型城镇化工作联席会议为平台，市发改委牵头，市城乡建委配合	立足区域实际，确定功能定位，实现资源整合	城乡一体化，统筹协调；打造国家级示范点	各优共优，各美共美，美美与共
北京市	"接"字上下功夫，承接重大活动；"补"字上下功夫，补齐基础设施和公共服务短板	规划先行 分类指导 特色发展	统筹编制规划，推进镇域整体开发，投资审批改革试点，多元化投融资机制	非首都功能疏解，京津冀协同发展，城乡空间布局调整	认真落实，充分借鉴先进经验，推动农村集体经济经营建设用地入市试点政策扩大范围，制定城镇化发展基金实施细则
吉林市	精准选择特色示范镇，加强领导统筹，加大政策支持，强化试点推进	省统筹，市主导，镇实施	推进就地城镇化，创新用地供给方式，提高城市承载能力	产城互动，规划引领，多元化投资，城乡一体化，承接城市功能	全面推广特色示范镇建设经营模式，指导市县建设特色城镇

续表

地区	做法和运行机制		制度	建设成效	经验
河南省	坚持"一镇一品"工业园示范镇建设,培育工业重镇,文化旅游名镇,农业强镇	政策引领,规划先行,宜农则农,宜工则工,宜旅则旅,宜商则商	产业为基础,做大特色产业,"五规合一"	惠民为民优美宜居	加大资金投入,改革现有行政机制
山东省	突出规划引领,加大财税支持,保障发展用地,创新发展机制,严格督导考评	实施新策略,培育发展小镇,探索新途径,分类扶持指导小镇发展	树立新理念,提升小城镇管理水平,创新设计规划理念,提高城镇管理水平	镇域经济快速发展,镇区规模扩大,设施建设日益完善,产业支撑明显增强	百镇示范行动,特色小镇创建,扶持壮大示范特色镇,培育塑造特色镇,兼顾发展一般镇,梯次发展的格局形成
四川省	坚持示范带动,控制环境污染,传承历史文化,坚持设施先行,提高小镇承载能力,加强基础设施建设	统筹推进,优化城镇布局,支持多点多极发展战略,围绕城乡一体化统筹推进	多规合一,生态宜居,产业支撑,创新驱动,创新土地供给制度和管理机制,推进管理权下放	试点镇承载能力增强,吸纳人口能力增强,地区人均生产总值提高,带动农民提高收入	以创新开放的理念增强试点镇的发展活力,大力实施"两个一批",即巩固一批特色镇,实现一批农民就地城镇化

时，主要采用关键词在搜索引擎界面上进行检索，能够显示出的检索量即为该指标值。

在此对全国第一批127个小镇不分类型进行综合排名。排名前五的分别是河南省南阳市西峡县太平镇、贵州省遵义市仁怀市茅台镇、浙江省温州市乐清市柳市镇、广东省肇庆市高要区回龙镇，以及江西省上饶市婺源县江湾镇（见表4）。

表4　中国特色小镇知名度综合排名（截至2017年4月1日）

排名	所在省份	特色小镇名称	百度搜索量
1	河南省	南阳市西峡县太平镇	6280000
2	贵州省	遵义市仁怀市茅台镇	4870000
3	浙江省	温州市乐清市柳市镇	4110000
4	广东省	肇庆市高要区回龙镇	2510000
5	江西省	上饶市婺源县江湾镇	2450000
6	湖北省	宜昌市夷陵区龙泉镇	2250000
7	广东省	佛山市顺德区北滘镇	2160000
8	江苏省	无锡市宜兴市丁蜀镇	2050000
9	上海市	金山区枫泾镇	1810000
10	黑龙江省	齐齐哈尔市甘南县兴十四镇	1780000
11	黑龙江省	牡丹江市宁安市渤海镇	1690000
12	广西壮族自治区	桂林市恭城瑶族自治县莲花镇	1500000
13	福建省	南平市邵武市和平镇	1460000
14	广东省	中山市古镇镇	1400000
15	上海市	青浦区朱家角镇	1320000
16	浙江省	杭州市桐庐县分水镇	1140000
17	河北省	秦皇岛市卢龙县石门镇	1120000
18	内蒙古自治区	呼伦贝尔市额尔古纳市莫尔道嘎镇	1090000
19	北京市	房山区长沟镇	1080000
20	上海市	松江区车墩镇	1000000
21	海南省	海口市云龙镇	925000
22	四川省	成都市大邑县安仁镇	805000

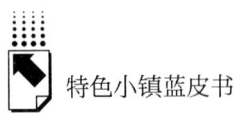

续表

排名	所在省份	特色小镇名称	百度搜索量
23	北京市	昌平区小汤山镇	796000
24	浙江省	金华市东阳市横店镇	739000
25	四川省	宜宾市翠屏区李庄镇	702000
26	江苏省	苏州市吴江区震泽镇	674000
27	重庆市	潼南区双江镇	666000
28	浙江省	绍兴市诸暨市大唐镇	655000
29	山东省	泰安市新泰市西张庄镇	650000
30	浙江省	嘉兴市桐乡市濮院镇	620000
31	湖南省	湘西土家族苗族自治州花垣县边城镇	612000
32	贵州省	安顺市西秀区旧州镇	608000
33	江苏省	盐城市东台市安丰镇	574000
34	重庆市	万州区武陵镇	568000
35	辽宁省	丹东市东港市孤山镇	487000
36	天津市	武清区崔黄口镇	475000
37	北京市	密云区古北口镇	470000
38	福建省	泉州市安溪县湖头镇	465000
39	甘肃省	兰州市榆中县青城镇	441000
40	山东省	青岛市胶州市李哥庄镇	418000
41	江苏省	南京市高淳区桠溪镇	418000
42	天津市	滨海新区中塘镇	414000
43	江西省	南昌市进贤县文港镇	408000
44	贵州省	黔东南州雷山县西江镇	396000
45	湖南省	郴州市汝城县热水镇	385000
46	云南省	大理州大理市喜洲镇	358000
47	湖北省	襄阳市枣阳市吴店镇	356000
48	安徽省	铜陵县郊区大通镇	352000
49	浙江省	湖州市德清县莫干山镇	345000
50	四川省	成都市郫县德源镇	345000
51	福建省	龙岩市上杭县古田镇	344000

续表

排名	所在省份	特色小镇名称	百度搜索量
52	海南省	琼海市潭门镇	340000
53	湖南省	娄底市双峰县荷叶镇	318000
54	河南省	许昌市禹州市神垕镇	317000
55	安徽省	六安市裕安区独山镇	312000
56	陕西省	西安市蓝田县汤峪镇	304000
57	陕西省	宝鸡市眉县汤峪镇	304000
58	山东省	威海市经济技术开发崮山镇	298000
59	广东省	江门市开平市赤坎镇	297000
60	广东省	梅州市梅县区雁洋镇	290000
61	吉林省	通化市辉南县金川镇	278000
62	山东省	淄博市淄川区昆仑镇	277000
63	湖南省	长沙市浏阳市大瑶镇	274000
64	新疆维吾尔自治区	塔城地区沙湾县乌兰乌苏镇	273000
65	四川省	泸州市纳溪区大渡口镇	269000
66	安徽省	安庆市岳西县温泉镇	267000
67	广西壮族自治区	北海市铁山港区南康镇	266000
68	四川省	达州市宣汉县南坝镇	265000
69	安徽省	黄山市黟县宏村镇	258000
70	甘肃省	武威市凉州区清源镇	257000
71	河北省	保定市高阳县庞口镇	254000
72	辽宁省	辽阳市弓长岭区汤河镇	252000
73	江西省	宜春市明月山温泉风景名胜区温汤镇	251000
74	江苏省	泰州市姜堰区溱潼镇	250000
75	湖北省	随州市随县长岗镇	246000
76	福建省	福州市永泰县嵩口镇	244000
77	贵州省	贵阳市花溪区青岩镇	223000
78	青海省	海西蒙古族藏族自治州乌兰县茶卡镇	223000
79	广东省	河源市江东新区古竹镇	216000
80	山东省	潍坊市寿光市羊口镇	212000

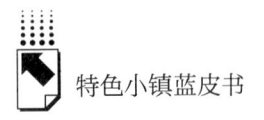

续表

排名	所在省份	特色小镇名称	百度搜索量
81	江苏省	徐州市邳州市碾庄镇	207000
82	湖北省	黄冈市红安县七里坪镇	206000
83	山东省	临沂市费县探沂镇	205000
84	山西省	晋城市阳城县润城镇	202000
85	福建省	厦门市同安区汀溪镇	201000
86	云南省	红河州建水县西庄镇	199000
87	浙江省	丽水市莲都区大港头镇	197000
88	河南省	驻马店市确山县竹沟镇	196000
89	新疆生产建设兵团	第八师石河子市北泉镇	195000
90	陕西省	铜川市耀州区照金镇	191000
91	安徽省	宣城市旌德县白地镇	175000
92	山西省	晋中市昔阳县大寨镇	172000
93	重庆市	黔江区灌水镇	162000
94	湖南省	邵阳市邵东县廉桥镇	162000
95	黑龙江省	大兴安岭地区漠河县北极镇	161000
96	江西省	鹰潭市龙虎山风景名胜区上清镇	157000
97	河南省	焦作市温县赵堡镇	151000
98	重庆市	涪陵区蔺市镇	143000
99	山东省	烟台市蓬莱市刘家沟镇	143000
100	湖北省	荆门市东宝区漳河镇	141000
101	广西壮族自治区	贺州市八步区贺街镇	139000
102	新疆维吾尔自治区	阿勒泰地区富蕴县可可托海镇	136000
103	陕西省	杨陵区五泉镇	136000
104	陕西省	汉中市宁强县青木川镇	132000
105	广西壮族自治区	柳州市鹿寨县中渡镇	126000
106	贵州省	六盘水市六枝特区郎岱镇	126000
107	河北省	邢台市隆尧县莲子镇	111000
108	内蒙古自治区	赤峰市宁城县八里罕镇	108000
109	江苏省	苏州市吴中区甪直镇	107000

续表

排名	所在省份	特色小镇名称	百度搜索量
110	吉林省	延边朝鲜族自治州龙井市东盛涌镇	105000
111	四川省	攀枝花市盐边县红格镇	100000
112	浙江省	丽水市龙泉市上洋镇	99200
113	辽宁省	大连市瓦房店市谢屯镇	97300
114	四川省	南充市西充县多扶镇	86000
115	新疆维吾尔自治区	喀什地区巴楚县色力布亚镇	84000
116	河北省	衡水市武强县周窝镇	77400
117	内蒙古自治区	通辽市科尔沁左翼中旗舍伯吐镇	76800
118	宁夏回族自治区	固原市泾源县泾河源镇	73800
119	云南省	德宏州瑞丽市畹町镇	71400
120	吉林省	辽源市东辽县辽河源镇	61500
121	青海省	海东市化隆回族自治县群科镇	60200
122	辽宁省	盘锦市大洼区赵圈河镇	58200
123	西藏自治区	拉萨市尼木县吞巴乡	55700
124	西藏自治区	山南市扎囊县桑耶镇	54200
125	山西省	吕梁市汾阳市杏花村镇	29700
126	宁夏回族自治区	银川市西夏区镇北堡镇	19300
127	甘肃省	临夏州和政县松鸣镇	8090

三 中国特色小镇建设问题及建议

根据住房和城乡建设部、国家发展改革委、财政部联合发布的《关于开展特色小镇培育工作的通知》（"147号文"），到2020年，全国将争取培育1000个特色小镇。2016年10月，住房和城乡建设部公示第一批特色小镇127个；2017年7月，公示全国第二批特色小镇276个。在政府红利释放下，一时间全国各地特色小镇如雨后春

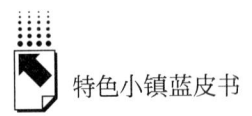

笋般蓬勃发展,建设和发展速度都快得超出想象,个中出现了浙江、贵州等地的一批示范小镇,但也显现出盲目求发展、同质化竞争、基础设施不完善、产镇脱节、体质机制缺乏活力、缺乏智慧化运营等问题。2017年12月4日,住房和城乡建设部、国家发展改革委、环境保护部和国土资源部四部委联合发布了《关于规范推进特色小镇和特色小城镇建设的若干意见》(下文简称《意见》)。《意见》明确指出,特色小镇建设应防止盲目发展、一哄而上,防止政绩工程和形象工程,防止千镇一面和房地产化,防止政府大包大揽和加剧债务风险;并明确提出推进特色小镇建设的五大基本原则,即坚持创新探索、坚持因地制宜、坚持产业建镇、坚持以人为本和坚持市场主导。

(一)盲目求发展

针对全国"1000个特色小镇"的建设目标,各地机构和部门闻风而动,申报项目不计其数,在申报中出现夸大申报数量、重复申报、重叠申报等现象,反映出申报小镇定位不清、概念不清、急于求成、盲目发展的问题。只顾跟风而忽视对发展逻辑的研究,特色小镇的建设有可能在现有上行下效的体制下,变成一项一哄而上争名头的运动。以量化指标、"大跃进"速度,及突击式、表面化的方式发展特色小镇,既不切实际,也会带来不可逆的"规划性破坏",造成无法弥补的损失和后遗症。面对国家的利好政策及这样一个庞大的、全国性的特色小镇布局,建议应认清自身定位,挖掘自身特色,结合本土优势,做好建设前的特色小镇总体规划,以及进一步的项目部署,不盲目拆迁、不盲目盖楼、不盲目吸收外来文化,避免产生不必要的开发机构重叠和交叉发展。

(二)同质化竞争

特色产业是特色小镇赖以存在的基本要素,也是支撑特色小镇可持续发展的物质基础。一些地方对本地资源、特色产业及文化遗存等优势认识不足,不顾经济水平、发展阶段和特色小镇建设与发展的基本规律,在发展模式上生搬硬套、简单模仿,在建设目标和实施路径上盲目制定指标,只希望通过资金补贴、税收优惠、用地倾斜等优惠政策来维持小镇运转,导致最终所确定的产业和功能千篇一律,脱离实际。特色小镇虽然数量众多,但目前大概可以分为三类:第一类是以浙江杭州的云栖小镇、江苏常州的石墨烯小镇为代表的,高科技产业和高端服务业类,这类小镇重点在于高新技术的研发和高端服务设计;第二类是以浙江桐庐的分水镇、浙江嘉兴的濮院镇为代表的,传统产业和农业小镇类,这类小镇重点在于产业升级或产业文化的提炼;第三类是以浙江丽水古堰画乡小镇、金华横店镇为代表的,文化旅游镇类,这类小镇重点在于提供休闲服务和良好的文化体验。

针对特色小镇发展中存在同质化竞争问题,特色主导产业和产业集群的选择十分关键,在特色产业的打造方面,应"小而精",避免"大而乱"。建议在做好小城镇产业 SWOT 事态分析的基础上,首先从小镇内部有利条件和弱势,如小镇的区域优势、配套服务、政策、融资环境等着手研究;其次从外部条件角度分析整个行业发展趋势中存在的机会与威胁,做区域范围内产业同质性分析等;最后在差异化发展原则下,筛选现在具有优势与未来具有潜力的特色产业,将其结合起来作为小镇特色主导产业,形成"人无我有"的区域特色。另外,在产业集群方面,需要形成特色化、品牌化、规模化的产业链;在垂直产业链上,向上扩展到原材料供应环节,向下延伸到服务环节,通过将产业塑造成一、二、三分级的产业链形式,实现特色产业链与创新链的新融合。

(三)基础设施不完善

基础设施建设滞后、承载能力不足是特色小镇发展的短板。就中

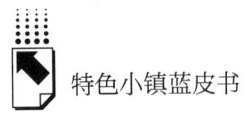

国目前情况看，人才和企业更多地聚集在北上广深等大型城市，小城镇对人才和产业的吸引力一直是比较微弱的，原因之一是交通条件跟不上和配套基础设施滞后。要想吸引人才和企业，就需要改善交通，配置齐全的基础设施，特别是完善网络通信和公共服务体系的建设。安逸宁静、风光宜人、生活方便的小城镇是非常具有吸引力的。为此，在特色小镇建设中，建议对外要加强交通、运输、通信等市政设施的建设，对内要加强公共服务设施、市政工程设施以及防灾减灾设施等的配套。只有拥有齐备的教育、医疗等各种配套设施以及完善的交流空间、优美的自然生态环境、舒适的居住场所，才能让特色小镇不只是特色产业的集聚区，而且是有别于"工业园区"的美好家园，才能对人才和企业起到吸引和留住的作用。

（四）产镇脱节

发展特色小镇本是促进区域协调发展的重要途径，但是目前特色小镇内部存在产业发展与小功能脱节问题。产业是城镇发展的基础，城镇是产业发展的载体，因此特色小镇要以"产镇融合"为关键突破点，并在此基础上找准自身发展定位，突出自己的特点和优势。要达到"产镇融合"，匹配居住人群和就业人群结构是重心，要做到居住、产业、就业、消费等方面的结构匹配。另外，居民的收入水平是由人口的职业构成决定的，就业差异导致收入差异，收入差异导致消费结构具有明显的层次性。因此，产镇融合的又一重点是就业结构与服务相匹配。只有达到产业结构、就业结构、居住结构、消费结构的相互匹配，才能促进特色小镇的产镇融合的健康发展。目前，在实现"产镇融合"的模式上，一般有"镇园合一"和"产业综合体"两种。"镇园合一"是指将产业园区直接建在镇上，依托镇区解决园区生活配套问题，这种模式有利于人口的集中聚集和土地的集约利用，也有利于整合区域资源，节约成本，形成规模经济效应。"产业综合体"指的是以完整的产业链为核心,以特定的产业集群为依托,以完善的产业配套为支撑,以完备的生活配套为保障,实现产业自我聚集、自我发展的新型园区空间模式。

(五)体制机制缺活力

好的机制可以释放小镇活力,成为小镇发展的强大动力。在特色小镇创建过程中,应该大胆打破旧体制的束缚,理清各种责、权、利的关系,调动各方面积极性,破除各种障碍矛盾,建立有活力的体制机制,要把创新作为特色小镇长远发展的核心驱动力。要保障特色小城镇成功建设,进行政策机制的改革创新是目前的首要任务,在此就土地要素、资金问题、人口问题及社保问题四方面给出建议。首先,对于土地要素,应在集约节约用地上挖掘潜力,从增量规划调整至存量优化;进一步深化土地制度改革,出台土地要素保障的政策。其次,对于资金问题,应建立激励政策,扶持壮大镇级财力,创新金融解决方案;推进金融制度改革,鼓励和引导金融机构发展农村金融创新产品。再次,对于人口问题,应全面推行按居住地登记的小镇户籍管理制度改革,提升外来人口待遇,使之享受当地城镇居民同等的待遇。最后,对于社保问题,就业制度应按照城乡统一的的标准设立,快速推进社会保障制度全面性的覆盖。

(六)缺乏智慧化运营

不同于市政公共基础设施一次性项目,特色小镇需要在后期运营中回收资金,资金需求量大且回收周期长,前期没有规划的盖楼、堆砌硬件、招商等会导致后期经营动力不足、目标偏离,发展失衡。随着科技的发展与进步,可以借助互联网、大数据、云计算、物联网等相关科学技术为小镇构建智慧架构,通过前期的顶层设计及基础设施平台建立、中期的数据采集及后期的智慧运营,整合小镇信息资源,

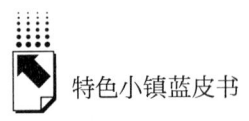

释放小镇运营数据红利,打造全产业链服务模式的智慧运营解决方案,科学推动小镇的发展,促进小镇发展的创新性与可持续性,使小镇在信息化时代的竞争中立于不败之地。

总而言之,特色小镇要想健康发展,需要从自身特色出发,结合优势明确定位,走差异化发展道路,并围绕自己的产业定位和人口特征,配备完善的基础设施,促进产镇融合,注重体制机制创新,借助互联网、大数据、云计算、物联网等相关科学技术实现智慧化运营。

参考文献

[1] 中国城镇化促进会:《中国特色小(城)镇发展报告(2016)》,2017。

[2] 余静:《当前特色小镇建设中应注意的几个问题》,《新西部》2017年第30期,第17~18页。

[3] 胡音音:《浅析当下特色小镇建设的问题及发展途径》,《人文天下》2017年第21期,第5~8页。

[4] 《住建部再发预警信号:中国特色小镇快速发展,却暴露出6大严重问题!》,《国土资源》2017年第7期,第18~19页。

B.3
中国智慧城市发展现状

潘砚娉 于飞

摘　要： 中国智慧城市是城镇化与信息化融合发展的结晶，通过对现行中国智慧城市评价指标体系的研究，本文得出2017年中国智慧城市评价指标体系和排名。排名前五位的城市分别是深圳、上海、杭州、北京和广州。该排名通过智慧基础设施、智慧社会治理等七个方面对中国智慧城市进行评价分析。

关键词： 智慧城市　评价指标体系　智慧城市排名

一　中国智慧城市的内涵和背景

随着中国经济的高速发展和科技的飞速提升，中国智慧城镇化建设步伐也变得越来越快，人们生活水平在近几年得到了非常大的提高。智慧城市是数字城市的发展升级，是通过物联网和云计算实现的。

智慧城市充分地利用现代的信息技术，促进了以信息流为核心的资金流、物质流、能量流、人口流等资源流相互地感知、高效地流动和交换，推动了城市自然系统、社会系统、经济系统的完善和重构，打造了一个经济社会活动最为优化的城市新型系统，提升了信息资源开发利用及城市运营管理水平，旨在为大众创造一个智能化的终身教育体系，建设一个创新型的价值实现平台，打造一个绿色和谐的工作

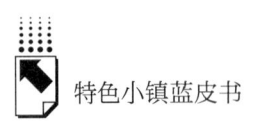

生活环境,并且同时实现经济社会的可持续发展。现在,智慧城市已经不再是一个概念和想法,它的应用已经体现在人民生活的很多方面,并且大众已经能真实地感受到智慧城市建设的成效。

"智慧城市"的概念不是一夕出现的,换句话说,它是城镇化建设与信息化发展融合的成果,是城市化发展的高级形态。1978年,中国城市化率仅为18%左右,到了2016年,我国城镇常住人口已经达到7.9289亿人,城镇化率已经达到57.35%左右,中国的城乡结构发生了翻天覆地的根本性变化。改革开放以来,中国经历了近30年的信息化发展,智慧城市的发展可以说是中国农业现代化、工业化、城镇化、信息化协调发展的必然趋势。

在政府自上而下规划管理,社会力量积极参与,民众积极响应的盛况下,中国智慧城市开发模式不断创新。自2010年以来,智慧城市已经成为中国各城市建设和发展的目标方向。2012年11月,住建部为规范和引导智慧城市建设发布了《国家智慧城市试点暂行管理办法》和《国家智慧城市(区、镇)试点指标体系(试行)》,并且发布了多批国家智慧城市试点城市名单,智慧城市试点工作正式启动和展开,300多个智慧城市试点城市分批次陆续开始启动工作。多个城市颁布了智慧城市各个方面的建设方法、安全保障、政策法规、标准体系等,还将其纳入智慧城市的政府工作报告和"十二五"规划。2014年8月,国家发展改革委、财政部、国土资源部、住房和城乡建设部、交通运输部等八个部委联合颁发了《关于促进智慧城市健康发展的指导意见》,明确表明智慧城市应该以云计算、物联网、大数据、地理信息系统等新型信息技术为发展核心,结合城市规划、城市建设、城市管理和服务进行概念的创新和模式的创新。同年,中共中央、国务院印发了《国家新型城镇化规划(2014—2020年)》;中国电子技术标准化研究院发布了《中国智慧城市标准化白皮书》,白皮书中提出了中国智慧城市的建设重点,包括数据采集、信息资源共享、网络基础建设等方面，同时提出了智慧城市应用广泛的领域，如智慧政务、智慧公共服务、智慧交通等，并且提出应关注智慧城市资金问题、政府跨部门协作问题以及相关人才引进问题等。在接下来的几年内，智慧城市名单逐渐扩大，包括在线电子政府、智慧医疗、智慧交通、智慧安防等智慧城市应用项目已在500多个城市进行试点。

二 现行的中国智慧城市评价指标体系

中国现行的智慧城市评价指标体系只有2个：一个为2016年发布的《新型智慧城市评价指标（2016年）》；另一个为2017年11月发行的《智慧城市评价模型及基础评价指标体系第1部分：总体框架及分项评价指标制定的要求》，后者配套有《智慧城市技术参考模型》和《智慧城市评价模型及基础评价指标体系第3部分：信息资源》。同时，也存在政府与第三方平台合作制定的非国家标准的智慧城市评价指标体系，如中国社会科学院信息化研究中心和国脉互联智慧城市研究中心发布的"中国智慧城市发展水平评估报告"，其智慧城市评价指标体系在社会和大众媒体中也得到了很高的认可。另外，一些国外智慧城市评价报告也将中国一些城市纳入其智慧城市的评估范围，比如IESE商学院最新发布的智慧城市排名报告将武汉、广州、重庆、北京、上海、深圳、苏州、天津等15个城市纳入评估样本范围，说明这些国外的智慧城市评价指标体系是全球性的，在一定程度上也适用于中国智慧城市。

在2016年发布的序列号为GB/T 33356－2016的《新型智慧城市评价指标（2016年）》中，智慧城市的指标分为两类——客观指标和主观指标，客观指标又可细分为成效类指标和引导性指标两类。

其中，惠民服务、精准治理等所在为一级指标层级，政务服务、城市管理等是二级指标，在二级指标之下，还有三级指标，为保持指标体系简单易理解，三级指标并未于图1中标注。

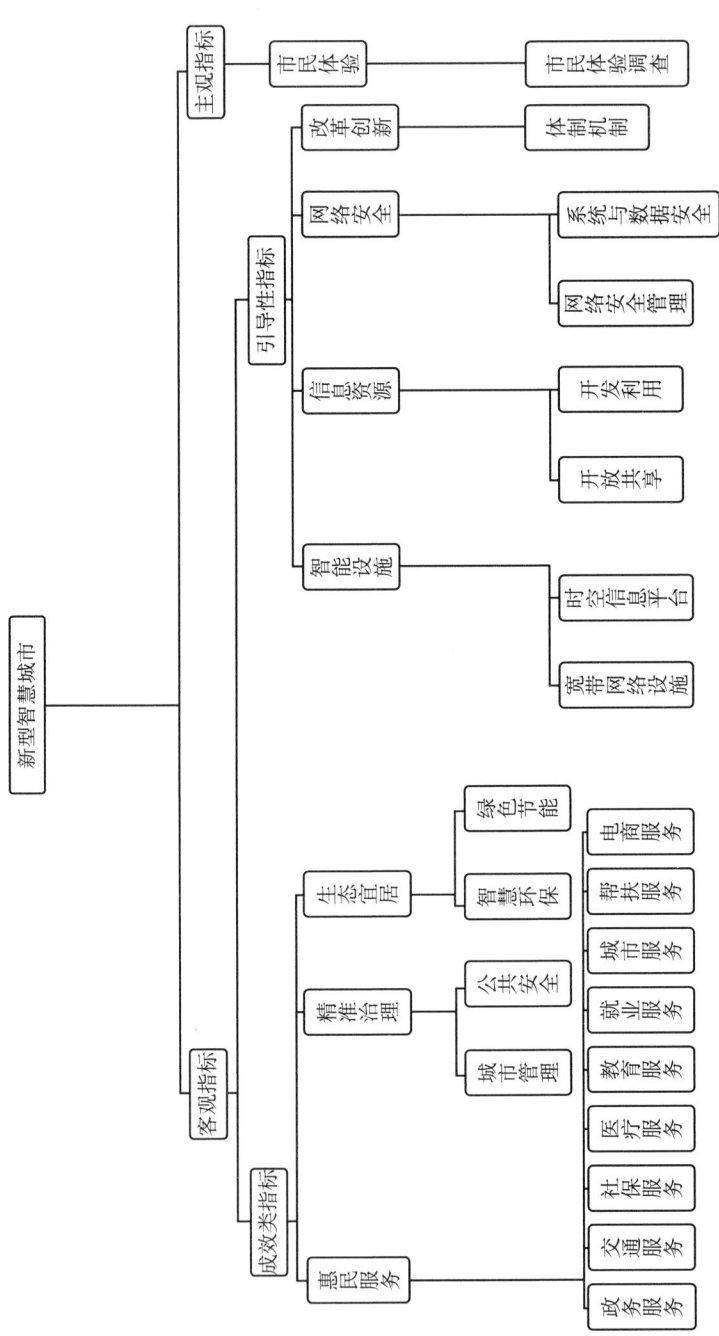

图 1 新型智慧城市评价指标框架

各项指标的权重是不同的,一级指标和二级指标的权重并不是均衡的,按照指标的重要性分配不同权重(见表1),如政务服务的权重为8%、交通服务的权重为3%、公共安全的权重为5%。

表1　新型智慧城市指标权重分配

单位:%

一级指标	权重	二级指标	权重
惠民服务	37	政务服务	8
		交通服务	3
		社保服务	3
		医疗服务	3
		教育服务	3
		就业服务	3
		城市服务	7
		帮扶服务	5
		电商服务	2
精准治理	9	城市管理	4
		公共安全	5
生态宜居	8	智慧环保	4
		绿色节能	4
智能设施	7	宽带网络设施	4
		时空信息平台	3
信息资源	7	开放共享	4
		开发利用	3
网络安全	8	网络安全管理	4
		系统与数据安全	4
改革创新	4	体制机制	4
市民体验	20	市民体验调查	20

在惠民服务中,政务服务和电商服务十分值得分析,是智慧城市中有非常重要的和具有创新意义的指标。政务服务指标包括:(1)以

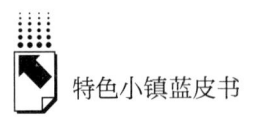

公民身份证号码或者法人和其他组织统一的社会信用代码为唯一表示的电子照使用率；（2）一站式办理率，指同一地点或者同一窗口即可办理的政务服务事项；（3）网上统一入口率，指不需要在不同平台进行多次认证的网上统一入口，实现"一次认证、多点互联"。电商服务指标包括：（1）网上商品零售占比，指地区网上商品零售额与地区社会消费品零售总额之比；（2）跨境电商交易占比，指跨境电商交易额与进出口总额之比。

在精准治理中，城市管理指标包括：（1）数字化城管情况，包含城市管理事部件的立案率、执行部门按时处置率、城市管理事部件的结案率；（2）市政管网管线智能化监测管理率，为物联网相关的指标；（3）综合管廊覆盖率，对地下综合管廊的建设长度进行了评估。

在智能设施中，时空信息平台指标包括：（1）多尺度地理信息覆盖和更新情况，包括城市大比例尺地形图覆盖面积和更新周期等情况；（2）平台在线为政府部门及公众提供空间信息应用情况，其中分析了平台活跃用户量等情况；（3）为用户提供高精度位置服务情况，包含对厘米级企事业单位用户数量的评估。

在信息资源中，开放共享指标包括：（1）公共信息资源社会开放率，需要开放的公共信息资源类别共有 20 种，包括信用、公安、交通、医疗、地理、科技、环境、金融等；（2）信息资源部门间共享率，指在政府部门权责范围内非密信息资源全部共享给其他部门的情况。

在改革创新中，体制机制指标包括：（1）智慧城市统筹机制，即当年领导组织机构是否正常运转并开展实际的工作；（2）智慧城市管理机制，即当年智慧城市重点项目纳入考核体系，并且按制度进行项目管理的情况；（3）智慧城市运营机制，如第三方运营情况以及政府和社会资本合作比率。

中国社会科学院信息化研究中心和国脉互联智慧城市研究中心发布的"中国智慧城市发展水平评估报告"中的智慧城市评价指标体系与国标的智慧城市评价指标体系有不同的侧重，报告选用智慧城市PSF评估模型，从"以人为本""城市系统""资源流"三个要素出发，构建智慧城市发展水平评价指标，包括智慧环境、智慧管理、智慧民生、智慧经济，以及智慧要素。至2016年，该套体系已经调整完善至如图2所示的基本架构。该指标体系的权重分配情况如表2所示。

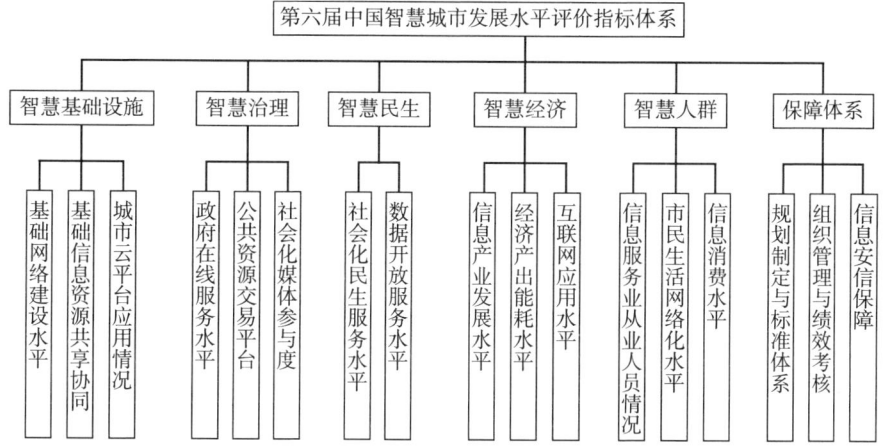

图2 第六届（2016）中国智慧城市发展水平评价指标体系

表2 第六届（2016）中国智慧城市发展水平评价指标体系权重

单位：%

一级指标	权重	二级指标	权重
智慧基础设施	20	基础网络建设水平	5
		基础信息资源共享协同	10
		城市云平台应用情况	5
智慧治理	20	政府在线服务水平	10
		公共资源交易平台	5
		社会化媒体参与度	5

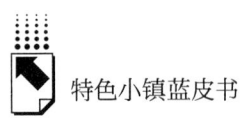

续表

一级指标	权重	二级指标	权重
智慧民生	15	社会化民生服务水平	5
		数据开放服务水平	10
智慧经济	15	信息产业发展水平	5
		经济产出能耗水平	5
		互联网应用水平	5
智慧人群	15	信息服务业从业人员情况	5
		市民生活网络化水平	5
		信息消费水平	5
保障体系	15	规划制定与标准体系	5
		组织管理与绩效考核	5
		信息安全保障	5
附加项	5	加分项	5
	-5	减分项	-5

2017年11月发行的《智慧城市评价模型及基础评价指标体系》是最新的中国智慧城市评价指标体系，也是最新的国家标准智慧城市评价指标体系。该指标体系将指标分为能力类指标和成效类指标两个大分类。能力类指标是对智慧城市建设运营基础能力的评价，包括信息资源、网络安全、创新能力、机制保障。成效类指标是对智慧城市建设和运营效果的评价，包括基础设施、公共服务、社会管理、生态宜居、信息资源（见图3）。该智慧城市评价指标体系的指标权重设定将通过在3~5个智慧城市试点城市征求意见后确定，二级指标以下所采用的具体三级指标目前并未公布。

三 2017年中国智慧城市评价指标体系

2017年11月发行的国家标准《智慧城市评价模型及基础评价指

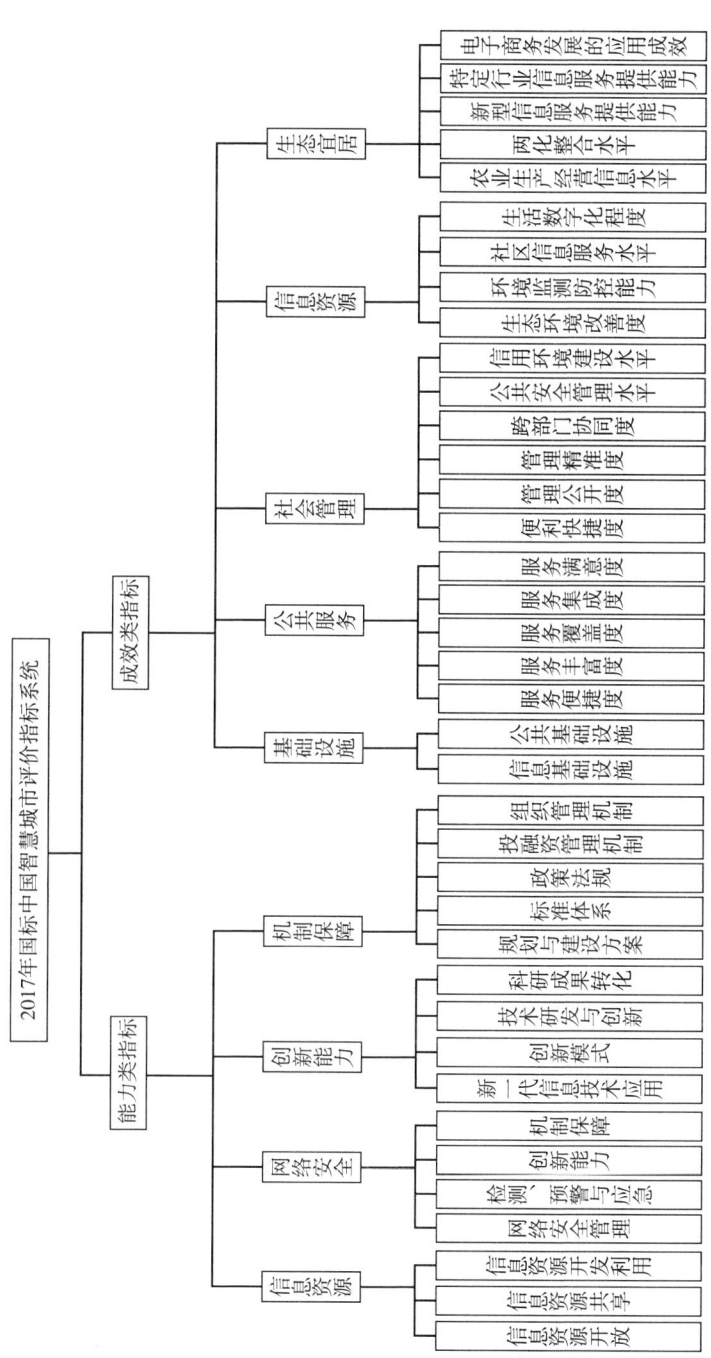

图3 2017年国标中国智慧城市评价指标体系框架

标体系》目前还不是一个完整的指标体系，一级指标和二级指标已确定，但是具体的子指标，如三级指标，并未确定，并且数据也依然在收集阶段。因此，本文融合2016年发布的《新型智慧城市评价指标（2016年）》与2017年发布的《智慧城市评价模型及基础评价指标体系》两个国家标准，同时借鉴第三方评估的中外智慧城市评价指标体系，如中国社会科学院信息化研究中心和国脉互联智慧城市研究中心发布的《第六届(2016)中国智慧城市发展水平评估报告》、IESE商学院最新发布的智慧城市排名报告、Boyd Cohen博士的智慧城市指标体系等，形成了最新的具有实际应用价值和应用场景的2017年中国智慧城市评价指标体系。

在这个指标体系中，一级指标为智慧基础设施、智慧社会治理、智慧公共服务、智慧保障体系、智慧产业经济、智慧人群和附加评价（见图4）。与2017年国标中国智慧城市评价指标体系不同，该指标体系中，增加了附加评价指标，它是对城市除智慧基础设施、智慧社会治理等六个方面以外的综合评价，如生态宜居指标已移入附加评价范围，参考2017年全国宜居城市排名榜单，对城市的生态宜居程度进行评估。智慧基础设施与智慧社会治理的权重各为20%，智慧公共服务、智慧保障体系、智慧产业经济、智慧人群的权重各为15%，各方面的得分乘以权重再加附加评价得分即为最终总体得分。

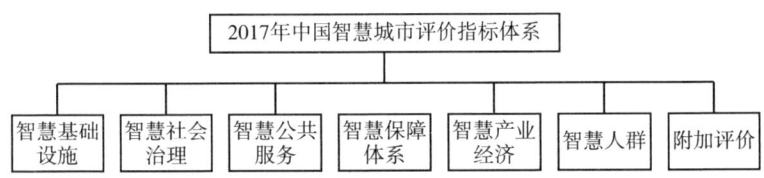

图4 2017年中国智慧城市评价指标体系

在2017年中国智慧城市评价指标体系中，选取了包括省会城市、直辖市、副省级城市等50个重要以及有研究价值的地级市作为评价样本，表3展示了样本城市名单和样本城市在中国的分布情况。省会城市、直辖市和副省级城市作为资源配置相对较好的城市，在经济和社会方面具有比较好的发展条件和比较高的发展水平，有着智慧城市建设的基础和发展条件。在省会城市、直辖市和副省级城市之外，一些较小的地级城市的智慧城市发展情况同样具有研究价值，因此它们也被纳入了评价范围。如，钦州和榆林分别位于广西壮族自治区和陕西省，是古丝绸之路的海上节点和陆上节点，同时也是新丝绸之路的重要节点城市。又如，云南省乃至中国的著名旅游城市丽江和大理以及中国著名度假城市三亚，具有鲜明的旅游城市定位，将其纳入智慧城市评价样本范围体现了对目前旅游发达城市智慧化发展的精准研究。

表3　2017年中国智慧城市评价样本范围和分布情况

行政区划	省份	省会/直辖市/副省级城市	地级城市
华东地区	上海	上海	
	江苏	南京	无锡、扬州、苏州
	浙江	杭州、宁波	温州、嘉兴
	安徽	合肥	
	福建	福州、厦门	
	江西	南昌	
	山东	济南、青岛	威海
华南地区	广东	广州、深圳	佛山、珠海
	广西	南宁	钦州
	海南	海口	三亚
华中地区	河南	郑州	洛阳
	湖北	武汉	
	湖南	长沙	
华北地区	北京	北京	
	天津	天津	
	河北	石家庄	
	山西	太原	
	内蒙古	呼和浩特	

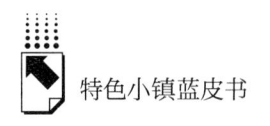

续表

行政区划	省份	省会/直辖市/副省级城市	地级城市
东北地区	辽宁	沈阳、大连	
	吉林	长春	
	黑龙江	哈尔滨	
西北地区	陕西	西安	榆林
	甘肃	兰州	
	青海	西宁	
	宁夏	银川	
	新疆	乌鲁木齐	
西南地区	四川	成都	
	重庆	重庆	
	云南	昆明	丽江、大理
	贵州	贵阳	
	西藏	拉萨	

从智慧基础设施、智慧社会治理、智慧公共服务、智慧保障体系、智慧产业经济、智慧人群和附加评价七个方面对这44个城市进行评价和名次排序。

四 2017年中国智慧城市总体排名

首先，中国智慧城市的总体发展情况是符合正态分布的，表现非常突出和非常落后的城市占少数。表4反映了中国智慧城市的总体发展情况。超过一半的城市被评价为拥有很好或者好的智慧城市发展情况，其中智慧城市发展情况很好的占少数，为8%；智慧城市发展情况好的城市数量在四类城市中占比最大，为52%。其次，智慧城市发展情况表现平均的城市占28%，而表现差的城市有12%。可以看出，中国的智慧城市发展状况处于很好和差两个端的较少，中间发展情况好和平均的城市为大多数。

表4　中国智慧城市总体发展情况

智慧城市发展情况	分数情况	城市个数(个)	占比(%)
很好	90分以上	4	8
好	60~90分	26	52
平均	45~60分	14	28
差	45分以下	6	12

从智慧基础设施、智慧社会治理、智慧公共服务、智慧保障体系、智慧产业经济、智慧人群这六个方面看，中国智慧城市的总体发展情况是不平衡的。图5展示了中国智慧城市六方面的总体平均评价得分情况。

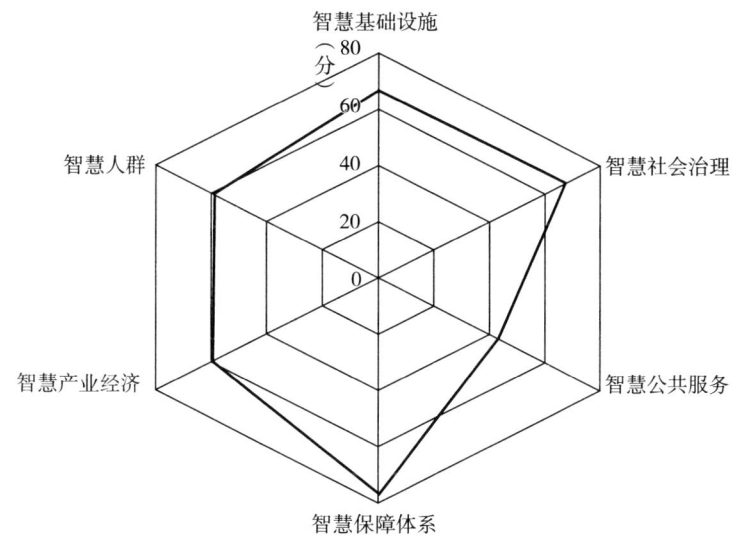

图5　中国智慧城市各方面平均得分

首先，智慧保障体系的发展优势非常明显，平均得分为76.96分左右，是发展最为领先的方面。平均得分排名第二的为智慧社会治理，平均得分为67.88分左右，说明近年来电子政府和智慧政府的建

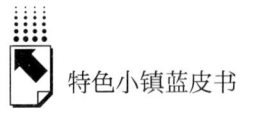

设有了一定的成效。智慧基础设施的平均得分与智慧社会治理的平均得分十分接近,为67.47分左右,说明中国的省市级重要城市较为重视信息通信等智慧基础设施的建设,这为智慧城市的发展奠定了良好的基础。其次,智慧产业经济和智慧人群的平均得分分别为59.29分和58.69分左右,与前面提到的几个方面的平均得分有一定的差距,说明中国在基础建设、治理和保障这些方面虽有一定成果,但是并没有很好地促进智慧经济或者智慧人群的发展,中国智慧城市的总体提升不能急于求成,需要时间去完成从量变到质变的过程。最后,平均得分最低的为智慧公共服务,约为42.96分,该方面的发展情况远远落后于其他方面,说明在智慧公共服务方面还有很大的提升空间,同时它也是最难、最需要克服的方面。

表5是中国智慧城市的总体排名表,展示了50个城市的总体排名和七个方面的各项评价结果情况。在一定程度上,此排名揭示了目前中国智慧城市的总体发展情况,以及在智慧基础设施、智慧社会治理、智慧公共服务、智慧保障体系、智慧产业经济、智慧人群各个方面的发展情况。从智慧城市发展的具体六个方面看,在总体上,智慧保障体系整体得分最高,智慧基础设施和智慧社会治理的整体得分也比较高。说明中国智慧保障体系建设在整体上发展得最好,各城市在智慧保障体系建设上的水平相对平均,差距较小。同时智慧基础设施建设和智慧社会治理在整体上也表现得非常好,大部分的中国省会城市、直辖市、副省级城市等重要城市在智慧保障体系、智慧基础设施、智慧社会治理这三方面都有较好的表现。相比之下,中国的智慧城市在智慧公共服务、智慧产业经济、智慧人群这三个方面总体评价得分较低,各城市发展水平参差不齐,差距较大。特别是在智慧公共服务方面,排名较前的城市评价得分较高,而排名靠后的城市评价得分较低,城市间的智慧公共服务建设和发展水平存在不可忽视的差距。

中国智慧城市发展现状

表5 中国智慧城市总体排名

单位：分

排名	城市	智慧基础设施	智慧社会治理	智慧公共服务	智慧保障体系	智慧产业经济	智慧人群	附加评价	总分
1	深圳	97.06	96.39	83.20	100.00	96.30	95.76	3.36	98.336
2	上海	96.71	92.77	100.00	88.46	99.07	99.15	2.24	98.139
3	杭州	97.63	100.00	76.07	100.00	90.74	99.15	3.696	98.117
4	北京	89.20	92.77	97.10	84.62	100.00	100.00	2.352	96.005
5	广州	95.07	92.67	74.25	84.62	77.78	91.53	1.456	88.231
6	宁波	100.00	95.78	58.66	73.08	64.81	61.86	3.584	81.502
7	佛山	90.59	89.76	56.71	96.15	65.74	56.78	2.8	80.177
8	厦门	84.76	81.93	39.16	84.62	75.93	79.66	2.8	78.041
9	苏州	93.42	84.34	47.68	84.62	67.59	66.95	1.12	76.697
10	青岛	82.79	74.10	76.41	96.15	63.89	45.76	2.464	76.174
11	南京	81.24	62.65	54.76	88.46	76.85	72.88	3.024	75.745
12	武汉	75.81	66.87	93.79	76.92	55.56	68.64	2.464	75.236
13	无锡	73.95	86.30	63.14	60.85	71.59	78.50	1.98	75.143
14	珠海	76.21	84.94	42.30	84.62	68.52	71.19	2.016	74.240
15	嘉兴	84.30	86.75	50.50	73.08	80.56	48.30	1.20	73.276
16	成都	76.56	75.90	50.41	76.92	60.19	81.36	2.24	73.064
17	温州	63.57	92.77	50.83	76.92	61.11	54.24	3.00	70.733
18	重庆	75.64	80.72	74.67	57.69	53.00	59.32	1.12	69.094
19	合肥	77.54	66.87	34.52	73.08	72.22	54.24	2.464	66.454
20	扬州	76.79	60.24	52.15	76.92	61.11	54.24	1.20	65.269
21	天津	69.52	72.89	35.26	73.08	62.96	61.86	1.792	65.249
22	南昌	79.56	84.94	25.99	80.77	50.93	46.61	1.568	65.113
23	大连	54.85	56.01	39.92	92.31	58.33	68.64	2.912	63.964
24	郑州	71.36	44.58	47.52	84.62	59.26	63.56	2.016	63.447
25	哈尔滨	75.52	47.59	61.67	80.12	56.48	55.08	0.672	63.298
26	长沙	53.41	77.11	34.77	80.77	57.41	62.71	1.68	63.131
27	福州	48.44	88.55	35.18	61.54	73.15	50.11	2.352	62.747
28	沈阳	67.55	63.86	36.62	80.77	47.22	51.69	2.8	61.527
29	银川	72.81	65.61	36.08	76.92	50.00	43.22	2.576	61.193
30	威海	72.25	54.82	36.26	88.46	52.78	53.39	1.00	61.048
31	昆明	54.50	77.71	30.22	65.38	50.00	58.47	2.8	59.854

续表

排名	城市	智慧基础设施	智慧社会治理	智慧公共服务	智慧保障体系	智慧产业经济	智慧人群	附加评价	总分
32	呼和浩特	68.65	69.88	30.71	73.08	42.59	50.85	2.464	59.754
33	兰州	80.20	70.48	15.40	76.92	45.22	48.24	1.68	59.684
34	南宁	60.57	65.66	23.59	76.92	44.44	62.71	2.24	58.637
35	济南	56.58	54.22	34.02	76.92	52.78	62.71	1.904	58.029
36	贵阳	58.37	75.31	17.30	73.08	39.81	53.39	1.344	55.618
37	长春	66.57	64.46	15.65	80.77	55.56	22.03	2.24	54.546
38	洛阳	48.38	61.45	28.25	73.08	54.63	37.29	2.8	53.752
39	海口	45.55	45.18	33.11	61.54	67.59	63.56	1.68	53.697
40	三亚	44.28	60.84	25.83	73.08	63.89	45.76	1.00	53.308
41	西安	46.54	42.17	34.11	69.23	43.52	64.41	2.576	52.006
42	太原	60.39	34.34	26.08	73.08	45.37	51.69	0.896	49.275
43	大理	50.17	72.29	22.02	76.92	36.11	17.80	0.784	48.204
44	石家庄	46.88	31.33	31.54	69.23	44.44	50.00	2.24	47.164
45	乌鲁木齐	46.02	33.13	18.46	70.51	45.37	44.92	2.24	44.893
46	钦州	30.83	40.96	30.30	73.08	43.52	40.68	1.12	43.615
47	丽江	32.68	69.88	16.06	57.69	40.74	21.19	1.344	42.208
48	榆林	41.40	34.34	22.52	73.08	35.19	42.37	0.784	41.904
49	西宁	47.00	24.70	13.82	53.85	48.15	54.24	1.12	40.968
50	拉萨	33.66	45.18	13.49	61.54	34.26	45.76	1.68	40.706

五 2017年中国智慧城市排名前十城市评价结果

首先，关注排名前十的智慧城市发展情况，它们代表了中国智慧城市发展的最高水平，同时也揭露了依然存在的短板问题。

中国智慧城市评价得分排名前十的城市分别是深圳、上海、杭州、北京、广州、宁波、佛山、厦门、苏州、青岛。排名第一的城市为深圳，总体得分约为98.3分，排名第十的城市为青岛，总体得分约为76.2分，虽然均为前十，但二者依然存在一定差距。另外，深圳、上海、杭州、北京均得到了90分以上的高分，广州、宁波、佛山的得分介于80分和90分，厦门、苏州、青岛的得分位于70分和80分之间。

从排名前十的智慧城市基础设施、社会治理、公共服务、保障体系等六个方面的评分中可看出，智慧基础设施和智慧社会治理的总体得分相对比较高。相比之下，智慧公共服务的总体得分比较低。说明在中国智慧城市发展较领先的城市中，智慧基础设施的建设包括基础网络建设、基础信息资源平台建设等已经具有较好的基础，同时智慧社会治理的优秀表现主要归功于电子政府服务水平的提高。在排名前十的智慧城市中，发展较落后的为智慧公共服务方面，其中存在数据开放中可读数据总量偏低、社会化合作开展有限、民生服务项目进展缓慢等问题。在六个智慧城市方面中，每个领域都有在此方面最为领先的城市。智慧基础设施单项评价得分第一的为宁波；智慧社会治理单项评价得分第一的为杭州；智慧公共服务单项评价得分第一的为上海；智慧保障体系单项评价得分第一的为深圳和杭州；智慧产业经济单项评价得分第一的为北京；智慧人群单项评价得分第一的也为北京。

图6为排名前十智慧城市的各方面得分情况对比，色块的长度表明了各项评分的高低。在智慧基础设施、智慧社会治理和智慧保障体系这三个方面，前十城市的评价得分较为平均，差距不大。前十城市的智慧公共服务和智慧人群的评价得分色块呈现明显的长短不一，差距较为明显，比如上海的智慧公共服务得分明显高于厦门，深圳的智慧人群得分明显高于青岛。因此也就造成第一名和第十名智慧城市总分差距超过20分。

六 2017年中国智慧城市排名后十城市评价结果

排名后十的智慧城市发展情况也应当受到关注，从中发现问题才

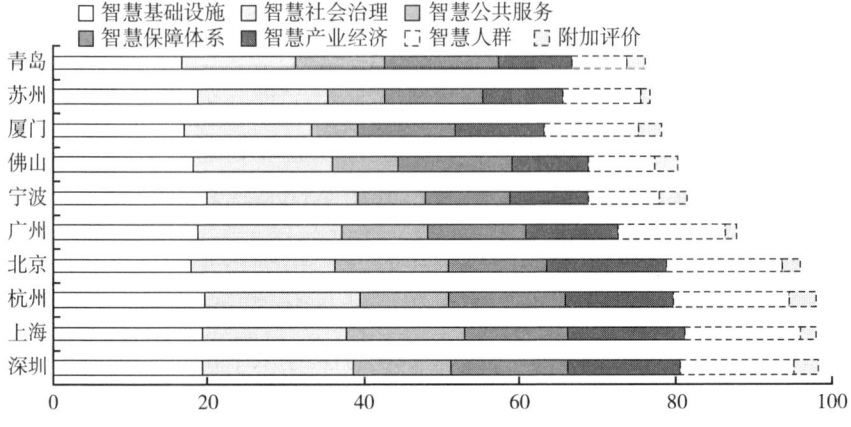

图6 排名前十的中国智慧城市评价得分情况

能更好地提升中国智慧城市建设水平。排名后十的中国智慧城市分别是拉萨、西宁、榆林、丽江、钦州、乌鲁木齐、石家庄、大理、太原、西安。排名倒数第一的是拉萨，总体评价得分约为40.7分，排名倒数第十的为西安，总体评价得分为52分左右。另外，石家庄、大理、太原、西安的总体得分落于45~60分，处于智慧城市发展平均水平。而拉萨、西宁、榆林、丽江、钦州和乌鲁木齐的得分皆低于45分，为智慧城市发展情况比较差的城市。

图7为中国智慧城市排名后十的城市得分情况。从这十个智慧城市基础设施、社会治理、公共服务、保障体系等六个方面的评分中可看出，智慧保障体系的平均得分明显较高，说明中国重要城市在智慧保障体系建设上普遍水平较高，人民生活得到了很好的保障。然而，在智慧公共服务方面，排名倒数十位的城市普遍没有得到一个好的评价，其中在智慧公共服务方面得分最高的城市为西安，也仅仅得34.11分，得分最低的为拉萨，仅得13.49分。

在智慧社会治理方面，丽江和大理的表现在后十个城市中尤为特别，虽然后十个城市的智慧社会治理平均分只有42.8分左右，

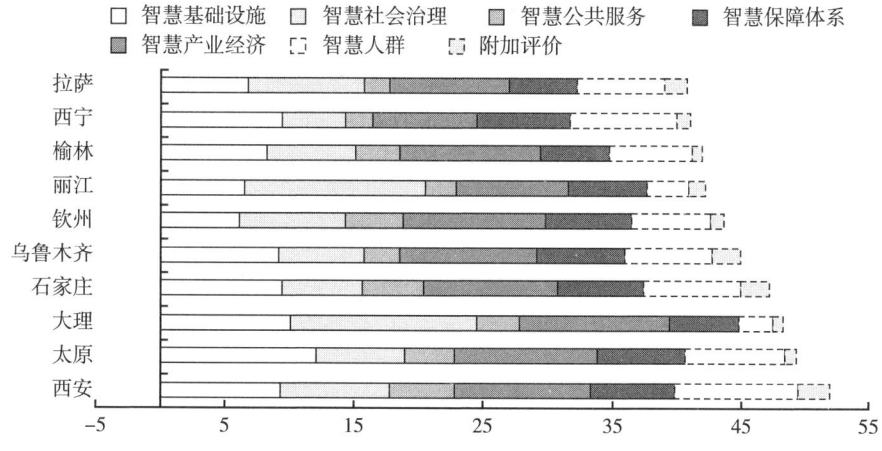

图 7　排名后十的中国智慧城市评价得分情况

丽江的智慧社会治理评价得分却为 69.88 分，大理的评价分数达到 72.29 分，均超过了 60 分，二者为智慧社会治理表现好的城市。说明旅游定位城市在社会治理方面的投入得到了一定的成效，相比其他城市，旅游城市更注重社会治理方面的建设。另外，值得注意的是，因为丽江和大理为旅游城市，对智慧人才的吸引较弱，智慧人群评价得分明显较低，此为大部分自然风景旅游城市的特征之一。

七　2017年中国智慧城市排名前十和后十城市评价结果对比

中国智慧城市排名前十城市代表了中国智慧城市发展的最高水平，而后十城市发展状况代表了中国智慧城市的短板问题，将两者结合起来分析才能有助于全方位地提高中国智慧城市建设和发展的整体水平，因此前十和后十的对比分析尤为重要。

前十和后十智慧城市的得分差异较大。表 6 所示为中国智慧城市排名前十个和后十个城市的各方面发展情况对比数据，第二列和第三列数据分别为排名前十个和后十个城市在六个方面的平均得分，第四列数据为它们之间的差距。图8以优劣雷达图的形式直观地展示了前十个和后十个城市智慧城市发展的优势和劣势。它们的优势方面各不相同，前十个城市在智慧基础设施方面平均得分最为突出，为92.52分，后十个城市在智慧保障体系方面平均得分最高，为67.78分。然而，前十个和后十个城市智慧城市发展的短板是相同的，都体现为智慧公共服务发展的落后，前十个城市此方面的平均得分为70.92分，后十个城市此方面的平均得分为22.84分。因此，智慧公共服务的建设水平如何提高及其如何取得成效是十分值得思考的。

表6　中国智慧城市排名前十个和后十个城市各方面发展情况对比

单位：分

方面	前十个	后十个	差异
智慧基础设施	92.52	43.56	48.97
智慧社会治理	90.06	42.83	47.23
智慧公共服务	70.92	22.84	48.08
智慧保障体系	89.23	67.78	21.45
智慧产业经济	80.19	41.67	38.52
智慧人群	79.66	43.31	36.36

在六个方面中，前十个和后十个城市平均得分差异最小的为智慧保障体系，前十个城市的平均得分为89.23分，后十个城市的平均得分为67.78分，其差异约为21.45分，说明无论是智慧城市发展较好或者发展较落后的城市，包括规划和建设方案、标准体系、政策法规、投融资机制、组织管理机制、信息安全等方面的智慧保障是已经较为系统性落实并且产生成效的。而差距最大的为智慧基础设施方面，前十个城市的平均得分十分高，为92.52分，而后十个城市的平均得分只有43.56分，其差距在图8上十分明显，为48.97分。智慧

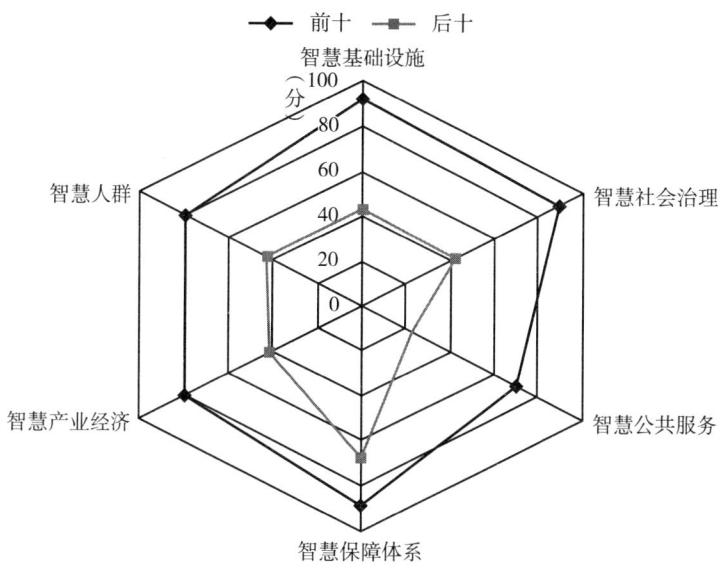

图 8　排名前十和后十的中国智慧城市的评价得分情况对比

基础设施是智慧城市发展的基础，其他五个方面的发展在一定程度上都是以智慧基础设施建设为前提的，好的城乡一体的信息基础建设才能较好地推进下一代互联网和广播电视网建设和三网融合应用的推广，好的公共基础建设才能通过信息技术手段为城市能源、安全、交通等智慧化服务和管理奠定基础。另外，在智慧公共服务和智慧社会治理两个方面，前十个城市和后十个城市之间的差异也十分明显，平均得分分别相差 48.08 分和 47.23 分。智慧社会治理的优劣很大一部分由在线政府也就是电子政府服务水平决定，政府部门间跨部门协作能力水平，办理城市社会各项事务的手段，办理城市社会各项事务的便捷度和周期长短，管理办法的精细化程度，解决问题的科学性和针对性，政府管理的机制、流程、状态的开放和透明程度等都是智慧社会治理能力高低的体现。智慧公共服务也就是智慧民生，是与民众生活最为贴近的一个方面之一，政府与第三方服务机构合作的深度，服

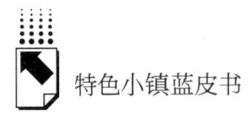

务的覆盖度、集成度、丰富度、便捷度、满意度是智慧公共服务优劣的体现。简而言之，前十个城市与后十个城市的差距是多维度的，智慧城市的打造并非一朝一夕，整体的提高和升级不仅仰仗政府自上而下的建设，而且需要民众自下而上自发的智慧参与和创造。

参考文献

［1］中国社会科学院信息化研究中心、国脉互联中国智慧城市研究中心：《第六届（2016）中国智慧城市发展水平评估报告》，2016。

［2］Boyd Cohen,"The 3 Generations of Smart Cities,"fastcompany.com, Oct 8, 2015.

［3］IESE,"IESE Cities in Motion Index 2017," Barcelona.

B.4 国外智慧城市发展现状

潘砚娉 于飞

摘 要： "智慧城市"一词，最早来源于 IBM 公司于 2008 年所提出的"智慧地球"战略。该战略提出，要促使地球更智慧，应该建立一个物联化（Instrumented）、互联化（Interconnected）、智慧化（Intelligent）的世界。2016 年，世界十大智慧城市排名中前五的分别是纽约市、伦敦、巴黎、波士顿和洛杉矶，3 个美国城市、1 个英国城市和 1 个法国城市。该排名从经济、人力资本、社会凝聚力、环境、公共管理、政府、城市规划、国际影响力、科技、移动与交通十个方面分析了世界范围内 180 个城市的智慧发展情况。相关研究发现，发达国家的政府在数据开放和分享方面已经发展得非常成熟，大数据也已经广泛应用于智慧城市建设和发展，值得中国学习和借鉴。

关键词： 智慧城市 智慧城市指标体系 智慧城市排名

一 国外智慧城市的内涵和世界十大智慧城市排名

近年来，世界科技飞速发展，科技的进步促使人类社会发展升级，"智慧城市"的概念因此被广为讨论，建设智慧城市更是被列为

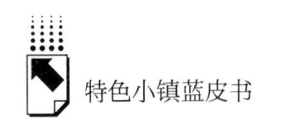

城市发展的重要规划方向。

"智慧城市"一词，最早来源于 IBM 公司于 2008 年所提出的"智慧地球"战略。该战略提出，促使地球更智慧，应该建立一个物联化（Instrumented）、互联化（Interconnected）、智慧化（Intelligent）的世界。而数据的感知、传达、处理就是其本质。

延伸到城市，智慧城市通过各种数据传感器搜集信息，并以这些信息来有效管理资产和资源（Hamblen，2015）。更具体地说，智慧城市通过信息通信、物联网、城市信息学等技术最大化地有效运作城市，从而连接居民和提高其生活水平，促进可持续性发展（Cohen，2015）。Frost & Sullivan（2014）将智慧城市划分成八个主要方面，分别是智慧政府、智慧能源、智慧建筑、智慧交通、智慧基础设施、智慧科技、智慧医疗、智慧市民，智慧城市的发展水平便可通过这八个方面细化衡量。

但国外智慧城市并没有一个统一的标准，不同的学者或者机构对智慧城市有不同的定义。澳大利亚和新西兰智慧城市委员会（Smart City Council）统计了国际和地区已有的智慧城市标准，将智慧城市标准大体分为三种：策略层面智慧城市标准、过程层面智慧城市标准、科技层面智慧城市标准。

本文所用 2016 年世界十大智慧城市排名，来自 IESE 商学院最新发布的智慧城市排名报告，它的智慧城市标准属于策略层面智慧城市标准范畴。该排名报告涉及世界 180 个城市，其中 73 个为首都；北美有 16 个，西欧有 50 个，东欧有 22 个，亚洲有 37 个，中东有 12 个，大洋洲有 3 个，非洲有 11 个，拉丁美洲有 29 个。

IESE 商学院总结出了评价智慧城市的十个因素：经济、人力资本、社会凝聚力、环境、公共管理、政府、城市规划、国际影响力、科技、移动和交通。总排名综合这十个因素，进行权重计算得出。2016 年智慧城市总体表现情况如表 1 所示。

国外智慧城市发展现状

表1 2016年智慧城市总体表现情况

表现	得分	城市个数（个）	占比（%）
很好和较好	90分以上及60~90分	95	52.78
平均	45~60分	57	31.67
差	45分以下	28	15.56

资料来源：IESE，"IESE Cities in Motion Index 2017，"Barcelona。

表2展示了世界十大智慧城市的排名，其中美国城市最多，有4个。前三名分别是纽约市、伦敦、巴黎，均为智慧程度表现很好的城市。前十名的分数差距并不是很大，其中第四名波士顿和第五名洛杉矶，以及第七名首尔和第八名东京只有小数上的差距。

表2 2016年世界十大智慧城市排名

排名	城市	表现	分数（分）
1	纽约市（美国）	很好	100.00
2	伦敦（英国）	很好	98.71
3	巴黎（法国）	很好	91.97
4	波士顿（美国）	较好	88.90
5	洛杉矶（美国）	较好	88.46
6	华盛顿特区（美国）	较好	86.10
7	首尔（韩国）	较好	84.91
8	东京（日本）	较好	84.85
9	柏林（德国）	较好	83.40
10	阿姆斯特丹（荷兰）	较好	82.86

资料来源：IESE，"IESE Cities in Motion Index 2017，"Barcelona。

表3展示了世界十大智慧城市经济、人力资本、社会凝聚力、环境、公共管理、政府、城市规划、国际影响力、科技、移动与交通十个因素的具体排名。从总体来看，世界十大智慧城市在经济和人力资

本两个因素方面普遍排名比较靠前，在科技方面排名较好，但在社会凝聚力和环境两个因素方面普遍排名比较低。这说明目前发展最好的智慧城市基本具有比较好的经济和人才基础，因此科技发展也较为领先，但是缺乏社会凝聚力，也就是社会稳定程度和幸福感较低，并且环境存在一定程度的污染。

表3　2016年世界十大智慧城市因素排名

排名	城市	经济	人力资本	社会凝聚力	环境	公共管理	政府	城市规划	国际影响力	科技	移动与交通
1	纽约市（美国）	1	4	153	82	4	6	5	5	2	11
2	伦敦（英国）	4	7	105	35	23	22	2	23	1	2
3	巴黎（法国）	11	7	86	20	45	42	8	1	25	5
4	波士顿（美国）	3	2	76	120	8	6	27	69	17	12
5	洛杉矶（美国）	2	9	100	58	12	20	24	45	16	23
6	华盛顿特区（美国）	7	3	108	62	2	26	47	41	19	40
7	首尔（韩国）	14	15	59	53	39	24	78	19	4	2
8	东京（日本）	6	6	96	8	33	91	86	20	5	21
9	柏林（德国）	54	23	10	11	42	33	7	10	63	8
10	阿姆斯特丹（荷兰）	32	34	26	95	56	31	1	7	6	20

资料来源：IESE，"IESE Cities in Motion Index 2017，" Barcelona。

具体城市首末比较，排名第一为纽约市，排名第十为阿姆斯特丹。纽约市在八个方面都非常领先，其中经济排名第一，科技排名第二。但是纽约市在社会凝聚力方面排在十大智慧城市末尾，环境方面排名也比较靠后。相比较，在经济、人力资本、公共管理、政府方面，阿姆斯特丹排名远低于纽约市，两个城市在总体上的确存在一定差距。然而，阿姆斯特丹的社会凝聚力远高于纽约市，并且拥有最优秀的城市规划。

二 欧盟国家智慧城市的发展状况

上一节介绍了国外智慧城市的内涵和2016年世界十大智慧城市，这一节将重点移到欧盟国家智慧城市的研究，并且分析欧洲板块智慧城市的地理分布情况。

（一）欧盟国家整体智慧城市发展状况

前文提到国外的智慧城市标准是多样、多层面的，本节欧盟国家智慧城市的标准与上一节世界智慧城市的标准来自不同机构，因此它们是不同的。

在此依照欧洲议会对内政策总局（Direcrorate-general for Internal Policies）的智慧城市评估标准，将智慧城市分为六个元素：智慧经济、智慧环境、智慧政府、智慧人群、智慧移动、智慧生活。欧盟28个成员中，至少达到十万人口的468个城市被列入评估范围。

表4说明了智慧城市的四个成熟等级，其中处于成熟等级一、等级二的城市不能定义为智慧城市。图1说明了四个等级城市的比例，约有48%的城市可以被定义为智慧城市，处于最高成熟等级的城市占比最大，但是与其他成熟等级城市的占比差距不大。

表4　智慧城市成熟等级定义

成熟等级	策略和政策	有项目远景/项目规划但还没实施	初步实施智慧城市计划	至少有一个已经完全实施的智慧城市计划	智慧城市
等级一	→				×
等级二	—————→				×
等级三	——————————→				√
等级四	——————————————→				√

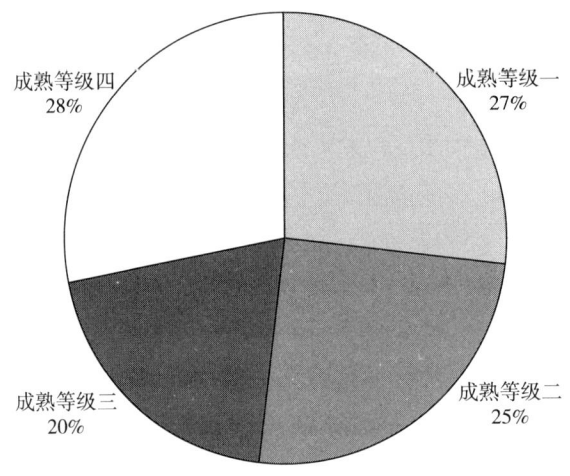

图 1　2014 年欧盟智慧城市成熟等级比例

在欧盟 28 个成员国中拥有 31 个以上智慧城市的国家有西班牙、英国、意大利，拥有 11～30 个智慧城市的国家有法国、荷兰、德国和瑞典。结合智慧城市数量与十万人口以上城市数量之比来看，意大利不仅拥有 31 个以上的智慧城市，而且智慧城市在十万人口以上城市中的占比也超过了 76%，在一定程度上领先其他国家。

（二）欧盟国家特征性智慧城市分布

智慧城市的组成元素有智慧经济、智慧环境、智慧政府、智慧人群、智慧移动、智慧生活。能够体现某个智慧元素的城市称为这个元素的特征性智慧城市，一个城市可以同时体现多个智慧元素。据统计，2014 年达到十万人口的欧盟国家智慧城市平均拥有 2.5 个智慧城市特征元素，其中最常见的组合是智慧环境和智慧移动。如图 2 所示，体现智慧环境的智慧城市数量是 199 个，最多；体现智慧移动的智慧城市数量是 125 个，为第二多。只拥有一个智慧特征的智慧城市，普遍也表现为智慧环境（占 68%）或者智慧移动（占 23%）特征性智慧城市。而在智慧城市中，能够体现智慧人群特征的智慧城市数量最少，说明智慧人群发展状况是相对滞后的。

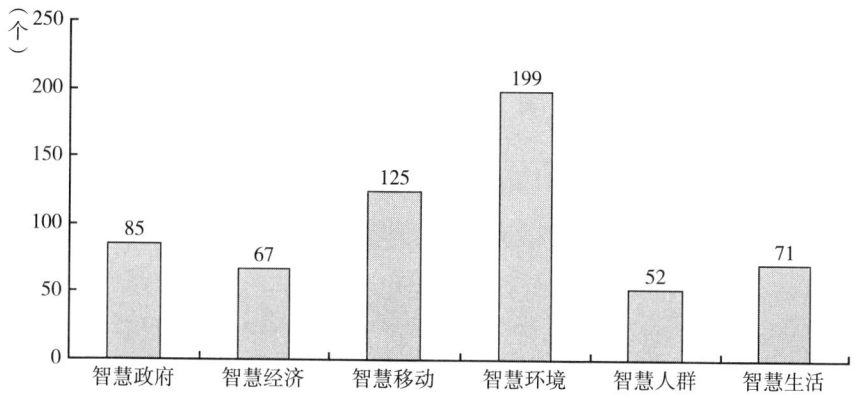

图2　体现智慧元素的欧盟国家智慧城市数量

资料来源：European Parliament Directorate-general for Internal Policies，"Mapping Smart Cities in the EU，Policy Department Economic and Scientific Policy A：Industry，Research and Energy，" 2014。

（1）智慧政府注重的内容很多。首先，智慧政府通过在硬件、软件和基础设施上的信息通信技术应用将流程和操作数据化、智慧化；在此基础上，连接国际、国内（乃至偏僻地区），打造一个超越城市的国际化互联中心。同时，通过政府的透明公开、电子政府、开放数据等渠道，政府、私企、民众等多方利益相关者共同参与城市建设的决策。

在体现智慧政府特征的智慧城市中，英国、德国、西班牙、荷兰、意大利、瑞典、法国走在前面，拥有比较多的智慧政府特征性智慧城市。而希腊、罗马尼亚、匈牙利、波兰、爱沙尼亚、丹麦只有较少的智慧政府特征性智慧城市。

（2）智慧经济是应用了信息通信技术的高效和高端的经济，通常以电子商贸形式展现。鼓励创新的产品和服务、创新的商业模式，

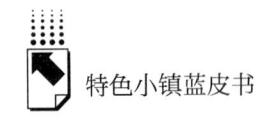

建设智慧聚集区和数字商业以及创业友好的生态系统，通过全球经济合作，发展本地经济。

大部分的智慧经济特征性智慧城市为人口超过30万人的城市。德国、意大利、西班牙、英国智慧经济程度比较高，拥有比较多的智慧经济特征性智慧城市。瑞士、荷兰、比利时、法国则拥有比较少的智慧经济特征性智慧城市，并且其智慧经济特征性智慧城市数量与智慧城市数量之比也很小。

（3）智慧移动主要包括三方面。第一，智慧移动是互相连接的多模式交通系统，居民可通过轨道电车、公交车、火车、地铁、汽车、自行车和步行或者组合的方式出行。第二，环保第一和非机动车出行是非常重要的。第三，智慧移动是与大数据相结合的，用户的实时数据被收集和分析，用于提高交通效率和作为长期投资计划的依据。

在智慧移动方面表现突出的城市很多，智慧化交通方式已经在不同人口级别的智慧城市中发展起来。英国、德国、荷兰、西班牙、奥地利、匈牙利、罗马尼亚、意大利都有较高比例的智慧移动特征性智慧城市。相比较之下，北欧的国家在智慧移动方面发展比较缓慢。

（4）智慧环境是指能源的智慧使用，包括能源的有效利用和再利用，将通用信息技术应用于能源网，建造绿色建筑和做绿色城市规划。另外，智慧城市也包括智慧的城市服务，比如对水体的监控，对垃圾的管理，对污染的监控，以及利用安装有传感器的公共设施监控城市综合环境情况等。

智慧环境是六个智慧特征元素中对应城市数量最多的。在英国、西班牙、意大利、荷兰、比利时和北欧国家丹麦、芬兰、瑞典，智慧环境特征性智慧城市相对更为密集，因为这些国家都以智慧环境为发展重心之一。总体来说，智慧环境特征性智慧城市在欧盟国家的分布是比较平均的，可持续发展是欧盟各经济体的共同目标。

（5）智慧人群代指一个包容性社会，人们在通信信息技术覆盖的环境下工作，懂得使用电子产品，能够接触到高质量培训和陪伴一生的教育。具体从个人角度看，智慧的人不仅能够管理、使用自己的个人数据来优化自己的生活，而且能通过适当的数据分析工具来做决策，推出产品从而提供更优质的服务以创造社会价值。智慧人群代表了整个社会的创造力和创新力。

智慧人群是智慧城市元素中发展最缓慢的（52个），尽管人才是城市发展的基础，但智慧人群的聚集还需要政策引进培养和城市本身对人才的吸引力。西班牙北部和意大利北部，以及德国和英国，皆拥有比较多的智慧人群特征性智慧城市。比荷卢经济联盟也有一定程度的智慧人群发展。然而法国在智慧人群的发展上并没有展现出好的成果。

（6）智慧生活指的是信息时代的生活方式，包含高质量的住所、健康安全的生活环境、文化活跃的社会等，是贯穿了人们所有行为和消费的。不仅仅能给人们带来好的生活方式，更能提高人们的幸福感，增强社会凝聚力。

智慧生活在六个智慧元素中发展程度亦不高，只有71个智慧生活特征性智慧城市。西班牙、意大利、英国的智慧生活发展比较领先。此外，法国、德国西部、奥地利、罗马尼亚、比荷卢经济联盟和一些北欧城市也正在发展智慧生活。

三　大数据在国外城市的应用

（一）开放数据与智慧城市

随着智慧城市不断的发展和成熟，数据变得越来越重要，智慧城市背后无处不流淌着数据。国外发达国家的政府在数据开放和分享方

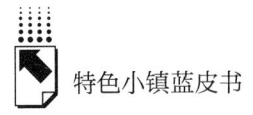

面已经发展得非常成熟，大量与国家或者城市运营相关的基础数据通过不同的门户对社会开放，在政策的扶持下已经达到非高的开放程度。基于开放数据开发的智慧城市相关应用和相关服务也是国外智慧城市发展的一大亮点。

2009年，美国最先发起了全球化的数据开放运动，于这一年的1月签署了《开放透明政府备忘录》，并且于同年建立了第一个政府开放数据的门户网站data.gov。随后，重视数据开放的国家也相继建立了政府开放数据门户网站，比如英国（data.gc.uk）、澳大利亚（data.gov.au）、新西兰（data.govt.nz）、加拿大（data.gc.ca）等国家。

2011年9月，美国、英国、巴西、墨西哥、挪威、南非、印度尼西亚、菲律宾八个国家联合签署了《开放数据声明》，并且成立了开放政府合作伙伴组织（Open Government Partnership）。截至2017年10月，开放政府合作伙伴组织已吸纳了全球72个国家，为各国家制订开放数据行动计划提供了有效的手段。

在国际协作趋势下，开放数据协作带来的重要经济价值也是智慧城市发展的重要推动力。政府向公众开放免费、无差别化的原始数据，给企业和社会组织提供了新的创新发展机遇，也降低了个人创业成本，打开了大众创业的窗口。国外数据开放运动的经验证明，开放数据应用不仅惠及互联网、商业智能、零售业、咨询服务、教育、安防、医疗卫生、交通和物流行业、气象，而且在生物科技、天文等领域也越发重要，是推动智慧城市建设的强大驱动力。

伦敦数据储存库（London Datastore）为全球领先的开放数据平台之一，有成百上千的软件是基于这个平台开发的，其中仅交通软件一个类别就超过了450个。同时，门户网站伦敦面板（London Dashboard）在开放数据的基础上进行了可视化处理和分析，公众可以通过图表的形式直观地了解伦敦各方面的真实情况，比如伦敦心情、地铁状态、公共单车租赁状态、空气污染等。

（二）智慧城市建设数据的需求和提供

智慧城市背后数据的供给和需求情况，提供了智慧城市如何建设的线索，以及指明了智慧城市发展的方向。

英国标准机构（The British Standards Institution，BSI）为制定智慧城市决策性框架，于2015年调查了世界范围内31个智慧城市，发布了《2015年智慧城市数据调研报告》。

该报告显示，智慧城市最大的数据提供方是政府，超过一半的数据（54%）是来自政府的（见图3）。而群众提供的数据占比略大于私企以及传感器收集的数据，说明来自群众的个人数据在智慧城市数据供给中占有十分重要的地位。

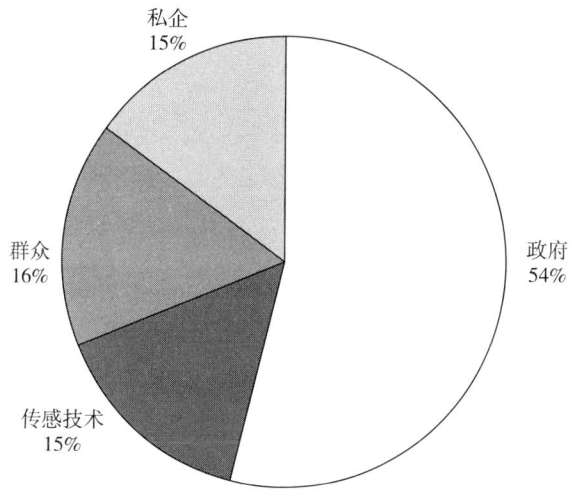

图3 数据提供方分布

资料来源：The British Standards Institution, "City Data Survey Report 2015", London。

图4所示的开放数据来源情况同样证明了个人数据的重要性，可搜集的个人数据占所有开放数据的47%。在此情况下，政府或者软

件开发者可以轻松地获取群众开放数据来开发提高居民生活水平的智慧软件。另外，免费的开放数据也占有较高的比例，为31%，这些免费的开放数据覆盖城市发展的各个领域，为智慧城市发展创造了非常高的学术价值和商业价值。可搜集的个人数据指群众掌握在手中的自己的数据，是由群众自己创造的，免费开放数据和付费商业数据都是群众不掌握的数据，比如房价、天气、地理信息数据等。

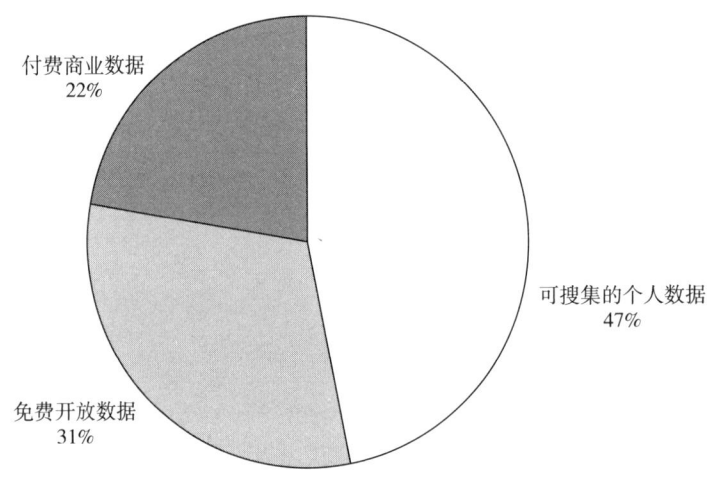

图4　开放数据来源

资料来源：The British Standards Institution,"City Data Survey Report 2015", London。

数据供给阐明了数据获取的途径和渠道，数据需求则展示了不同领域的数据需要情况。图5展示了智慧城市建设中，14个不同领域的数据的需求比例。需求较大的数据类型分别是社区（18%）、科技（13%）、基础设施（13%）、交通和移动（12%）。这说明目前智慧城市发展非常依赖这几个方面的数据支持。社区数据包括犯罪、燃料贫乏、生活水平、社会住房、人员活动、人口统计、社区界定、公共安全、居民老龄化、儿童保育、政治面貌、筹资决策情况等方面的数据。科技数据包括静态传感器、移动传感器、流量监控、污染检测、气象站等方面的数据。基础设施数据包括资产定位、对资产维修的计划、产业数据、零售数据、质量指标等方面的数据。交通和移动数据包括交通流量、车辆识别、自行车路线规划、道路情况识别等方面的数据。

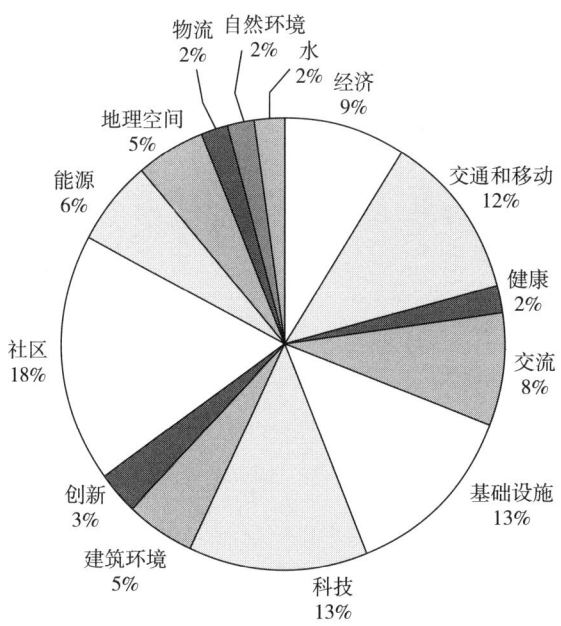

图 5　智慧城市的数据需求

资料来源：The British Standards Institution,"City Data Survey Report 2015", London。

（三）大数据在国外智慧城市中的应用

国外智慧城市发展非常注重大数据的应用，在智慧城市各个方面建设中，其价值也有真实的体现。表 5 总结了刘伦、刘合林、王谦、龙瀛（2014）中的案例并进行了案例更新，列举了国外智慧城市中大数据的应用案例。

097

表5 大数据在智慧城市中的应用

智慧城市	智慧管理	智慧出行	智慧环境	智慧生活
伦敦	利用交通卡、移动电话、社交网络等中的数据信息,分析市民出行行为;通过建立伦敦基础设施三维可视系统,避免同地点重复施工的情况,以及为城市规划师、市政投资者提供决策依据;通过智能水表,检测水消耗和泄漏,高效管理用水	收集实时公交、公用自行车、地铁位置信息,将其应用于公交倒计时站牌,以及开发手机应用,方便市民获取相关信息并规划出行;基于开放数据众包开发了超过450款交通相关的手机应用(CityMapper),如城市地图	推行智慧电网(Smart Grid),收集实时能耗信息,收集多余电量用于高峰用电	开发了多个或多款旅游相关的生活服务网站或应用,如虚拟伦敦
巴塞罗那	通过多项传感器工程,比如感应垃圾箱等,提高城市管理水平;通过安装有传感器的LED路灯,收集实时噪音和污染信息	通过停车场传感器实现智能停车,向市民提供实时车位信息	实时监控巴塞罗那市上千幢公共建筑的能耗数据;基于大数据绘制巴塞罗那全市能耗图	市政开发了30余款生活服务手机应用,如动物园、旧城区路线、巴塞兴夜等、移动ID、博物馆之夜等,为民众提供如文化休闲、交通运输、科技、旅游等主题手机应用
纽约市	与IBM合作建立商业分析解决中心,挖掘火灾相关大数据进行预防和管理,通过数据分析部署警力预防犯罪,以及审查税款等	通过移动中城系统(Midtown InMotion),管控停车场,并且市民可通过手机应用了解实时车位信息;另外,实现了远程实时控制交通信号	基于大数据绘制可具体到单位建筑的纽约市能耗地图	市政开发了20余款生活服务手机应用,如纽约通告、纽约捐赠、纽约停车、纽约再循环、纽约警察、纽约311(政府电话)、纽约青少年保护等

续表

智慧城市	智慧管理	智慧出行	智慧环境	智慧生活
阿姆斯特丹	与公共服务商Alliander合作建立开放智慧电网平台（Open Smart Grid Platform），实时管理各类基础设施	与Mobypark合作，大众可查看并预约车位，并且鼓励商家和居民出租私人停车位，目前Mobypark已拥有980个车位	推行智慧电网	
维也纳	市民通过移动门户网站，可对市政服务进行投诉和故障的报告；通过安装超过200个排水管网检测传感器，实时监控污水流速、流量、水位等情况，及时处理淤结，并设立大气象监测站，在暴雨天气有效管理排水系统	开发多款交通手机应用（如Quando），除提供所有出行方式的发车信息和突发情况以外，允许使用者购买移动车票；推出共享摩托车（SCO2T）和共享汽车（car2go和drive-now）	与西门子合作施行智慧电网（Smart Grid Testbed），收集数据，并进行分析和预测以管理用电	基于开放数据，众包开发了超过150款生活服务类手机应用
多伦多		开发实时路况和公交手机应用	向居民提供实时能耗和用水信息	与IBM合作，在滨水区通过云计算等软件技术对实时信息进行可视化和分析，开发多款民生活方便性工具，提高居民生活方便性

续表

智慧城市	智慧管理	智慧出行	智慧环境	智慧生活
波士顿	市民通过手机应用Citizens Connect向市政报告故障信息；新城市技术计划（New Urban Mechanics）推出手机应用Street Bump,通过行车记录获取实时路况,以此进行短期修缮和进行长期投资的规划；市民通过手机应用波士顿311（BOS:311）向市政报告非紧急问题,如墙面涂画和地面凹坑等	与IBM合作通过传感器和交通摄像头等设备进行实时交通分析,以供市民了解；新城市技术计划推出网页应用Where's My School Bus,为家长提供校车定位信息		开发了多款生活服务型手机软件,如收垃圾日（TRASHDAY）、波士顿停车日（PARKBOSTON）、波士顿停车费（Boston Pay Tix）等
西雅图	通过预测性警务软件预防犯罪；与感知城市（SenseableCity）实验室合作,通过追踪贴有地理标签的垃圾,分析垃圾回收效率		与西图城市照明公司（Seattle City Light）合作推广智慧电网；通过向居民提供实时能源价格信息,调整能源使用	
格拉斯哥	通过在全市安装超智能摄像头,结合软件分析,自动识别异常情况；市民通过手机应用,向市政报告问题,包括地面坑洼、垃圾处理不及时等问题		通过热电联产等系统监控实时能耗,并绘制全市热力图,将用能低谷期储能用于高峰期,控制能源价格	为市民提供医院候诊时的即时信息；通过监控分析人流量与零售业的销售,向市民提供各区域的发展情况和购物出行的实时信息

四 国外智慧城市案例

（一）智慧经济——巴塞罗那

西班牙在世界光伏发电领域位居前列，是太阳能发电板工业的产业中心。巴塞罗那作为西班牙的首都，大力发展以光伏产业为主导的智慧经济，2014年被评选为欧洲创新首都，并且多次举办全球智慧城市博览会。

在光伏产业方面，西班牙拥有生产规模世界排名第七的光伏公司埃索菲通（ISOFOTON），该公司在巴塞罗那建造了一片面积为3600平方米的太阳电池板棚，其装机总量可达1.3兆瓦，为世界最大的光伏发电厂之一。

在城市建设方面，巴塞罗那的太阳能电池板覆盖率非常高，为欧洲太阳能电池板使用密度最高的城市。通过十余年的城市供水系统调整，目前巴塞罗那所有的热水供应都是由太阳能所提供的，包括医院、办公建筑、餐厅等公共空间以及所有居民的私人住所。不仅如此，巴塞罗那政府还规定，自2000年起，所有的新建筑必须安装太阳能板作为能源补充。特别是，在巴塞罗那城市规划师非但没有刻意将太阳能板藏起来，反而将其作为城市的标志性建筑物。在巴塞罗那海滨公园，建有巨大的蓝色三角形建筑，为欧洲最大的太阳能板；另外还建有花朵造型的恩德萨太阳能屋（The Endesa Pavillion, Solar House），在为城市提供能源的同时也是一道美丽的风景线。另外，巴塞罗那的公交站动态信息广告牌也安装了太阳能板，为市民提供动态交通信息等资讯。此外，还在公共场所推出了创新的太阳能生态充电站（USBe），市民通过USB充电线便可对手机等设备进行充电。

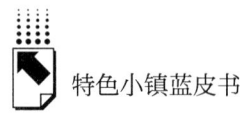

（二）智慧政府——新加坡

新加坡在智慧政府建设方面是世界上非常领先的国家之一，咨询公司埃森哲（Accenture）将其评为世界第三的电子政府国家。新加坡的智慧政府建设始于1981年。20世纪90年代，在大力推行信息通信技术应用的情况下，新加坡政府开展了综合服务（Integrated Services）建设，现在新加坡政府正处于从综合服务到综合政府（Integrated Government）的转型中。

新加坡智慧政府的成功之一就是综合的网上服务，在电子政府行动计划（e-Government Action Plan，eGAP）中，超过1600种公共服务被移到了网上。其中，网上工商许可服务门户网站 licenses.business.gov.sg 已经入驻40多个政府机构和部门，开通了超过200类工商许可的办理服务。办理过程也从曾经的28个工作日缩短到8个工作日之内。另外，由于新加坡信息通信发展局（Infocomm Development Authority of Singapore，IDA）在手机上推出了应用软件 mGov@SG，各个政府部门的服务和资讯可以从手机终端接收。

新加坡智慧政府是以市民为中心的，政府非常关心市民的想法和感受，因此为市民建立了很多参与政府决策的渠道，以增加市民的参与度。比如，在政治参与门户网站REACH（reach.gov.sg）上，市民可以参与论坛研讨、公开咨询、民意投票等活动，对象大到最新政策，小到身边的小事件。目前，约87%的议会成员在Facebook上拥有账号，与民众进行沟通互动。新加坡政府认为，信息透明、数据开放很重要，民众参与同样很重要，双向的信息对称才能更有利于国家发展。

（三）智慧移动——伦敦

伦敦的智慧移动在欧洲是一大特色，伦敦的交通建设得非常早，因此硬件系统相对比较古老，但是硬件和软件应用升级让古老的伦敦交通系统变得非常智慧。

伦敦交通的一大特色是牡蛎卡（Oyster Card），发行于2003年，2006年被《星期日独立报》评为21世纪50大发明之一。发展至2012年，伦敦交通卡已经不仅仅限于牡蛎卡，大部分银行已与伦敦交通合作，只要是可无线支付的银行卡就可开通交通卡业务，代替牡蛎卡。

大数据交通管理也是伦敦交通的特色之一，通过手机实时的交通信息比如地铁卡、闭路电视、传感器、手机和社交网络等的信息，伦敦交通在高负荷下，依然能够保持网络通畅。

而伦敦交通最大的智慧在于即时定位信息的公开，从公用自行车、公交车、地铁，到火车的实时位置，都可以通过站牌、手机应用软件、短信等渠道获知。并且，这些实时定位数据是对外开放的，基于开放数据开发的交通类软件已经超过450款。其中，一款名为城市地图（CityMapper）的手机软件是最受欢迎的交通软件之一。输入出发点和目的地之后，软件会提供多种交通方案，并计算各方案费用。该软件还提供所有出行方案的交通时刻表，和路线上所有交通工具的实时位置，地铁或公交车在何时会达到哪个站点一目了然，甚至可以查询哪一节地铁车厢人比较少，市民便可通过这些信息安排出行计划和出行时间。

（四）智慧环境——阿姆斯特丹

可持续发展是阿姆斯特丹城市建设的主题，因此智慧环境已经渗透该城市的方方面面。阿姆斯特丹政府制定目标：2025年时温室气体排放量减少至1990年的40%。为达成这个目标，阿姆斯特丹制定了可持续公共空间、可持续建筑、可持续能源、可持续交通等项目规划。

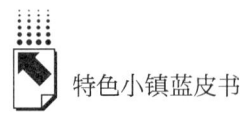

可持续公共空间项目中，气候街道（The Climate Street）是最具代表性的，于2009年开始实施，已应用在包括阿姆斯特丹市中心等在内的街道上。该项目涵盖多个方面，具体如下。（1）公共空间的环保设施：包括环保照明系统，街道的照明系统在夜晚无人时会自动减弱灯光，还有安装利用太阳能发光的电车站站台灯，以及垃圾箱BigBelly，内置的垃圾压缩设备可将垃圾箱空间利用率提高5倍。（2）智慧商户管理：在商户内安装智能插座，用于关闭未在使用中的电器；通过智能电表将节能电器连接起来，基于电表数据将能源消耗情况以显示屏的形式展示给商户，提供节能建议。此外，商户还可以递交能源账单给气候局的能源办公室，申请节能产品购买的打折优惠。

可持续建筑项目的示范项目为智能大厦（ITO Tower），安装环保设施以及传感器，收集大厦的数据进行分析，以降低能耗和提高电力效用，同时确保在低能耗状态下所有的系统都能正常运行。

可持续能源项目也是可持续生活项目，通过为家庭安装智能电表和新型能源管理系统，让居民可了解每一件家电的用电量，从而关注节能，减少碳排放。

可持续交通项目倡导的是清洁能源优先的模式，阿姆斯特丹港口的充电站安装了便于船只充电的电源插口，使用时可自动扣费。这种用清洁能源替代原来的柴油和汽油的模式也应用在了公共汽车、私人小汽车、运输卡车等移动交通工具上，从而降低了碳排放量。

（五）智慧生活——纽约市

纽约市的智慧生活是建立在大数据上的，基于大数据的项目建设和软件开发让市民的生活变得越来越便捷、高效、安全。

在解决生活问题上，纽约市与IBM公司合作建立了商业分析解决中心，对纽约市各个核心系统进行数据挖掘和分析，比如火灾的大数据挖掘。据纽约市政府机构统计，纽约市每年大约有3000栋建筑遭到火灾损毁，虽然火灾警报系统能在一定程度上保证市民的人身安全和财务安全，但是仅仅在遇到火灾后进行处理是远远不够的。因此，纽约市消防部门与 IBM 合作，通过各种渠道获取信息，进行数据挖掘，划分出了 60 个可能存在火灾危险的类别，包括建筑年龄、居民平均收入、建筑设施、周围环境等。然后对纽约市建筑进行风险指数评估，消防部门在进行每周的检查时，便可对相对危险的建筑和区域进行优先排查。类似的，纽约市政府还与 IBM 进行了警力部署预防犯罪问题解决和审查税款等项目合作。

参考文献

[1] 刘伦、刘和林、王谦、龙瀛：《大数据时代的智慧城市规划：国际经验》，《国际城市规划》2014 年第 29 期，第 42 页。

[2] Boyd Cohen, "The 3 Generations of Smart Cities," fastcompany.com, Oct 8, 2015.

[3] Frost & Sullivan, "We Identified Eight Key Aspects that Define a Smart City: Smart Governance, Smart Energy, Smart Building, Smart Mobility, Smart Infrastructure, Smart Technology, Smart Healthcare and Smart Citizen," 2014.

[4] IESE, "IESE Cities in Motion Index 2017," Barcelona.

[5] Infocomm Development Authority of Singapore, "iN2015 Financial Services Sub-Committee. Leveraging Infocomm to Ensure Singapore's Prospects in the Financial Markets," Singapore.

[6] Matt Hamblen, "Just What is a Smart City?" computerworld.com, Oct 1, 2015.

[7] The British Standards Institution, "City Data Survey Report 2015," London.

标 准 篇

Architecture Standards

B.5
特色小镇智慧架构

黄微　王冠　于飞

摘　要： 特色小镇建设对推进中国生态城镇化进程至关重要，《关于开展特色小镇培育工作的通知》指出到2020年，全国要培育出1000个左右特色小镇，由此可见特色小镇建设是大势所趋。全国各地积极响应国家政策建设各类特色小镇，特色小镇建设与运营问题层出不穷，因此特色小镇智慧架构升级成为必然趋势。本文首先总结了国内特色小镇现存问题，提出了特色小镇智慧架构升级的必要性；其次总结了特色小镇智慧化的建设模式，并阐述了不同建设模式特点以及融资模式；最后基于以往特色小镇建设经验，创新性地提出云擎、云脑、云网三层次特色小镇智慧架构，三个层面互为整体，有机协调，实现特色小镇的智慧化升级，并基于此提出特色小镇智慧架构的实现路径。

关键词： 特色小镇　智慧架构　建设融资　实现路径

一　特色小镇进行智慧架构升级的必要性

（一）中国特色小镇问题概况

住房和城乡建设部、国家发展改革委、财政部联合下发的《关于开展特色小镇培育工作的通知》提到，到2020年，培育1000个左右各具特色、富有活力的休闲旅游、商贸物流、现代制造、教育科技、传统文化、美丽宜居等特色小镇；强调在产业形态方面，应充分利用"互联网＋"等新兴技术，推动传统产业改造升级，推动产业链向研发、营销延伸，做特、做精、做强产业发展。

2017年7月，住建部公布了第二批276个特色小镇名单。至此，我国特色小镇数量达到403个，虽然我国特色小镇在建设与运营中积累了丰富经验，但是也存在很多亟待解决的问题，可以总结如下。

（1）特色产业支撑不足：特色小镇的基础是产业，当前90%的特色小镇缺乏特色产业支撑，难以形成人口多元聚集，进而无法产生足够的经济效益，导致特色小镇的经营活力不足。

（2）建设发展缺乏连贯性：特色小镇的建设是一个复杂的系统工程，耗时长。一方面，特色小镇用地性质复杂，土地归类、规划等流程复杂而漫长；另一方面，特色小镇的建设、发展需要一个长期的过程（至少5年以上），而政府换届、土地出让政策变化等容易导致小镇的培育性产业停滞、人口流失，从而影响小镇的整体发展。

（3）运营能力有待提升：运营能力是检验特色小镇发展模式好坏

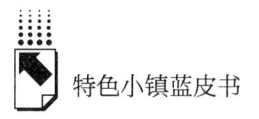

最有用的关键指标，特色小镇的运营成效需要时间的积累，这与快速发展的互联网时代、投资商要求快速回款等存在矛盾，导致部分小镇运营商可能"拔苗助长"，从而使得小镇空有口号而缺乏落地项目。

特色小镇的建设是为了推进中国生态城镇化的进程，而不是为特色而特色，特色小镇科学的规划应整体规划、以特色为核心，以产业为先导推动小镇人口聚集和小镇经济发展。

（二）中国特色小镇智慧化特征

由于特色小镇建设与运营中存在的各类问题，智慧化升级成为特色小镇的发展方向。特色小镇智慧化建设是各地贯彻落实国家信息化发展战略、实施特色小镇发展战略的重要抓手，也是各地深化供给侧结构性改革，把特色小镇建设全面推向新阶段的战略举措。在创新小镇治理与运营方式、加快小镇产业转型升级、破解小镇发展瓶颈等方面具有重要作用和深远意义。

根据浙江省特色小镇信息技术产业技术联盟对特色小镇智慧化的定义可知，特色小镇智慧化是指以实现镇域运营系统化、精细化，应用服务普惠化、便捷化，产业经济发展生态化、高端化为目标，依托迭代演进的云计算、大数据、物联网、移动互联网、人工智能等新一代信息技术，按照需求导向、新智引领、应用为先和融合创新的理念，打造形成一张小镇智能网络、一个小镇数据大脑、一揽子灵活配置的小镇智慧应用，提供泛在的网络服务、智能化的基础设施服务、开放的平台服务以及个性化的应用服务。因此，特色小镇智慧化具有以下特征。

1. 系统性

特色小镇智慧化主要特征之一是系统性，不管是前期小镇规划还是后期小镇建设、运营都需要系统性考虑，避免碎片化、孤立化。特色小镇的系统性能够为小镇智慧化提供最根本的保障，从前期的顶层设计、落地开发到后期的智慧运营都以系统化为思想。

2. 生态性

产业是特色小镇发展的根本支撑，产业规划是一项系统化的工程。特色小镇应以产业为特色，实现全产业链式的覆盖，打造具有产业特色的生态系统。未来的竞争是生态的竞争，只有把握好产业生态、牢牢抓紧生态发展，才能有源源不断的动力创造具有活力性、经济性、智慧性的小镇。

3. 大数据性

特色小镇的大数据性是智慧化的直接和重要的体现，大数据性指利用云计算、大数据、物联网、移动互联网、人工智能等新一代信息技术，打造数据决策中心，使之成为小镇运营中枢；通过对大数据资源的收集、整理、学习智能化小镇运营，使得小镇利用大数据方法如同人类大脑一般自组织、自学习、自决策式智慧化运营。

（三）特色小镇智慧化规划原则

特色小镇智慧化是一个不断探索与发展的过程，不可能一蹴而就，但是从现有的经验与发展来看，应遵循以下原则。

1. 前瞻性原则

新科技和创新思维的迅猛发展决定了特色小镇的设计必须具有前瞻性，融合先进技术和理念，展望未来发展趋势，同时为进一步完善预留空间。

2. 实用性原则

设计内容以能够落地、解决实际问题为准，并围绕小镇特色和整体战略规划布局进行设计。

3. 重点性原则

抓住产城融合重点进行设计，突出以产业为核心、以人为本的特征，抓大放小，避免面面俱到却无法落地的问题。

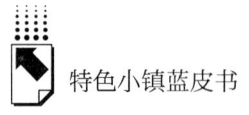

二 特色小镇智慧化建设模式

特色小镇智慧化主要有三种主流的建设模式。一是以政府为主导的建设模式，以政策导向为主，由政府负责小镇的定位、规划、顶层设计、基础设施建设等。二是以房地产商为主导的建设模式，由房地产商负责小镇的定位、规划、顶层设计、基础设施建设等，政府部门发挥政策引导与监督作用。三是以政企合作为主导的建设模式，政府重在搭建平台、提供服务，房地产商重在以市场为导向，发挥商业优势，联动建设。

（一）以政府为主导的特色小镇智慧化建设模式

以政府为主导的特色小镇智慧化建设主要以政策导向、国家宏观趋势为方向，重社会效益、轻经济收益，市场运作效果欠佳，存在与微观市场脱节的问题。因此，以政府为主导并不是主流的特色小镇智慧化建设模式，政府在特色小镇智慧化建设中多以引导者、监督者的身份发挥作用。

（二）以房地产商为主导的特色小智慧化镇建设模式

房地产企业具有基础开发建设能力和强大的资源整合能力，因此，房地产企业驱动的特色小镇建设更趋市场化，更能发挥房地产商在从城市规划、设计、实施到运营等方面的综合优势。

房地产企业驱动建设的特色小镇本质上是社会、经济、自然和科技协调发展和整体生态化的人工复合生态系统，小镇、人、产业、自然和科技有机融为一体，互相协调，密不可分。房地产企业驱动建设的智慧特色小镇的特征如图1所示。应用生态学原理规划建设小镇，小镇结构合理、功能协调；人工环境与自然环境有机结合；产业结构合理，经济蓬勃发展；居民身心健康，安居乐业；科技为社会、经济、产业提供便利和支撑，以人为本，构筑蓬勃发展、无限生机的生态空间。

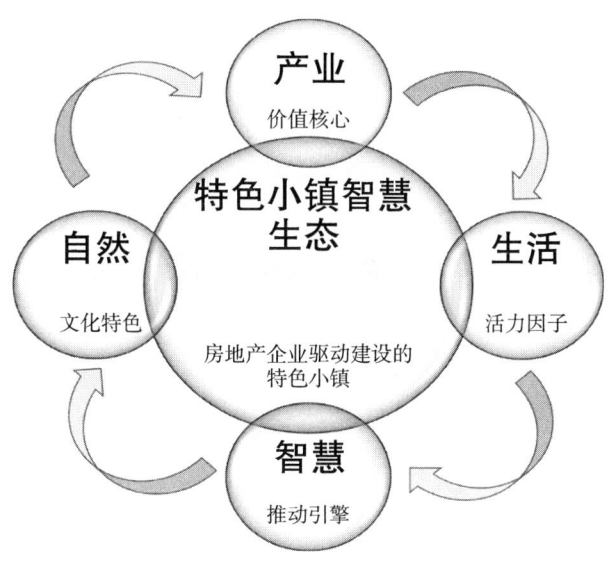

图1　房地产企业驱动建设的特色小镇的智慧生态

（1）以房地产企业为主体，以政府为辅。特色小镇智慧化建设以房地产企业作为建设运营主体，房地产企业在政府批准的框架内进行建设，把握建设的整体方向，并对结果负责。

（2）提升价值是特色小镇智慧化建设的核心目的。以房地产企业驱动的特色小镇智慧化建设应围绕产业、生活、智慧、自然生态等方面进行，为房地产企业做好相关服务和支撑，创造良好的氛围，达到良性循环，提升总体价值。

（3）市场化运作具有强大的整合能力和推动能力。特色小镇智慧化建设是一个复杂的系统工程，房地产企业为了达到增值的目的必然会全力推动，利用市场化手段和创新思维整合其生态，从整体出发，进行多维度设计和实施。

（三）特色小镇智慧化融资模式

特色小镇的投资建设是一个长期的过程，主要特点为投入高、周期长、市场化运作的难度较大。因此，特色小镇智慧化建设需要打通多方的金融渠道，包括政府政策资金支持、社会资本和金融机构资金参与等。通过发挥各方优势，形成新的利益格局，共同建设、运营特色小镇，最终实现特色小镇的智慧化运营。根据经验，特色小镇智慧化融资模式包括融资租赁、BOT融资、基金融资、PPP融资、供应链融资和资产证券化等。

1. 融资租赁

融资租赁又称设备租赁、现代租赁，指出租人根据承租人对租赁物件的特定要求和对供货人的选择，出资向供货人购买物件，并将其租给承租人使用，承租人则分期向出租人支付租金，在租赁期内该物件的所有权属于出租人所有，承租人拥有该物件的使用权。实质上是一种转移与资产所有权有关的全部或绝大部风险和报酬的租赁。融资租赁也是一种承租人可以获得固定资产使用权而不必在使用初期支付其全部资本开支的一种融资手段。在发达国家中，相当多的大型项目通过融资租赁方式来筹措资金。

融资租赁集金融、贸易、服务于一体，主要有直接融资租赁、设备融资租赁和售后回租三种主要方式。这三种方式各有特点，直接融资租赁可缓解建设期的资金压力，设备融资租赁可解决购置高成本大型设备的融资难题，售后回租可盘活存量资产、改善企业财务状况。在融资租赁过程中一般根据项目特点使用不同的方式，而融资租赁的运营模式如图2所示。

在特色小镇智慧化建设中，常见的融资租赁模式是当小镇的项目公司需要筹资购买相关设备时，由融资租赁公司向金融机构（银行等）融资并代表项目公司购买或租入其所需要的设备，然后再将其

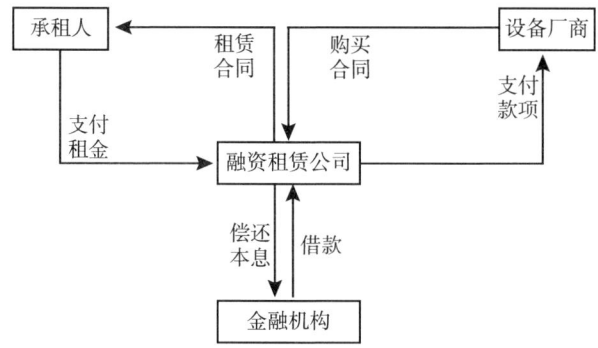

图 2　融资租赁运营模式

租赁给项目公司。小镇建设项目公司根据合同规定向融资租赁公司支付租金，融资租赁公司以其收到的租金向贷款金融机构偿还本息。

融资租赁灵活性较高，能够将项目中原本需要购买设备的资金释放出来，分期以租金的方式向融资租赁公司付款，使得项目流动资金变多，降低项目成本，且在融资租赁过程中，资产的所有权没有发生转移，减少了项目的风险。

2. BOT 融资

BOT（Build-Operate-Transfer）即建设—经营—转让，是指政府通过契约授予企业以一定期限的特许专营权，企业组建项目公司，负责项目建设的融资、设计、建造和运营等，政府许可项目公司融资建设和经营特定的公用基础设施，并准许其通过向用户收取费用或出售产品以清偿贷款，回收投资并赚取利润，在特许权期限结束时，特许经营公用基础设施无偿移交给政府（如图 3 所示）。

BOT 项目良好的抗风险性，减少了项目对政府财务预算的影响，使政府在资金不足或预算不充分的情况下，能够吸引一些外部项目公司的建设项目，在一定程度上能提高项目建设质量并加快项目建设进度。另外，BOT 项目还可以提高政府的信用，让政府摆脱债务，集中资源做好战略性项目。BOT 融资方式主要用于建设收费公路、发

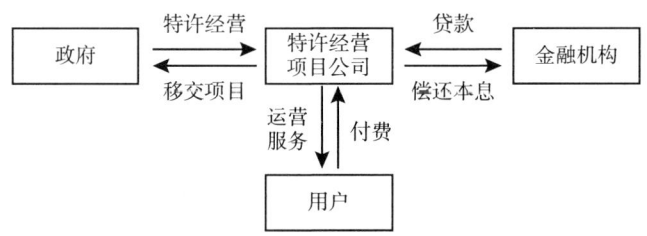

图3　BOT融资运营模式

电厂、铁路、废水处理设施和城市地铁等基础设施项目。

在特色小镇智慧化建设中，一些政府主导的公共基础设施建设可以采用这种融资模式。政府将一个基础设施项目的特许权授予项目公司，项目公司在特许期内负责项目设计、融资、建设和运营，并回收成本、偿还债务、获取利润，特许期结束后项目公司将公共基础设施所有权移交至政府，政府还可以根据项目的实际情况，与项目公司签订运营合同，委托其运营项目。

3. 基金融资

基金主要分为产业投资基金、政府引导基金、城市发展基金。产业投资基金一般指向具有高增长潜力的未上市企业进行股权或准股权投资，并参与被投资企业的经营管理，以期在所投资企业发育成熟后通过股权转让实现资本增值。产业投资基金具有产业政策导向性的特点，更多的是政府财政、金融资本和实业资本参与。

政府引导基金又称为创业引导基金，指由政府财政部门提供资金支持，吸引有关地方政府、金融企业、投资机构、社会资本和产业资本，不以营利为目的，按照市场化方式运作，带有扶持特定阶段、行业、区域目标的引导性投资基金。它以股权或债权等方式投资于创业风险投资机构，以支持创业企业发展。

城市发展基金是指地方政府牵头发起设立的，旨在募集城市建设所需资金的基金。城市发展基金通常由财政部门负责，并由地方政府的融资平台公司负责具体执行和提供增信，投资方向一般为地方基础设施建设项目，如市政建设、公共道路、公共卫生等工程。

基金融资模式在特色小镇智慧化建设中得到较为广泛的使用，一般特色小镇建设中政府作为项目重要参与方之一，在项目中起到政策、资金支持作用，提高了项目的落地性、可信度和可行性。

4. PPP 融资

PPP（Public-Private Partnership），即公私合营模式，多用于基础建设方面。PPP 模式是公共基础设施建设中发展起来的一种优化的项目融资与实施模式，这是一种以"双赢"或"多赢"为合作理念的融资模式。PPP 融资模式，是指政府与私人组织之间，为了提供某种公共物品和服务，以特许权协议为基础，彼此之间形成一种伙伴式的合作关系，并通过签署合同来明确双方的权利和义务，以确保合作的顺利完成，最终使合作各方达到比预期单独行动更为有利的结果。

PPP 融资模式在特色小镇建设中的典型结构为：政府部门或地方政府通过政府采购形式与中标单位组成的具有特殊目的的公司签订特许合同，由具有特殊目的的公司负责筹资、建设及经营。政府通常与提供贷款的金融机构达成一个直接协议，这个协议不是对项目进行担保的协议，而是一个向借贷机构承诺将按与具有特殊目的的公司签订的合同支付有关费用的协定，这个协议使具有特殊目的的公司能比较顺利地获得金融机构的贷款。组建的具有特殊目的的公司则完成特色小镇的建设，包括特色性产业项目建设、旅游休闲项目建设、基础设施建设等（如图 4 所示）。

PPP 融资模式的实质是政府通过给予私营公司长期的特许经营权和收益权来换取基础设施加快建设及有效运营。PPP 融资模式将部分政府责任以特许经营权的方式转移给社会主体（企业），政府与社会主体建立起"利益共享、风险共担、全程合作"的共同体关系，政府的财政负担减轻，社会主体的投资风险减小。

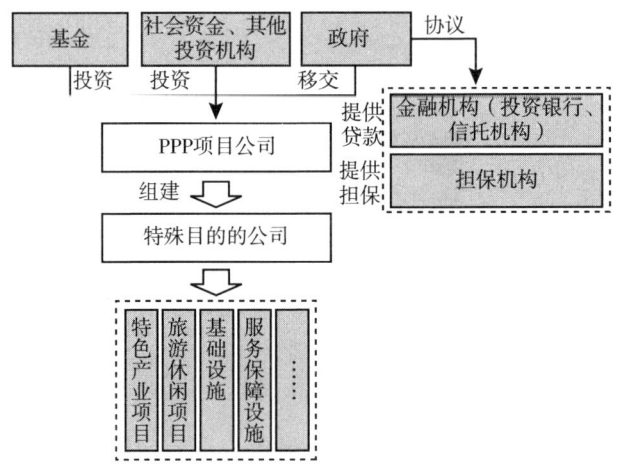

图 4 特色小镇经典 PPP 融资运营模式

在特色小镇 PPP 项目开发过程中,由于各参与方对整个项目进行了投资或风险分担,因此基于共享原则,项目的利益分配主要考虑投资额和所承担的风险程度。同时政府要建立对收益进行补贴、调整或约束的条款。总的说来,PPP 模式具有以下优点。

(1)缓解地方政府压力,合理调整结构。在供给侧结构性改革政策的推动下,以需求拉动经济增长的空间有限,大力推动以政府为引导、社会资本广泛参与的特色小镇智慧化建设,有助于促进投资与消费并举,起到取长补短、合理调整结构的作用,推动经济效益最大化。

(2)优势互补,降低和分散投资风险,提高小镇建设效益。创新和公共服务是我国经济增长的两大引擎,PPP 模式是两者的混合动力。政府通过公开招标的方式引进综合实力较强的企业共同建设特色小镇,与此同时,社会资本可以依据自身先进的技术和灵活的管理经验,提高特色小镇建设的效率和效益,扭转各类资源过度向行政等级高的城市中心区集中的局面,提高小镇的凝集力,吸引更多的人才参与区域经济发展,从而降低和分散风险,提高小镇建设效益。

(3)多元化融资渠道,增加社会资本的投资方式。在经济新常态下，特色小镇建设可以通过 PPP 模式吸引各方资本进入，同时社会资本通过投资特色小镇可以拓宽投资领域，获取更多的衍生收益。

5. 供应链融资

供应链融资（Supply Chain Finance）是把供应链上的核心企业及其相关的上下游配套企业作为一个整体，根据供应链中企业的交易关系和行业特点制定基于货权及现金流控制的整体金融解决方案的一种融资模式。供应链融资解决了上下游企业融资难、担保难的问题，而且通过打通上下游融资瓶颈，还可以降低供应链条融资成本，提高核心企业及配套企业的竞争力。

特色小镇建设是一个复杂的过程，涉及多个产业链，可以吸引产业链的上下游企业共同参与投资，强强联合，提高项目融资与建设效率，减少项目风险，提升项目价值。

6. 资产证券化

资产证券化是以特定资产组合或特定现金流为支持，通过结构化方式进行信用增级，在此基础上发行可交易证券的一种融资形式。传统的证券发行是以企业为基础，而资产证券化则是以特定的资产池为基础发行证券。资产证券化虽然是特色小镇投融资模式之一，但基于我国现行法律框架，资产证券化存在资产权属不清问题，这里不详细叙述。

在实际特色小镇智慧化建设项目中，上述融资模式往往以 PPP 融资和基金融资为主，总体来说还是应该根据特色小镇智慧化建设不同阶段和产业发展不同阶段的具体情况，组合使用不同融资模式。

三 特色小镇智慧架构设计与实施路径

（一）特色小镇智慧化规划理念

特色小镇建设是一个复杂的系统，在这个系统中实现智慧化需要全局思考、系统规划，明确思路，逐步实现。在这个庞大的系统之中，短期不能做到面面俱到，需要根据实际情况，找到切入点，如此才能从顶层全局的视角出发，对整个系统各层次、各利益方等统筹考虑。

特色小镇智慧化是特色小镇发展的高阶需求，根据分析总结中国在智慧城市、特色小镇、产业规划、产城融合方面的建设经验，特色小镇智慧化规划具有四大理念（如图5所示）。

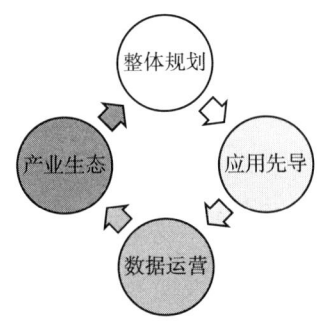

图5　特色小镇智慧化规划理念

1. 整体规划，统一建设

目前，特色小镇智慧化规划往往缺少顶层设计，热衷于单个项目建设，导致项目之间缺乏有机联系，后期数据收集存在难题，无法统一管理与分析，出现碎片化、粗放化，严重影响小镇智慧化实现。因此，特色小镇智慧化建设必须做好整体规划，以全局的视角有机、协作运行。

2. 夯实基础，应用先导

信息化基础设施是特色小镇智慧化的根本，只有按照整体规划原则建设好基础通信网络、数据中心、指挥中心等基础信息设施，才能为实现智慧化提供最基本的保障。在基础设施之上，核心问题是解决智慧应用，设计面向场景的、解决问题的智慧应用。通过业务场景应用与数据信息的分析，推动智慧应用的落实与完善。

3. 数据运营，智慧创新

通过建立统一的小镇智慧数据中心，连接小镇各终端应用，采集、整合、沉淀小镇数据，以数据运营为核心，创新数据分析，实现小镇的智慧生活。

4. 产业升级，生态汇聚

通过云计算、大数据、物联网、移动互联网、人工智能等新型互联网技术，汇集小镇产业资源、实现创新驱动，引领产业革新与产业升级，构建产业生态，实现产业价值升级，从而带动特色小镇整体经济提升、价值溢出。

（二）特色小镇智慧化整体架构设计

特色小镇智慧化架构包括云网、云脑、云擎三大部分（如图6所示）。云网是感知中枢，云脑是决策中枢，云擎是动力中枢，三个层面互为整体、有机协调，实现特色小镇的智慧化升级。

1. 云网建设

云网建设包括小镇云脑体系的基础设施层建设，云平台的IaaS、PaaS建设，以及IoT应用管理平台建设。云网构建了整个物理运行环境，是云脑体系的感知中枢，为云脑决策提供基础支撑。

（1）基础设施层建设主要指包括IoT物联网、小镇专网、通信网、互联网以及无线WiFi在内的网络环境建设与IoT硬件建设。

（2）云平台建设主要包括：IaaS云计算平台建设、PaaS支撑服务系统建设以及指挥大厅建设；

（3）IoT应用建设主要包括：环境监测系统建设、立体灌溉系统建设、智慧电梯系统建设、智慧街灯系统建设与一体化安防系统建设。

2. 云脑建设

云脑包括2个中心——小镇大数据中心和小镇运营中心，是小镇云脑体系的决策中枢。

图6 特色小镇智慧化架构

小镇大数据中心是智慧化建设的核心枢纽，通过获取并集成整合各相关平台基础数据和便民服务、产业服务等过程数据，实时采集海量业务信息、实现部门数据共享，感知城市运行信息，促进数据分享，进行整体分析和预测，并为AI技术的应用打下基础。

小镇运营中心是小镇日常运行与应急指挥的重要场所，通过数据进行可视化展示，对小镇整体运行进行把控，对具体业务进行指导，对资源进行协调调配，对紧急或重大事件进行指挥，对运转效率和结果进行考核，从宏观到微观进行控制，通过集中式管理和对数据的利用，增强效能，实现扁平化管理。

（1）小镇大数据中心建设包括：原始数据的采集、数据整理、标准库与主题库建立以及大数据管理平台建设。

（2）小镇运营中心建设包括：统一运营管理平台建设、统一产业服务平台建设和统一便民服务平台建设。

3. 云擎建设

云擎包括运营管理引擎、产业服务引擎、便民服务引擎，是小镇云脑的动力中枢。云擎在统一运营管理平台、统一便民服务平台、统一产业服务平台建设基础上，配套制定的标准体系、管理运营体系，是小镇云脑正常有效运行的保障。

（1）标准体系。小镇建设运营需要标准先行，要通过标准体系来统筹总体框架，并遵循标准展开各组成部分的建设。标准体系按照类别划分主要包括：技术标准、数据标准、管理标准、运作标准、服务标准等。标准体系要满足集合性、目标性、可分解性、相关性、整体性、环境适应性等要求，同时在系统建设以及运行的过程中，要不断地充实、完善标准，形成一套全面覆盖小镇管理、服务、运作、数据、技术等方面的标准体系，使之贯穿小镇管理运营整个生命周期。

（2）管理运营体系。要花大力气研究特色小镇智慧化环境下的小镇运营模式，应用科学管理的思想和方法，创造具有战略能力、学习能力、持续改进能力的智慧型组织，构建一套创新的特色小镇管理体系，以指导特色小镇的建设运营工作。

（三）特色小镇智慧化实现步骤

特色小镇智慧化实现大体分为整体规划、建设规划、智慧运营三大步骤（如图7所示）。

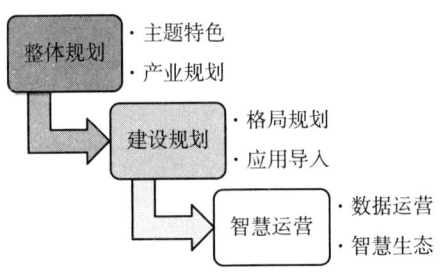

图7　特色小镇智慧化实现步骤

1. 整体规划

整体规划是特色小镇智慧化建设的基础和前提，包括主题特色与产业规划。特色小镇之所以称为特色小镇关键在于"特"，就是要求小镇具有特色，具有核心的主题，这是小镇的根本，是小镇的灵魂所在，贯穿于小镇规划、建设和运营。因此，特色小镇智慧化首先需要考虑小镇的主题特色，需要从当地实际出发，基于当地文化元素挖掘与演绎。主题特色确定有两种方式。

第一，依托特色，深化挖掘。深入当地考察，挖掘地域文化元素，以当地的文化灵魂确定小镇主题特色。这种方式对地域有着比较高的要求，需要当地有天然的特色，利用这种特色促成小镇的产业化，带动小镇整体发展。

第二，借助外力，策划主题。根据实际情况，借助外部力量，创新性地策划主题特色。这种方式适用于特色不明显的地域，规划者按照对小镇建设的理解，策划包装出一种主题特色。这种方式难度相对于第一种较大，但是可能比第一种更具创新力和活力。

依据主题特色，充分考虑国际、国内以及区域经济发展趋势，对产业业态进行规划，并对产业体系、产业布局、产业链做出合理规划，通过对产业科学合理的规划，优化产业配置，理清重点业态，结合考虑产业招商问题，实现产业依托特色、特色辅助产业、特色与产业双管齐下，以及小镇的可持续发展。

整体规划实施路径分为四步，具体如图8所示。

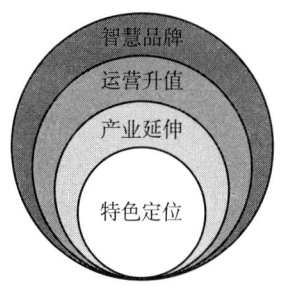

图8　特色小镇智慧化整体规划实施路径

第一步：特色定位

明确定位，挖掘特色，塑造小镇特色文化，设计小镇定位产业布局，统筹规划。

第二步：产业延伸

根据小镇特色定位，设计产业业态，由于建设特色小镇是一个庞大、复杂的工程，产业布局需要兼顾灵活性。

第三步：运营升值

根据特色定位与产业延伸，完善小镇基本架构，赋予小镇运营职能，提升小镇的价值。

第四步：智慧品牌

打造小镇智慧品牌，将其建设成为特色小镇智慧化样本，为小镇招商、名片打造等提供支撑，最终实现产业增值、生活智慧。

2.建设规划

在对小镇的主题特色与产业业态科学规划的前提下，基于小镇定位，科学合理进行建设规划，包括格局规划和应用导入，建设规划是落实整体规划的关键。依据空间、时间、资源、功能等维度设计合理的规划方案,包括空间布局、外观设计、基础设施、智慧云脑底层架构、各类应用终端、建设工期、资金预算、团队建设等。通过设计小镇建设方案,让概念设计转化为功能设计,由理念转化为行动,更直观、形象地勾勒小镇未来蓝图,从而更好地嵌入智慧应用,让小镇"活起来"。最后,以目标为导向,低成本、高效率、精品质地配置资源,实现建设规划的经济可行性、技术可行性。

建设规划实施路径分为三步,具体如图9所示。

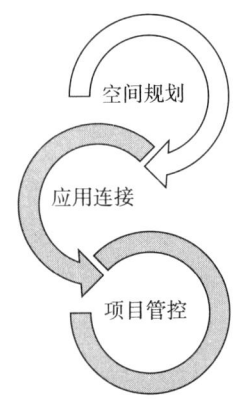

图9 特色小镇智慧化建设规划实施路径

第一步:空间规划

基于小镇定位与功能需求设计空间布局,结合业态、基础设施、交通、运营等的需求,优化布局。

第二步:应用连接

基于小镇智慧理念,设计应用场景,连接各种智慧应用,让小镇有机、活力运作。

第三步:项目管控

特色小镇建设是一个复杂系统,实施过程较为复杂,需要合理的管理,利用项目管理九大要素科学规划、合理管控。

3.智慧运营

智慧运营是整体规划、建设规划的集中体现，包括数据运营和智慧生态。特色小镇建设以后，需要以运营赋予小镇生命力，这也是智慧化的最直接的体现。另外，需要根据建设实际情况、应用场景等不断探索创新小镇智慧运营模式。特色小镇只有智慧运营才能称得上完整，而智慧运营必须依托小镇统一集中大数据中心和指挥调度中心，数据不断从前端犹如血液般被传送到小镇"云脑"——大数据中心与指挥调度中心，小镇"云脑"根据这些数据做出运营决策，让小镇不仅有生命力，还有智慧。

智慧运营实施路径分为三步，具体如图10所示。

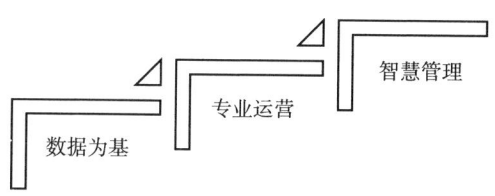

图10 特色小镇智慧化运营实施路径

第一步：数据为基

数据是小镇运营的基本，首先需要利用大数据中心接受小镇终端数据，形成小镇大数据基础。

第二步：专业运营

数据无法流通则是无用数据，在有数据基础之上，设计运营指标分析体系，实现专业运营，覆盖小镇产业企业服务、便民服务、基础城镇管理服务等。

第三步：智慧管理

通过专业化的分析与运营，实现小镇的智慧化运作，最终实现智能决策、智慧管理。

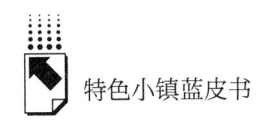

参考文献

［1］陈世金：《中国新型城镇化基础设施融资模式研究》，中国社会科学出版社，2017。
［2］浙江省特色小镇信息技术产业技术联盟、中国联通产业互联网研究院：《特色小镇智慧化顶层设计白皮书（2017—2018）》，2017。
［3］中国城镇化促进会：《中国特色小（城）镇发展报告（2016）》，人民出版社、中国致公出版社，2017。
［4］周红：《特色小镇投融资模式与实务》，中信出版社，2017。
［5］住房和城乡建设部、国家发展改革委、财政部：《关于开展特色小镇培育工作的通知》（建村〔2016〕147号），2016。

B.6 特色小镇智慧化模块应用

李圣权 王冠 黄微 黄紫虹 兰飒 陈国光 袁帆 于飞

摘　要： 特色小镇智慧化升级是特色小镇发展的必然趋势，主要包括规划建设和智慧运营，规划建设是根本，智慧运营关键。只有两者相辅相成才能赋予特色小镇活力，实现小镇智慧化资源整合、良好运转，持续优化、不断创新，最终实现小镇资源增值、价值提升。本文基于特色小镇建设经验，从生活、产业、社会等方面提出特色小镇智慧化标准模块，包括小镇运营、社会服务、产业服务、基础服务和生活服务，并进一步提出了细化的智慧化应用，力求在宏观与微观层面建立特色小镇智慧化运营标准。基于此，本文创新性地提出了2个中心、3个统一、N个应用、2个体系，即"2-3-N-2"特色小镇智慧化模块设计架构，通过架构间的相互协作、相互连接，使特色小镇智慧运营、产业溢价，持续生态。

关键词： 特色小镇　智慧运营　智慧应用　运营标准模块　智慧架构

一　特色小镇智慧化模块整体设计思路

特色小镇智慧化标准模块可以分为小镇运营、社会服务、产业服务、基础服务和生活服务五大模块（如图1所示）。

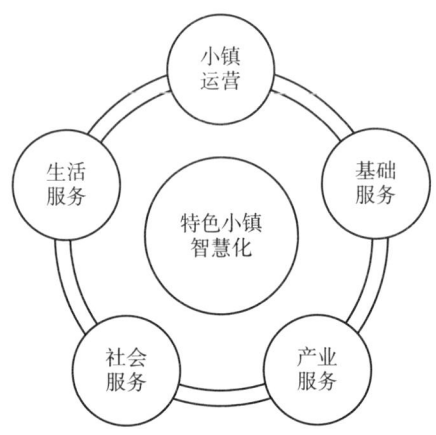

图1 特色小镇智慧化标准模块

小镇运营致力于促进小镇良好运转、资源整合、持续优化、不断创新,为实现小镇资源增值和小镇发展效益最大化提供支撑体系;基础服务实现小镇基本设施建设;产业服务为产业/企业引进、驻留、孵化、培育、甄别、整合提供服务;社会服务为产城成员提供便利条件、改善和发展生活的共性服务;生活服务为居民提供便利服务。小镇智慧化标准模块可以细化到54个智慧化应用方向(如表1所示)。本文在后面将对一些经典的应用进行详细说明。

表1 特色小镇智慧化应用

序号	小镇运营	基础服务	产业服务	社会服务	生活服务
1	小镇运营指挥中心	智慧电网	产学研平台	出行最后一公里	投资理财
2	小镇应急处置	智慧水网	投融资平台	出租车	智慧家居
3	数据中心	智慧供气	多媒体协作	一卡通	社区服务
4	综合管理	公共交通	Fab Lab	交通状况	报事报修
5	区域停车	移动通信	中小企业服务	智能充电	便民服务
6	安全管理	无线WiFi	企业信用评估	智慧医疗	智慧门禁
7	环境监测	智慧电梯	招商融资	自动灌溉	缴费服务
8	设施管理	智能街灯	智媒体系	智慧教育	家庭医疗
9	资产数字化	指示牌	产业链整合	阳光厨房	配送

续表

序号	小镇运营	基础服务	产业服务	社会服务	生活服务
10	数字资产化	区域消防	物流	环境监测	商业信息
11		区域节能	咨询	一体化安防	
12				智慧政务	

从重要性、迫切性、项目性、可运营性和创新性五个角度对特色小镇智慧化应用项目进行多维分析，得出特色小镇智慧化主要应用的建设方向参考标准（如图2所示）。

重要性是指该应用对小镇整体建设和运营产生影响或对居住人员生活产生影响的程度等级。迫切性是指该应用建设的优先等级，应用建设对后续应用建设或运营影响越深，则迫切性越高。项目性是指该应用是否有明确功能界限，界限越容易衡量则项目性等级越高；需要不断优化迭代的程度越高，则项目性等级越低。可运营性是指该应用是否可以进行营利性运营，或是否可以被快速复制到其他小镇中，甚至直接对新的小镇进行支撑，形成小镇的产业壁垒。创新性是指该应用是否有比较成熟的解决方案，或是否有新的概念，概念越新，解决方案越需要不断完善，则等级就越高。

二 特色小镇智慧化模块整体设计架构

特色小镇智慧化模块设计架构按照"2-3-N-2"搭建，即2个中心、3个统一、N个应用、2个体系（如图3所示）。

（一）2个中心

2个中心指数据中心和运营指挥中心。

数据中心是特色小镇智慧化建设的核心枢纽。通过获取并集成整合各相关平台基础数据和便民服务、产业服务等过程数据，实时采集

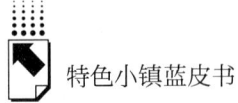

序号	应用名称	重要性	迫切性	项目性	可运营性	创新性
1	小镇运营指挥中心					
2	小镇应急处置					
3	数据中心					
4	综合管理					
5	区域停车					
6	环境监测					
7	区域消防					
8	设施管理					
9	资产数字化					
10	数字资产化					
11	区域节能					
12	公共交通					
13	无线WiFi					
14	自动灌溉					
15	智慧电梯					
16	智能街灯					
17	产学研平台					
18	投融资平台					
19	Fab Lab					
20	中小企业服务					
21	企业信用评估					
22	招商融资					
23	智媒体系					
24	产业链整合					
25	咨询					
26	智能充电					
27	阳光厨房					
28	投资理财					
29	智慧家居					
30	社区服务					
31	报事报修					
32	便民服务					
33	智慧门禁					
34	一体化安防					
35	缴费服务					
36	家庭医疗					
37	配送					
38	商业信息					

图2 特色小镇智慧化主要应用多维度分析结果

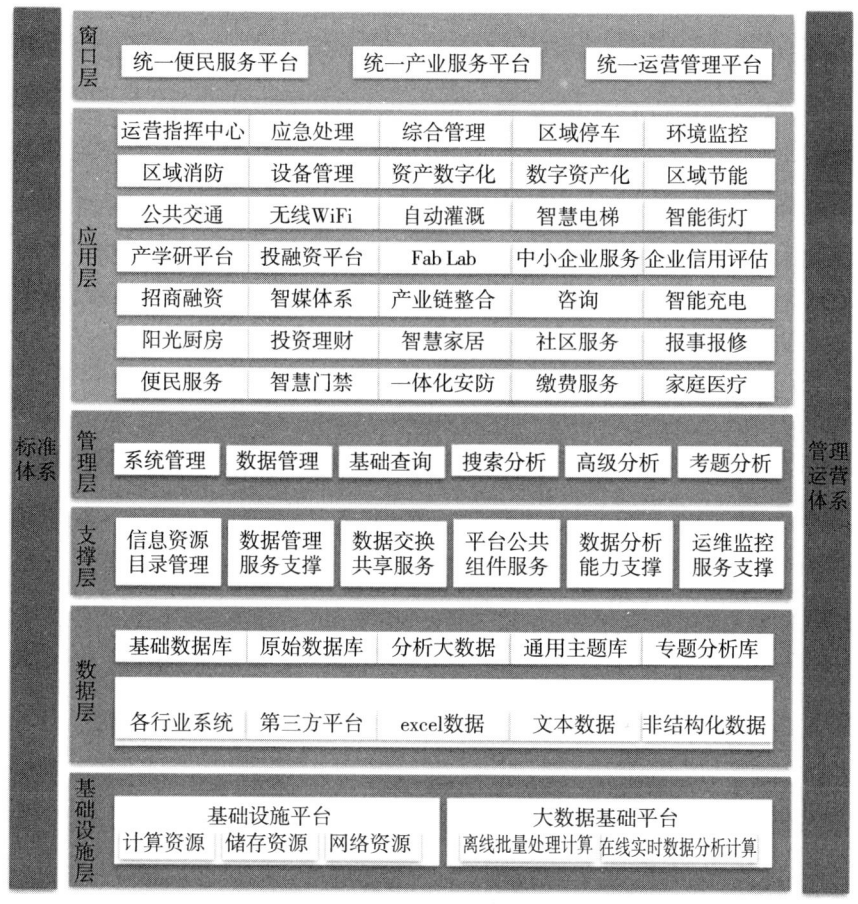

图3　特色小镇智慧化模块设计架构

海量业务信息、实现部门数据共享，感知小镇运行信息，促进数据分享，进行整体分析和预测，并为AI技术的应用打下基础。

运营指挥中心是小镇日常运行与应急指挥的重要场所，通过数据进行可视化展示，对小镇整体运行进行把控，对具体业务进行指导，对资源进行协调调配，对紧急或重大事件进行指挥，对运转效率和结果进行考核，从宏观到微观进行控制，通过集中式管理和对数据的利用，增强效能，实现扁平化管理。

（二）3个统一

将所有应用进行汇聚和整合，最终形成三个统一平台：统一便民服务平台、统一产业支撑平台和统一运营管理平台。

统一便民服务平台以提供生活便利为主，统一产业支撑平台以提供产业服务为主，统一运营管理平台以小镇运营方统一运营管理为主。三个统一平台均以目标用户特点为切入点，根据客户使用习惯、业务场景等进行设计，切身满足客户实际需求，均可提供APP和网页两种交互路径。

（三）N个平台

N个平台即各专业应用系统，每个应用系统重点解决专业性的问题，对地理信息、标准、身份认证等进行统一建设，从各业务体系中提取共性特征进行统一规划，个性化特征根据系统特点分别考虑。

（四）2个体系

2个体系即1套标准体系和1套管理运营体系。

标准体系是指小镇建设运营需要标准先行，要通过标准体系来统筹总体框架，并遵循标准展开各组成部分的建设。标准体系按照类别划分主要包括：技术标准、数据标准、管理标准、运作标准、服务标准等。标准体系要满足集合性、目标性、可分解性、相关性、整体性、环境适应性等要求，同时在系统建设以及运行的过程中，要不断地充实、完善标准，形成一套全面覆盖小镇管理、服务、运作、数据、技术等方面的标准体系，使之贯穿小镇管理运营整个生命周期。

管理运营体系是指小镇管理运营模式创新，要花大力气研究特色小镇智慧化环境下的小镇运营模式，应用科学管理的思想和方法，创造具有战略能力、学习能力、持续改进能力的智慧型组织，构建一套创新的小镇管理体系，以指导特色小镇的建设运营工作。

三 小镇运营标准模块应用项目

（一）小镇运营指挥中心

小镇运营指挥中心是小镇规范化运转的中枢，是小镇运营、监控、调度的统一办公场所。采用通信终端、电脑桌面、显示大屏等多种信息化设备，通过内部集中办公与对外大屏展示相结合的方式，综合展示、监控、管理小镇人、事、地、物、组织等各类元素。从内部管理角度来看，小镇运营指挥中心全方位管理小镇各项元素，为小镇运营系统提供良好的内部物理环境。从外部展示角度来看，小镇运营指挥中心为外部宣传、居民体验提供良好的小镇智慧体验物理场所，从而打造小镇智慧化的运营指挥体系。

（二）数据中心

数据中心是小镇的基本硬件与数据中枢，通过搭建基于云主机、云网络、云存储、云数据库等虚拟资源的基础设施云平台，构建集计算、存储、网络、安全于一体的云平台体系，从而为上层业务提供基础架构支撑。

采用动态交互和人工补充等手段，有效汇聚"基础支撑"信息子系统、事业单位、入驻企业等的业务数据和过程数据，经过数据抽取上云、清洗转换、资源编目等一系列数据加工流程，形成面向不同对象的业务库、主题库和专题库，集成数据质量管理组件、编目组件、日志管理组件、BI 组件等多种组件工具集，支撑数据开发和过

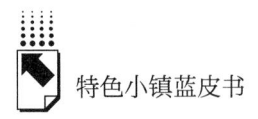

程监控,打通各个业务之间的数据联系,摒除孤立数据,形成统一、有机的多业务数据库,并利用智慧海搜、可视化建模、可视化分析等应用平台,实现海量信息搜索、业务场景建模、数据挖掘和分析结果可视化展现等功能,从而支撑小镇各业务系统和上层领导决策。

与此同时,遵循国家信息安全等级保护基本要求,从数据库级安全、应用系统安全、网络平台安全、通信网络级安全、用户级安全等方面进行安全体系的总体规划。另外,从账号管理、统一认证、集中权限、行为审计方面入手,对整个运维过程从事前预防、事中控制到事后审计全程参与,解决运维过程中操作系统账号复用、数据泄漏、运维权限混乱、运维过程无法审计的问题,最大限度地降低风险发生的可能性。

(三)综合管理

通过对小镇整体的规划布局、子系统的业务运营、产值的分类统计、入驻企业的信息汇总、重大事件的处理跟踪等进行统一管理,实现人、事、地、物、组织、部件等各类要素的有机整合,并结合数据挖掘等大数据分析技术,开展跨业务、跨系统的关联分析,从而形成资源高度集中、运作平稳高效,并兼具数据统计分析的大物业综合管理平台。

综合管理功能在于打通小镇各个平台业务,首先,整合小镇内基础服务、产业服务、社会服务和生活服务所规划的各类智慧化信息子系统、应用等,搭建统一的登录门户和工作台,依据相应的授权规则,有针对性地进行系统权限开放。其次,对接工商、地税等部门系统,通过汇聚企业基本概况、企业员工资料、缴税记录等信息,对入驻企业进行统一的信息录入和监管,定期汇总企业纳税额,对小镇总体产值做统计比对、趋势分析等,以支撑上层决策。最后,借助数据挖掘、关联分析等大数据手段,对数据中心相关业务数据有针对性地进行计算分析,并借助BI等数据处理工具,将分析结果可视化展现。

（四）小镇应急处置

小镇应急处置能够对小镇突发事件进行监控、预测、应对，有利于小镇"平战结合"管理，即日常性监测管理与突发性事件"备战"应对管理相结合，保障小镇安全。在小镇运营中，事件监控至关重要，特别是对重大突发事件。将小镇发生的所有重大事件进行登记备案，详细记录事件发生的时间、地点、起因、过程、处理结果、后期跟踪等，有助于实现重大事件的全过程管理，从而更好地预测和应对紧急事件。

为了能够更好地应对区域所发生的突发事件或紧要事宜，引入视频协作、多屏展现等多种先进信息化技术手段，建设集通信、指挥和调度于一体的区域应急指挥中心，通过对接区域应急管理平台或其他业务系统，实现紧急或重大事件的集中处理和领导决策。

（五）安全管理

安全管理体系主要包括安全策略、安全组织、安全制度。

安全策略包括安全方针、主策略、子策略和日常管理所需的制度。安全方针是整个安全管理体系的主导，是安全策略体系基本结构的最高层。同时，应根据安全策略体系制定必要的安全管理制度。

建立具有管理权的适当的信息安全管理组织，由它批准信息安全方针、分配安全职责，并协调组织内部信息安全措施的实施。作为一个网络安全组织，它会渗透平台的各个网络相关部门。

制定切实可行的安全制度，包括日常安全管理制度、人员管理制度、保密制度、操作规程制度等；明确日常安全审计的例行制度、实施日程安排与计划、报告的形式及内容、达到的目标等。

（六）区域停车

区域停车是指对小镇所有停车场（包括地下停车场和地面道路

停车位）实行统一管理，以"无感支付"、智能地锁等为基础技术支撑，以大数据、移动通信等信息技术为实现路径，实现全区域停车场无人值守；通过"无感支付"减少车辆进出时间和利用进出口交通数据减少对停车场周围交通的影响；通过车位信息发布、车位预定、路线导航、车位引导、反向寻车、自动缴费等多种功能为车主提供便捷服务；通过车位共享增加车主之间互动，从而全面打造体系化、智能化、便捷化的具有科技特色的智慧停车新模式。主要功能如下。

1. 信息发布与导航

对外发布小镇停车场以及周边交通状况的全方位信息，包括每个停车场剩余车位数、停车费、交通信息和事故信息，引导车辆至相应出入口。

2. 车位引导

小镇用户可借助车位引导屏寻找所分配停车位，也可通过手机APP，按照指引线路找寻停车位置。

3. 无感支付

利用车牌识别技术，通过在车场出入口及枢纽位置部署相应摄像机，抓拍通行车辆的相关信息，包括车牌号、车标、车型、车身颜色等，利用车牌和支付手段的绑定关系，实现自动支付。

4. 车位预约与自动分配

为所有进入小镇的无固定停车位的车辆分配独立停车位，市民既可通过手机APP提前预约锁定，也可在出入口临时购买并锁定车位。已锁定车位的地锁在车辆到达并通过APP解锁后，自动下沉。

（七）设施管理

设施管理涉及小镇所有的物联网设备和系统，包含照明、制冷通风、地下管网、供电、给排水、电梯、火灾报警、停车场、井盖、监控、路灯、防盗装置、消防设备、控制器、探测器等，对各类系统和设备的分布、运行状态、故障排查、故障维修等进行综合监管，进而实现"大物业"分散控制、集中管理的新模式。

（八）资产数字化

资产数字化是将小镇内的地理信息数字化、固定资产数字化，包括园区楼宇数字化、物业数字化、公共设施数字化等，将整个小镇虚拟抽象出来，形成小镇特有的大数据，以 IP 的形式授权管理机构、高校、科研机构、企业等单位使用。

资产数字化将"小镇数字化""产业数字化"二者融合，通过植入应用，提升数据价值，真正实现特色小镇源于数字化、高于数字化。

四 基础服务标准模块应用项目

（一）无线 WiFi

无线 WiFi 利用前端热点进行室内室外全覆盖，通过小镇 WiFi 无缝连接和保持通畅，培养小镇居民利用 WiFi 上网的习惯，进而进行广告推送和导流，实现商业运营和数据收集。区域无线网络不仅是政府倡导建设特色小镇的标准配置，而且能将园区运营、社区管理、商业需求与个人消费需求有机结合。主要功能模块如下。

1. WiFi 覆盖模块

利用光纤作为主要通信通道，在小镇户外及建筑物内节点部署 WiFi 热点和无线控制器。每个无线控制器对应多个 WiFi 热点，进而实现整个 WiFi 网络的无缝漫游和集中管理。具体的热点覆盖方案，还需要在实地勘察后才能确定。

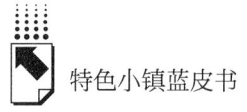

2. APP模块

区域无线网利用APP登录的方式,可以实现"一次登录,永久使用"的功能,然而从商业应用角度出发,可能每1小时或者2小时让用户重新登录一次较好。

用户可以通过APP了解到小镇商家最新资讯、促销活动、商户评价、排队信息、互动信息等,实现用户需求精准对接商家。商家可以通过APP了解客流、用户轨迹、消费行为、用户反馈等,进行精准的广告推送。管理者可以通过APP进行热点推送,同时了解商家与用户的互动情况以及消费情况等,从而进行精准的招商规划。

3. 一体化管理平台模块

一体化管理平台包括无线管理平台、认证管理平台、应用控制与审计管理系统及日志服务器四个部分。无线管理平台实现对AC、交换机及AP设备的管理。认证管理平台实现Portal及Radius功能,并实现对接入用户的管理,提供独立的接入渠道和安全的认证方式。应用控制与审计管理系统能够实现基于业务的流量分析管理、用户行为审计管理等。日志服务器用于收集用户使用日志、操作日志等。

(二) 智慧电梯

智慧电梯与物联网相连,通过"互联网+电梯智能"(客流智能管理系统)、"互联网+电梯安全"(无线远隔监控系统)、"互联网+电梯资讯"(云端传媒)能够实现楼梯运行最优配置、远程监视和诊断控制、电梯自动检修报警、应急报警、电梯节能、电梯媒体发布等功能,让电梯变得更聪明、更智能。智慧电梯SaaS平台主要搭建有客流分配系统、电梯管家系统、节能减排系统、云端媒体系统、小镇电梯安全服务平台等,主要功能如下。

1. 自控客流分配

主要根据客流的情况及其目标楼层，采用最优算法进行引流分配，实现电梯运行最优配置。

2. 云端媒体

构建远程节目分发与管理系统，并与市政管理相关安全宣传部门联动，精细化管理特色小镇内每台电梯的广告终端。

3. 电梯公共安全服务

用以整合特色小镇内所有物业电梯的数据信息，实时监控特色小镇内电梯的运行情况。

4. 应急呼叫

应急呼叫系统支持一键报警和救援通话功能，该报警系统可加装在原电梯报警按键位置。能预设多部应急电话，当故障发生时，可人工触动报警按钮，系统自动联播各应急电话，并自动发送报警信息，保障报警信息的有效传达。

5. 远程监控

除了检测平日电梯运行的情况外，在应急状态下能够连接主屏幕对被困人员进行安抚疏导，以缓解被困人员的紧张情绪。

6. 电梯安全

通过采集电梯各主要运行指标及故障信息，如重复开门、关门异常、行梯异常、非平层开门、平层困人、层间停梯、层间困人、开门行梯、冲顶故障、蹲低故障、超速运行、停电故障等，实时对电梯运行状态信息进行采集、汇总、分析，通过大数据分析及时提醒检修维护，以确保电梯运行安全。依据电梯安全模型向系统管理者明示各电梯安全运行水平，为电梯安全相关工作提供数据支持。

7. 电梯维保

通过特有的防伪维保考核技术，实现对电梯维保单位、人员、任务、频率、检测点位、维修内容等的数据化管理，确保物业单位能够

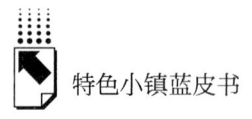

对电梯维保情况了如指掌，便于对维保单位进行考核、监管。

8. 电梯资产管理

用于帮助物业单位实现电梯及相关配件、资产的登记与管理。

（三）智能街灯

智慧街灯将传统路灯硬件重构，搭建环境监测、交通监测、智能充电桩等各种智慧传感器和功能设备，成为"有电、有杆、有点、有网"四位一体的小镇信息、能源智慧配置的载体和突破口。对包括民生、环保、公共安全、小镇服务、工商业活动在内的各种需求做出智能的响应。智慧街灯系统采用能源互联网下的直流微网供电模式，采取直流浮地供电和悬浮不接地技术，以及先进的直流供电机制，彻底解决传统路灯的供电安全性低、易触电、难防护难题，无论是在白天还是在黑夜，均能高安全性供电。智慧街灯的维护将变为"集中+地面"的易维护方式，保障后端的用能设备（灯具、智慧传感器、用能设备）故障率大大下降，节省了全生命周期设备投入和维护成本。主要功能如下。

1. 数据采集

采集照明设备运行信息，分析街灯的运行状况，当街灯出现问题时发出预警，随时监控街灯状况。

2. 远程自动控制

远程监控街灯的照明设备开关控制、运行数据遥测等，预设照明设备的开关策略，可实时进行调光。在此基础上实行自动化控制策略管理、达到二次节能的效果。

3. 安全防护

丰富的告警方式和策略，可有效避免多种事故的发生。

4. 提升管理能力

通过户外灯具资产管理、远程实时管理和丰富的管理策略，达到提升管理能力的目的。

（四）区域节能

区域节能平台采用水电气使用信息统一采集技术，以多级能源模型作为系统的核心业务数据对象，直观反映系统的业务结构；整合能源监测和能源控制功能，通过能耗分析计算得出有效的统计分析结果，结合可视化呈现技术，构成了一个可视化能耗分析计算平台，最终形成节能策略。主要功能如下。

1. 数据监测与采集

根据用户的选择，在小镇地图上弹出标签显示对象的基本信息、用能信息以及对象各个监测的入口，用户可查询建筑、管道、设备、表计等数据，且数据可以根据不同的业务板块进行动态监测与收集。

2. 耗能统计与诊断

通过耗能平台的监测与数据收集，对节能数据进行统计、分析与诊断，并给出节能策略，对节能区域进行数据化控制，当出现问题时进行异常耗能报警或超耗能报警。

3. 用能结算

根据预先设定的电费、水费等，对内部的结算户实行用能结算，打印结算通知单，生成结算报表，系统支持均价结算和峰谷电结算。与此同时，还可以通过耗能计划、耗能额度、实际耗能等，对各用能单位进行虚拟结算，对用能进行管理。

4. 综合报表

系统提供特有的报表智能生成引擎，可以与办公软件无缝融合，提供傻瓜式的综合诊断界面，自动生成分析报告。

（五）区域消防

综合运用物联网、视频监控、地理信息、大数据挖掘等技术手段，通过对小镇各区域消防探测装备、视频监控设备、智能开关等的

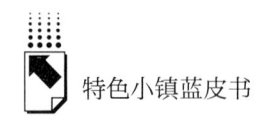

综合布控，降低火灾隐患，提高火灾报警的及时性和可靠性，做到第一时间控制火情，将危害降至最低，切实保障居民生命财产安全，打造真正安居、安娱、乐业的智慧小镇。主要功能如下。

1. 物联网布控与数据采集

对小镇全区域进行消防监控装备无死角布控，尤其针对活动广场、公园/园区绿化带、地下停车场、公共电动车充电棚等消防隐患较大的区域；实时采集烟感器、温感器、压力传感器等监控装备传来的实时数据，若其超出设定限值，则自动预警。

2. 地理信息展示

整合小镇所有消防器材、温感/烟感传感器、报警器、摄像机等设备的部署以及重点监测单位、重点管控区域的分布，依据地理信息系统，按区域、按楼层、按单位进行图层化展现，并支持地图三色预警和对象详情查询。

3. 视频监控

通过在重点消防区域、各消防设备间、消防通道安装监控摄像头，实时监控区域动态。若发现消防通道乱堆乱放、私自动用消防设施、恶意破坏消防器材等违规行为，则第一时间抓取并留存证据，必要时可联动报警。

4. 智能开关

在各单位以及住宅楼内部部署智能开关，在节约待机功耗的同时，解决短路、断路、漏电等问题，有效降低火灾隐患。

5. 火灾联动报警

当接收到物联网监测或人员上报的火灾信息后，后台会自动弹出火灾报警提示，切换现场大画面，并开启区域警鸣，同时结合地理信息系统，快速定位就近消防器材，远程指挥人员现场实施灭火。另外，对接119报警系统，实时上报现场画面，获取正确的施救方案，以最迅速、最科学的手段将危害降至最低。

五 产业服务标准模块应用项目

（一）产学研平台

搭建高校和特色小镇之间的沟通渠道，促进高校及科研院科技成果产业化发展，增强小镇内产业集群的外部研发能力，提高科研成果交易概率，为产业发展提供支撑。主要功能如下。

1. 聚集产学研资源

产学研平台可聚集各类资源，其中产业资源涉及行业定位、人才配置，高校资源包括科研院、实验室的特长专业、研究方向及其师资力量，中介单位的资源为产学研相关单位的信息。

2. 满足各方需求

产学研平台能满足的需求包括科研单位及个人科研成果产业化的需求，企业发展方向的科研需求，科研成果交易需求、成果交易与融资需求。

3. 促进人才供求对接

产学研平台汇聚专家招聘、合作、人才招聘、专家供给、人才供给等方面的信息，可促进人才供求对接。

4. 鼓励装备共享

产学研平台发布科研实验室、设备等买卖、租赁、有条件共享等方面的信息，鼓励装备共享。

5. 打造智囊团

基于产学研平台，可形成围绕科技成果鉴定、法律咨询、联合实验室搭建、成立公司及相关事项疑难问题解决的咨询专家团队。

（二）投融资平台

为了营造良好的投融资环境，搭建包括银行、证券公司、保险公

司、信托投资公司、基金管理公司等金融机构以及企业在内的一体化投融资平台，为投融资双方提供企业画像、风险分析、在线交易、法律咨询等多种服务，从而规范行业活动，降低现金流风险，使资金交易更透明、更便捷。投融资平台主要功能如下。

1. 企业信用评价

对小镇企业的基本概况、资金、贷款、收入、税收等进行信用评分，并利用小镇运营优势，从租金缴纳、场地扩容、水电等方面进行分析，逐步形成完整的企业信用体系。

2. 自动分析及匹配

根据企业信用体系及企业发展方向，使有融资需求的企业自动匹配到合适的融资公司，经管理员确认后推荐给融资公司，并提供初步报告。

3. 咨询服务

提供项目分析、融资咨询、融资报告、法律、合同等方面的咨询服务，必要时可融入视频会议，使咨询过程更清晰、更便捷。

（三）多媒体协作

基于公有云平台的多媒体协作，能够成功打破由地域位置造成的空间壁垒，通过会议室视频会议、网络视频会议、直播视频会议等多种形式，实现随时随地互通互联，同时兼具会议管理、文稿上传/下载、通信录查询、一键拨号等多种功能，使用户仅需花费较少的租赁费用，即可享受高端、便捷的协作服务。主要功能如下。

1. 会议室视频协作

在物理会议室和独立办公室内，安装视频终端一体机、人脸识别摄像机、语音电话、全向麦克风等专业视频会议设备，实现基于互联网的高清视频会议、电话会议、文件共享等功能，并可对接网络会议，提供会议直播和录制服务，适用于公司内部会议、业务培训、专家会诊等相对重要的场合。

2. 网络视频协作

主持人发起会议邀请，参会者通过电脑、手机等设备参会，支持文件共享和桌面共享，并可叠加会议直播和录制服务，可广泛用于日常交流沟通、家庭医生、在线客服与销售、上下游协作、各类资讯服务等。

3. 视频直播

借助流媒体技术，将进行中的会议室会议和网络会议直播出去，使更多人群可以参加和观看，并支持微信、邮件等形式的分享，广泛适用于企业年终大会、产品发布会、文化形象宣传、大型活动等。

4. 会议管理

会议预约、通知、控制、总结、一键开会、文稿在线上传下载等会议功能。

（四）Fab Lab

Fab Lab（Fabrication Laboratory），即微观装配实验室，是一种为研究人员、创新者、创业者、小公司等提供基础设施和服务的创新空间，帮助其将创新思想形成原型，是创新生态中重要的组成部分，是"大众创业，万众创新"的实验室。主要功能如下。

1. 提供基本开发设备

Fab Lab 不仅为用户提供场地，还提供技术和基本工具集合。所提供的技术涵盖开发的全流程，包括设计、测试、调试、监控、分析、文档整理等，同时为用户提供定制工具及技术环境。

2. 开放"罗汉塔"系统

"罗汉塔"由若干个不同基本功能模块构成，包括中央处理器、附加功能电路板，涵盖传感、触发、数据存储、通信、多媒体展现等功能。通过"罗汉塔"，用户不仅可以设计并开展自己的实验活动，而且能构建自己的工具。

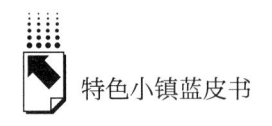

（五）中小企业服务

中小企业服务平台建设包括应用平台的功能实现和平台运营，通过整合区域内服务资源，指导当地专业性行业协会及融资性担保机构、小额贷款机构、金融机构、各类中介等服务机构，为广大中小企业提供线上线下多方位专业化的企业公共服务。平台业务方向是整合行政、经济、法律资源，提供一站式的服务，协助小镇企业开展人力资源、知识产权、资产评估、金融服务、工商注册、环境评估、科技项目申报、会计税务、法律事务、IT 支持等工作。主要功能如下。

1. 服务集市

为中小企业提供各种服务，包括中小企业从出生到成长所需的各种服务，如工商/财务/税务、法律事务、广告/设计/制作、IT 基础建设、采购/租赁/维修、场地/装修、人事/咨询/培训等。并建设中小企业金融服务平台，为中小企业解决融资难问题，促进科技与金融的结合。

2. 园区在线

按照区域和类型对入驻的所有园区进行分类，并对所有园区进行一个全方位的介绍，使所有中小企业在选择入驻园区的时候，有一个选择的平台。同时，各入驻园区也可在这个平台进行自我的宣传和推广，吸引更多的中小企业入驻。

3. 市场活动

实现中小企业和园区之间线上线下的互动。除了通过线上的相互了解和选择之外，各园区还可以在当地线下举办各种各样的有关中小企业从创业到成长整个过程中的各项服务和活动，吸引更多的中小企业前来互动。平台可以为用户提供线下市场活动举办信息的发布，以及参加报名功能。

4. 在线应用

提供为中小企业服务的各种企业管理工具，主要包括在线视频、微商城、微官网等SaaS类型应用。企业用户可以在平台直接注册租赁相应的服务和应用。如远程协作服务、企业官方网站模块搭建服务等。并会在不远的将来，为企业提供更多的服务和应用。

（六）智媒体系

每个小镇都会有自己的文化，也会有自己的小镇名片，它们不仅仅是一个小镇软实力的体现，更是一个小镇的精神与灵魂。小镇文化的传播离不开传播的基础设施，智媒体系致力于构建互通互联的云端传媒，提升小镇智慧形象，打造小镇新名片。主要功能模块如下。

1. 电子广告屏

用于特色小镇广告、形象宣传资料等的展示。

2. 多功能电子立柱

配备无线技术、交互系统、数字广告显示端、耳机插口、定向麦克风、免费充电的USB插槽等。具有广告展示、用户互动、即时购物、市政缴费、一键紧急报警、免费手机充电、免费WiFi连接等功能。

3. 互动信息板

主要用于展示资讯、信息公告、公共服务信息、小镇宣传片等。公众可以通过互动信息板给特色小镇规划建设提意见。

4. 导航屏

用于展示特色小镇的位置、导航信息等。

5. 智媒平台

包括广告互动管理系统、小镇信息管理系统、小镇视觉指南系统、3D全息投影系统等。

（七）产业链整合

产业链整合分为线下整合与线上整合，所谓的线下整合是指依托特色小镇打造实体产业链整合平台，而线上整合是指依托互联网平台形成业务产业链整合平台。用虚拟化互联网的跨地域、跨时区的特性来整合地理上分散的全球性产业链，是产业互联网的具体表现形式。目前，大数据和人工智能技术的发展带领产业互联网进入2.0时代，成为产业智能互联网，而产业链整合框架如图4所示。

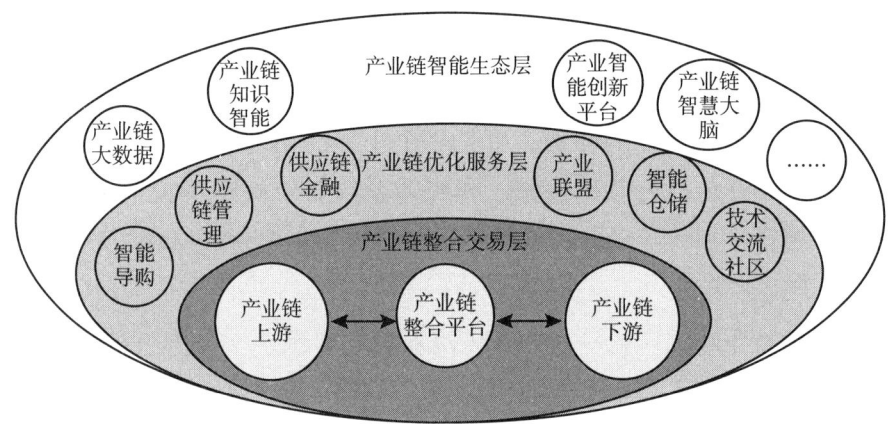

图4　产业链整合框架

六　社会服务标准模块应用项目

（一）智慧充电

随着新能源汽车的不断普及，充电装置将是未来特色小镇不可或缺的基础设施。智慧充电系统由充电桩、手机APP、充电云、充电运营管理软件等组成。

智慧充电利用物联网技术构建传感测控网络，集成供配电监控、充电监控、安防监控、电量计费、资产管理、分析报表等运行监控管理模块，以图形化人机界面提供智能监控、报警、管理及分析报表等功能，实现电动车/电动汽车智能充电，保障供电系统安全，提升监控人员工作效率，从而确保充电设施安全、可靠、经济运行。

（二）自动灌溉

自动灌溉系统通过在生产现场部署传感器、控制器等多种物联网设备，对前端监测设备采集到的土壤温湿度、天气状况、光照特征等参数进行综合分析，结合绿植生长特性形成浇灌策略；借助综合管理平台，通过物联网平台特有的智能控制规则引擎，利用智能控制和人工智能技术，对滴灌设备进行智能控制，实现精准灌溉，从而提高水资源的利用率，同时也为绿植的生长提供更合适的生长环境。主要功能如下。

1. 数据采集功能

可自动采集包括绿植生长的土壤温湿度、天气状况、光照特征等参数。

2. 灌溉控制功能

控制中心通过引入的专家决策系统设定不同绿植的不同灌溉要求，根据回传的绿植实际生长环境的各种参数，实现自动调节各控制阀门，实现自动灌溉。

3. 自检报警功能

对各种前端监测设备和灌溉设备进行自检，在相关设备运行状态出现异常的情况下，系统会自动报警，并通过短信等形式通知管理人员。异常情况包括滴管破裂、监测设备断电等。

4. 数据统计分析

可实现相应的数据统计、查询等常规操作。可监控各种监测设备和灌溉设备的运行状态，并在系统中将其显示出来。通过对不同绿植的耗水量和生长情况的对比分析，结合小镇所处的气候条件，优化绿植的种植种类。

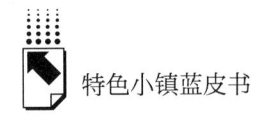

（三）阳光厨房

阳光厨房从消费者餐饮安全角度出发，让消费者通过互联网和屏幕直播的形式实时看到厨房作业全过程，提升消费者安全感，提升餐饮行业档次，增加区域商业氛围。阳光厨房涵盖前端设备布控、后厨大屏展示以及公众在线服务三大体系，从而提供集实时预览、在线留言、问题上报，以及就餐预约、路线导航等多种功能的全方位、透明化的餐饮一条龙服务。主要功能如下。

1. 前端设备布控

根据餐饮商家自身环境特性，部署不同型号的前端摄像机和NVR。视频或图像数据存储至本地NVR。

2. 后厨大屏展现

通过对接NVR，实现前端摄像机的视频读取，显示大屏可实时展示当前后厨食品加工情况及卫生情况，为消费者提供更加透明、健康、放心的就餐体验。

3. 公众在线服务

公众在线服务为消费者提供从商家信息查询、餐饮环境预览、食品来源追溯、留言评价、异常上报、GPS导航到取号、点餐、外卖配送的一站式信息服务，彻底打破了餐饮商家和消费者之间的信息壁垒。

（四）环境监测

对大气、水质、噪声等进行较为全面的监测，并将分散的监测数据纳入统一的数据中心，建成环境监测平台，实现一张图监测。通过对监测平台上数据的整理、分析，揭示环境因素之间的相互作用及其变化规律，为环境管理提供决策依据，形成决策一张图。建成互动平台，把监测到的数据向公众公布，从而实现小镇环境的智慧化管理。主要功能如下。

1. 环境监测平台

在统一的 GIS 地图上，实时展示大气、水质、噪音等的监测数据、设备在线情况、回传数据状态。

2. 预警管理

随时监测预警信息并形成报警快报，并且系统可提供报警查询面板，供用户查阅监测站点的活动报警、历史报警等报警信息。

3. 数据运用和分析

对海量环境监测、人体健康等方面数据进行分析，生成对应报表，并提出相关合理建议。

4. 环境公共服务平台

通过发布平台，把实时监测到的数据和人体健康风险评估结果发布到公共服务平台，以及各监测点相应的显示屏上。同时，通过公共服务平台，民众也可对环保问题进行投诉和举报。

（五）一体化安防

运用先进的人脸识别和视频监控技术，在小镇区域范围内警戒可能发生的入侵行为，满足小镇整体的安全需求，为商家和住户提供安全的商业和生活环境，为物业管理提供高效、优质的技术手段，以有效地进行小镇的安防综合管理。主要功能如下。

1. 人脸识别

人脸识别技术主要运用到人脸识别布控和人脸识别门禁系统中。其中，人脸识别布控支持将视频监控中捕获到的人像与模板库中已登记的某一人像比对核实确定是否为同一人，识别对比功能可满足黑名单布控要求。系统可事先将重点监察对象的人像设定为黑名单（条件成熟，黑名单可直接对接公安机关），前端抓拍捕获的人像与黑名单数据库中的布控人员进行实时对比，如果人脸的相识度达到设定的报警阀值，系统可发送报警信息，提醒监控管理人员。

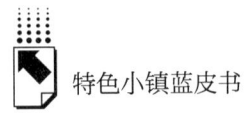

2. 视频监控

视频监控系统是一个通过图像监控的方式对小镇的社区边界、主要出入口、重要区域等做实时、远程视频监控的安防系统。系统通过前端视频采集设备即摄像机将现场画面转换成电子信号，并将其传输至中心，然后通过显示单元实时显示、存储设备录像存储等，实现工作人员对各区域的远程监控及事后事件检索功能。

3. 门禁一卡通系统

小镇的门禁一卡通系统，主要对小镇内社区和住宿单元人员出入进行管理，除了常规的 IC 卡刷卡授权外，还结合了人脸识别技术，通过比对人脸是否匹配，来对接门禁控制器，实现人脸轻松开门。

4. 入侵报警系统

入侵报警系统通过前端布置的探测器对小镇重要区域进行布防，实现对重要区域的非法入侵探测，一旦监视区域内发生非法入侵，前端探测器就会立即发送报警信号到中心，中心通过声光报警的方式提示安保人员。并同时联动视频监控，弹出现场视频。

5. 综合安防管理平台

是把视频监控系统、入侵报警系统、门禁系统、电子巡更系统等安防系统统一在一个平台上进行集中控制和管理的系统。它能够管理和维护各个安防系统下各个前端检测设备，并通过电子地图进行一张图展示。它综合利用各子系统产生的信息，根据这些信息的变化情况，让各子系统做出相应联动动作，通过跨越不同的子系统，达到信息的交换、提取、共享和处理。

七 生活服务标准模块应用项目

（一）智慧云门禁

智慧云门禁是在现有门禁系统基础上，添加二维码识别模块，通过手机获取加密的动态二维码实现出入管理、访客管理,可适用于各种场合。通过这套门禁系统,可以实现对人员权限的明确限定,无论是对于内部人员还是对于外部人员,通过权限控制,都可以清楚地设置并界定其可以自由出入的范围,并对其进出情况进行记录,以备查询;不需要发放门禁卡介质或者采集个人生物信息,通过分级管理/控制,可以极大地减轻人员管理的压力,并可达到在提高安全度的情况下节约人力资源的效果。

智慧云门禁系统软件由云服务管理平台、网关服务器、门控设备、二维码读头和手机 APP 组成。系统采用最先进二维码技术,通过手机移动端实现对人员出入权限的全方位数字化管控,摆脱了传统大串钥匙和卡片的束缚,提供高品质的安全防护服务。

(二)智慧家居

智慧家居应用以"创新、协同、共享、实用、可靠"为建设原则,以低耦合、高内聚为架构原则,由环境感知层、设备控制层、数据分析层、服务应用层以及信息安全体系与标准规范体系组成。

智慧家居应用以创新、前瞻和可落地性为基本指导思想,构建以物联网、互联网、云计算、大数据和人工智能技术为基础,以智能感知、智能控制、智能服务、智能分析、智能演进为目标的"5i"智慧家居新模式。

智能感知即通过各类智能感知设备来实现对房屋内部的、外部的各种信息的感知。

智能控制通过多种功能强大的智能驱动器设备,实现基于用户人工指令和智能家居云智慧大脑自动指令下的家居智能控制以及多系统联动。同时,确保相关设备能够伴随电气控制技术的发展不断更新,为智慧家居系统的不断扩充提供无限可能。

智慧服务除覆盖传统智能家居的家电控制、能源管理、安全防护

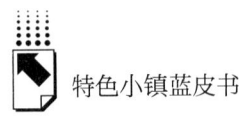

等基本领域外，还涉及智慧生活、智慧工作、智慧生命等高级应用，为入驻人员提供全方位、智能化的家居服务。

智能分析是智慧家居的大脑，部署在智能家居云上，结合互联网相关新闻、知识、政策法规等信息对用户的使用习惯、起居习惯、生活习惯以及其他智慧家居服务的应用数据，进行深入挖掘和分析，为用户提供实时的、更加个性化和智能化的专业服务，是实现智能演进的基础。

智能演进以机器学习等人工智能技术为手段，以用户所有行为及设备运行历史数据为基础，打造"用户使用服务→服务结果反馈→数据挖掘分析→系统自动学习→服务能力及质量提升"的螺旋上升、循环发展的新一代智慧家居模式。

（三）缴费服务

缴费服务系统为用户提供方便、快捷、优质、安全的服务，以一卡通实体和虚拟卡为载体，实现线上支付和线下支付相结合。运用云计算、物联网、移动互联网等新型信息技术，构建基于一卡通的便民综合服务平台，打通智慧停车、智慧物业等缴费系统，建成覆盖经济生活多方面的小镇基础设施，提供综合信息服务的入口，提供小镇一体化便捷缴费服务。

案 例 篇

Case Studies

B.7
中美人工智能产业聚集区域与人工智能小镇发展状况

俞璐 于飞 廖广进 裘卉青 邵怀中

摘 要： 人工智能是我国未来主导性战略产业，但目前我国人工智能产业布局在基础层、技术层和应用层均落后于美国，亟须从政府的角度加以扶持。随着特色小镇的崛起，"人工智能+特色小镇"将是完美的结合体。本文首先对美国自2010年至今成立的新兴人工智能企业进行简单介绍；其次阐述了美国人工智能聚集区域吸引企业的原因；最后以中国（杭州）人工智能小镇和人工智能应用县德清县为案例，分别介绍了其发展背景、发展优势、发展目标、实施路径及发展现状。

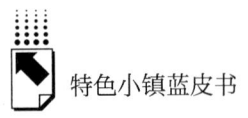
特色小镇蓝皮书

关键词： 人工智能　美国人工智能聚集区域　中国（杭州）人工智能小镇　德清县

一　人工智能产业发展

（一）概述

"人工智能"一词诞生于1956年的达特茅斯会议，距今已有60年。回顾人工智能的发展过程，虽然人工智能涉及的不同学科、不同技术发展得起起伏伏，但总有不同技术在不同时期扮演着推动人工智能发展的角色，从而使得人工智能整体上一直处于不断发展的状态。长久以来，我国政府一直都把人工智能当作未来主导性战略产业，围绕人工智能出台发展战略规划、建立研发促进机制，从国家战略层面整体推进人工智能的发展。近年来，我国围绕《中国制造2025》和"互联网+"行动计划相继出台了一系列支持和促进人工智能技术创新和产业发展的政策文件（如表1所示）。

表1　人工智能相关国家政策

序号	事项	内容
1	《国务院关于积极推进"互联网+"行动的指导意见》	2015年7月，"人工智能"被写入《国务院关于积极推进"互联网+"行动的指导意见》，被列为"互联网+"战略的一部分
2	国家"十三五"规划纲要	2016年3月，"人工智能"一词被写入国家"十三五"规划纲要
3	《"互联网+"人工智能三年行动实施方案》	2016年5月，由国家发改委、工信部等多部委联合发布，指出到2018年，打造人工智能基础资源与创新平台、人工智能产业体系

续表

序号	事项	内容
4	《"十三五"国家科技创新规划》	2016年7月28日由国务院发布,明确人工智能是新一代信息技术的主要方向,人工智能成为以战略高技术建立保障国家安全和战略利益"深蓝"计划的核心
5	《"十三五"国家战略性新兴产业发展规划》	2016年11月29日由国务院发布,提到要培育人工智能产业生态,促进人工智能在经济社会重点领域的推广应用
6	百度牵头筹建深度学习技术及应用国家工程实验室	2017年2月20日,国家发改委批复,由百度牵头筹建深度学习技术及应用国家工程实验室
7	人工智能首次被写入全国政府工作报告	2017年3月5日,李克强总理在全国政府工作报告中提到,加快培育壮大新兴产业,全面实施战略性新兴产业发展规划,加快新材料、人工智能、集成电路等技术研发和转换,做大做强产业集群
8	《新一代人工智能发展规划》	2017年7月20日由国务院印发,提出了面向2030年我国新一代人工智能发展的指导思想、战略目标、重点任务和保障措施,部署构筑我国人工智能发展的先发优势,加快建设创新型国家和世界科技强国
9	科技部新增"人工智能2.0"	2017年3月,科技部"科技创新2030-重大项目"新增"人工智能2.0",人工智能进一步上升为国家战略

资料来源:笔者根据网站资料整理。

中商产业研究院的数据显示,2015年中国人工智能市场规模达12亿美元,预测将在2020年达到91亿美元的规模,这意味着在未来几年内,每年的增长速度都达到50%。下面将从企业数量、人才数量、研究成果数量以及融资金额方面对人工智能产业近年来的发展情况进行说明。在企业数量方面:截至2017年6月,全球人工智能企业共计2542家,其中美国占据42%,拥有1078家;中国占据

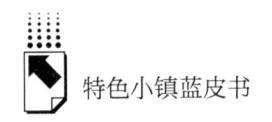

23%，拥有592家；其余872家企业分布在英国、新加坡、日本、瑞典等国家（见图1）。在人才数量方面：截至2017年6月，美国人工智能产业人才总量约是中国的两倍。美国1078家人工智能企业约有78000名员工，中国592家人工智能企业中约有39000位员工。值得一提的是，根据腾讯研究院发布的《2017全球人工智能人才白皮书》，全球AI领域人才约30万人，而市场需求在百万量级，人才数量远远不能满足市场对人才的需求。在研究成果数量方面：中国仅次于美国，排名第二。截至2016年底，美国人工智能专利数量为26891项，中国为15745项，日本为14604项，位列第四的德国的人工智能专利数量仅为中国的27.8%。但需要指出的是，虽然中国在专利数量方面名列前茅，但缺乏重大原创科研成果，人工智能领域顶尖人才远远不能满足需求。在融资金额方面：截至2017年6月，美国人工智能产业融资金额领先中国54.01%，达978亿美元，占据全球总融资的50.10%；中国仅次于美国，为635亿美元，占据全球的33.18%；其他国家和地区合计占16.72%。

根据腾讯研究院公布的《中美两国人工智能产业发展全面解读》，美国人工智能企业的发展早于中国5年，产业布局在基础层、技术层和应用层全面领先，尤其是在数据、算法和芯片等产业核心领域积累了强大的技术创新优势，各层级企业数量全面领先中国。人工智能作为新兴产业，巨头企业掌握的核心技术和资源是创业公司无法比拟的。目前，谷歌、苹果、IBM、亚马逊、微软、Facebook六大巨头纷纷布局人工智能产业，投入越来越多的资源，抢占人工智能市场。国内互联网巨头百度、阿里巴巴、腾讯，以及科大讯飞也凭借自身优势，积极布局人工智能领域。按照《2016年中国数字经济专项报告》中给出的人工智能产业结构图（如图2所示）划分，美国巨头公司致力于在基础层、技术层和应用层全产业链布局，中国巨头则主要集中在应用层发展，基础层人才储备薄弱，尤其是在处理器/芯

中美人工智能产业聚集区域与人工智能小镇发展状况

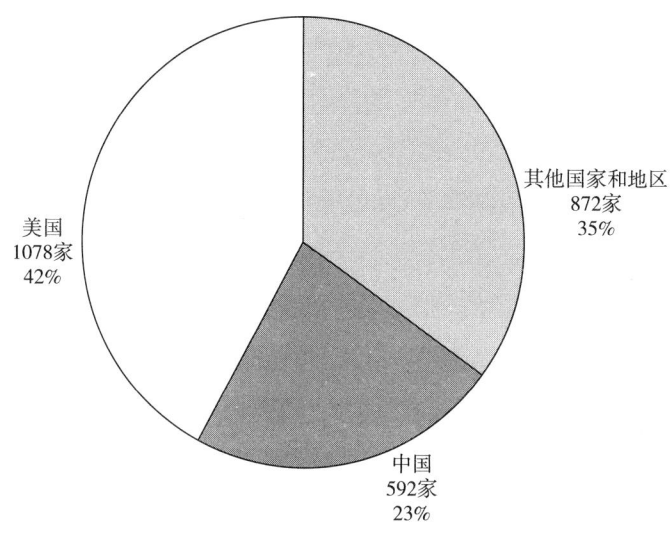

图1 全球人工智能企业分布

资料来源：笔者根据腾讯研究院发布的《中美两国人工智能产业发展全面解读》整理。

片和AI技术平台方面，具体生态布局如表2所示。另外，近年来美国以人工智能技术为核心的新兴企业发展迅速，其后发优势不容小觑，本节第二小节会对这部分内容进行详细介绍。

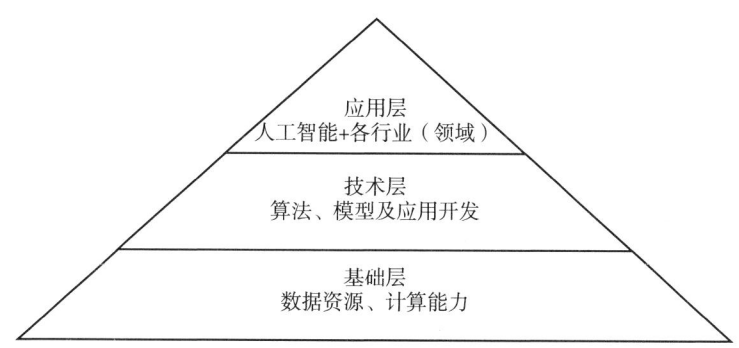

图2 人工智能产业结构

资料来源：根据《2016年中国数字经济专项报告》整理。

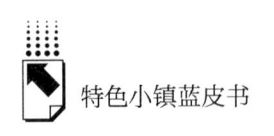

表2 中美巨头人工智能生态布局

企业名称	AI技术	基础层	技术层	应用层	
		处理器/芯片	技术平台/框架	行业解决方案	代表产品
谷歌	计算机视觉、语音识别、自然语言理解、深度学习等	定制化TPU、Cloud TPU、量子计算机	TensorFlow、Cloudmachinel-earning Engine	Voice Intelligence API、Googlecloud	AlphaGo、谷歌无人车、Google Home
苹果	计算机视觉、语音识别、自然语言理解等	Appleneura-lengine	—	—	Siri、Ios照片管理
IBM	语音识别、自然语言理解、深度学习等	类脑芯片	SystemML	Waston、Bluemix、ROSS	—
亚马逊	语音识别、自然语言理解等	Annapurna ASIC	AWS分布式及其学习平台	Amazon Lex、Amazon Polly、Amazon Rekognition	智能音箱Echo、Alexar语音助手、智能超市Amazongo、PrimeAir无人机
微软	计算机视觉、语音识别、自然语言理解、深度学习等	FPGA芯片	DMTK、Bot Framework	微软认知服务	Skype即时翻译、小冰聊天机器人、Cortana虚拟助理、Tay、智能摄像头A-eye
Facebook	计算机视觉、语音识别、自然语言理解、深度学习等	人工智能硬件平台Bigsur	深度学习框架Torchnet、FBLearner Flow	人脸识别技术、Deepface、Deepmask、Sharpmask	聊天机器人Bot、人工智能管家Javis、智能照片管理应用Moments

续表

企业名称	AI 技术	基础层	技术层	应用层	
		处理器/芯片	技术平台/框架	行业解决方案	代表产品
百度	计算机视觉、语音识别、自然语言理解、深度学习、自动驾驶等	Duer 芯片	Paddle-Paddle	Apollo、DuerOS	百度识图、百度无人车、度秘(Duer)
阿里巴巴	计算机视觉、语音识别等	—	PAI 2.0	城市大脑	智能音箱天猫精灵 X1、智能客服"阿里小蜜"、智能设计机器人"鲁班"
腾讯	计算机视觉、语音识别等	—	腾讯云平台、Angel、NCNN	智能搜索引擎"云搜"、中文语义平台"文智"、优图	WeChatAI、Dreamwriter 新闻写作机器人、围棋AI 产品"绝艺"、天天 P 图、微宝智能球型机器人
科大讯飞	计算机视觉、语音识别、自然语言理解、深度学习等	—	—	移动应用等	讯飞超脑、灵犀

资料来源：根据《中美两国人工智能产业发展全面解读》及《人工智能发展报告（2016~2017）》整理。

移动互联网的快速发展为中国积累了大量的 C 端用户基数，但在 B 端的医疗、交通、金融、制造等传统行业仍然发展相对落后。《中国制造2025》和"互联网+"行动计划等政策的出台都旨在用

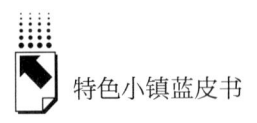

高科技助力传统行业转型升级。目前,人工智能的集聚效应已在国内初步显现。据统计,中国人工智能企业主要集中于北京、广东及长三角(上海、江苏、浙江)一带,这些地方的人工智能企业数量占中国人工智能企业总数的84.95%。目前,中国已形成三大人工智能企业聚集区,分别为以北京为核心的京津冀聚集区、以广东为核心的珠三角聚集区以及以上海为核心的长三角聚集区。相比之下,美国人工智能产业的聚集效应更显著,人工智能产品在传统行业中的渗透率更高,这是因为大量人工智能创业企业集中在硅谷、纽约、波士顿等传统高科技企业聚集地区,当地基础设施水平高,技术、应用平台及行业市场也更为成熟。本节第三小节会对美国几个主要人工智能产业聚集区的特点进行介绍。

就中国而言,有世界影响力的人工智能重大产品尚未出现,也没有形成有行业影响力的人工智能开发平台和产业生态,缺乏支持行业发展的试验平台和数据集,人工智能顶尖人才远远不能满足需求。随着我国特色小镇的崛起,"人工智能+特色小镇"将是完美的结合体。对于人工智能产业来说,从国家和政府的层面进行扶持,加大基础学科建设和人才引进,必将助力产业规模化、规范化的发展,走得更远;对于特色小镇来说,融入科技元素,可以在园区管理、企业运营、居民生活等方面实现智慧化运作,促进自身更科学、健康的发展。本节第四小节将对中国人工智能小镇的发展背景做一介绍。

(二)美国新兴人工智能企业

本小节将美国自2010年至今成立的新兴人工智能企业以产业分类,分别做简要介绍。

1. 广告、销售、顾客关系管理(CRM)、电子商务

Drawbridge:成立于2011年,总部位于旧金山湾区。Drawbridge开发的跨设备广告平台采用机器学习技术,通过分析目标群体的线上

线下社交活动，有针对性地投放广告，从而帮助客户了解其目标群体，达到针对性营销的目的。

Persado：成立于 2012 年 12 月，总部位于纽约，如今已在旧金山、芝加哥、罗马、雅典、伦敦开设分部。Persado 致力于研究语言沟通，其语言认知分析技术已经非常成熟，2016 年获得高盛的 300 万美元投资。该技术通过对大量文本数据进行收集、分析及润色，帮助客户提高对外沟通质量，从而帮助客户建立长期稳定的客户企业关系。

Insidesales.com：成立于 2004 年，总部位于犹他州。公司致力于通过语音机器人、数据追踪、数据挖掘等，用计算机技术替代人工服务，从而帮助客户达到提高营销效率的目的。其开发的平台利用机器学习技术，通过对大量数据进行分析，预测下一步销售计划，并制定可视性强、趣味度高的销售方式，帮助客户快速提高销售量。

Bloomreach：致力于通过了解顾客的上网习惯，实现广告内容的个性化定制，从而帮助电子商务领域的客户增加效益。Bloomreach 于 2016 年收购了位于阿姆斯特丹的内容管理公司 Hippo，利用 Hippo 的网络内容管理技术，将收集整合后的顾客网上行为分析报告运用于实际。

2. 汽车工业

NuTonomy：2013 年于波士顿成立。致力于研发无人驾驶汽车，以提高出行效率、保障出行安全为目的。2016 年在新加坡测试了第一辆无人驾驶出租车；2017 年与 Lyft 建立合作关系，并在波士顿推出世界首辆无人驾驶出租车。

Nauto：2015 年于加州成立。通过人脸识别技术判定驾驶者的驾驶专注度，从而以提醒驾驶者专心开车的方式，减少交通事故的发生率。另外，有专家认为，在驾驶过程中收集的大量数据可有效用于无人驾驶汽车的开发。

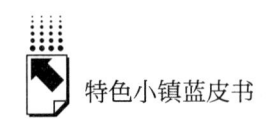

Zoox：成立于2014年，总部位于加州。截至2016年已获得2.9亿美元的融资，是目前市场上无人驾驶汽车开发领域的领先者。不仅如此，公司始终把环境保护放在开发理念的首位，有望超越谷歌、优步等行业巨头，在2020年率先将无人驾驶出租车推向市场。

3. 商业智能

Crowdflower：利用数据挖掘、云存储技术，致力于搜索、整合和规范化数据。公司自称其开发的半人工智能数据处理模式比机器处理更精准，比人工处理更快，无论客户提供的数据多么庞大和无序，其专家系统都可以收集、清理并标签化数据。

Rapidminer：拥有基于机器学习的开源数据处理平台。数据工程师可以利用该平台将杂乱的数据规范化，省去传统手动处理数据的过程，从而有效提高工作效率。

Tamr：总部位于波士顿。致力于帮助大型企业进行数据清理和整合。在同类的数据处理公司对逐渐增加的数据无从下手的时候，Tamr却表示，随着数据量的增加，其智能机器学习模式反而可以加快数据处理的速度。另外，其投资方通用电气称Tamr的软件帮它节省了数百万美元的数据处理支出。

Versive（Context Relevant）：前身是总部位于西雅图的Context Relevant公司，于2014年改名为Versive。Versive通过人工智能技术，辅助数据处理领域的专家对企业大数据进行整合。另外，Versive提供的网络安全引擎通过监控竞争公司的活动，保障客户公司的网络及数据安全。

Datarobot：位于波士顿。通过机器学习技术，从大量数据中寻找普适模式，以求预测未来发展趋势。类似其同类公司，Datarobot也专注于大数据的整合和规范化，但不同的是，Datarobot平台实现了全自动化数据整理，并不需要使用者具备任何技术背景。

Paxata：于2012年1月成立于加州红木城。Paxata开发的基于云的信息预处理软件可代替技术人员，帮助客户整合和规范数据，挖掘出对发展有推进作用却容易被忽略的信息，为下一步信息处理做准备。

Trifacta：于2012年成立于旧金山。应用了斯坦福大学和伯克利大学25年来在人工智能方面的研究成果，帮助企业更快、更准确地将原始数据整合为可应用的数据。目前正与Google合作开发基于云端的数据预处理平台。

Dataminr：由三名耶鲁大学毕业生于2009年成立。Dataminr是人工智能和机器学习领域的领先者，在实时监测方面拥有突破性技术，以推特平台为数据库，可有效对公共信息进行分类和重要性判定。2015年11月，巴黎恐怖袭击发生后，Dataminr短时间内就对外发出警示，而布鲁塞尔恐袭后，Dataminr甚至先于各媒体十分钟发出了报道。通过Dataminr时刻关注领域内的高影响力事件，有助于企业及时应对潜在危机。

4. 会话智能

MindMeld：于2011年由毕业于麻省理工学院和贝尔实验室的人工智能学者成立，如今已是会话机器人领域的佼佼者。采用MindMeld的技术，任何软件或设备都可具备与使用者对话的功能。MindMeld被《企业家》杂志评为2015年"100家杰出公司"，被麻省理工学院评为2014年"世界50强企业"。MindMeld于2017年6月被美国的思科公司收购。

X. AI：成立于2014年，致力于开发人工智能机器人软件。X. AI开发的软件类似个人秘书，可代替使用者与客户进行邮件联系，安排会议。

5. 核心人工智能

Cognitivescale：成立于德州奥斯汀，由IBM人工智能项目的前员工Manoj Saxena和Akshay Sabhikhi创办。Cognitivescale采用认知技

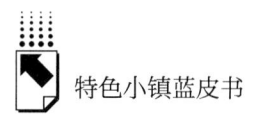

术,通过云计算平台对大量变化的数据进行数据挖掘,分析出隐藏的商业模式,从而帮助客户做出更为准确的决定。

H2O. AI:前身为Oxdata。H2O. AI致力于通过人工智能软件,将人工智能技术带到各行各业。截至2014年11月,美国思科公司、eBay、PayPal都成为H2O. AI的客户。

Affectiva:Affectiva采用表情识别技术,通过捕捉使用者在使用电子设备时的面部图像分析使用者的使用情绪,从而反馈给软件开发者用于产品改进。另外,Affectiva的技术还被用于民主选举期间推测投票人的投票意向。有媒体预测,未来软件开发者可通过采用Affectiva的技术激发使用者某种特定的情绪,来控制使用者。

Digital Reasoning Sys.:于2017年成立于田纳西州的富兰克林,主要服务于美国情报机关和金融机构。Digital Reasoning Sys.通过认知计算技术分析数据,从而对未来做出精确预算,辅助决策。

Ayasdi:成立于2008年。Ayasdi致力于为政府、研究机构及世界500强企业提供基于机器学习的大数据分析计算平台或软件。

Sentient Tech.:于2007年成立于加州。截至2016年,Sentient Tech.为世界上人工智能领域融资最多的公司。Sentient Tech.通过分布式人工智能技术,在电子商务和外贸领域,用全新且具有突破性的方式,识别并回答关键问题,赋予企业更好的决策能力。

Numenta:于2005年4月成立于加州红木城。Numenta希望以神经学为基础,开发出模仿人类大脑的机器智能。在商业模式方面,Numenta并不是直接用技术解决某个具体问题或满足某个商业需求,而是通过将技术转移给有意进行后续研发的企业、组织或开发者来盈利。

Vicarious Sys.:于2010年成立于加州湾区,创始人之一为Numenta的前任首席技术官Dileep George。Vicarious Sys.通过结合概率论模型和神经系统理论,致力于开发模仿人类大脑的机器智能。相比目前人工智能领域的其他机器人，Vicarious Sys. 开发的机器人拥有更快的学习速度和更强的学习能力。2017 年 7 月，Vicarious Sys. 宣布成功融资 5000 万美元。

6. 互联网安全

Sift Science：致力于为企业建立实时监控网络活动的人工智能平台，通过大数据分析技术预测网络犯罪行为并及时提醒企业，从而帮助企业建立更安全的网络，减少网络诈骗和网络暴力的现象出现。

Cylance：成立于 2012 年，致力于采用人工智能技术预防网络犯罪。Cylance 开发的软件可有效地预测、阻止网络攻击，比传统的防火墙类软件更迅速、更高效、更安全。

7. 金融

AlphaSense：通过采用复杂的标签方法和基于语言学的算法，致力于为金融领域的企业提供易于检索信息的搜索引擎。AlphaSense 于 2016 年 3 月融资 3300 万美元，融资后的 AlphaSense 集中力量研发跨领域信息搜索软件。

Kensho Tech.：由哈佛大学在读博士生 Daniel Nadler 于 2013 年创办。Kensho Tech. 采用人工智能技术搭建企业级智能分析平台，从而帮助政府和商业机构分析和解决重大问题。

8. 互联控制

Verdigris Tech.：成立于 2011 年的 B2B 模式公司。致力于将人工智能技术与企业软、硬件方面的知识相结合，对企业设施进行全方位的实时监控，为企业寻找高效节能的运作模式，以达到节能减排的目的。目前主要的减排方式包括：在高峰期主动减少用电量，定位可能故障的设备并及时止损，通过监测设备预防设备故障等。

Sight Machine：成立于密歇根州安娜堡，致力于为制造业开发人工智能平台。Sight Machine 开发的平台采用行业领先的实时监控技术，并结合人工智能和机器学习理论，将企业内所有硬件设施进行关

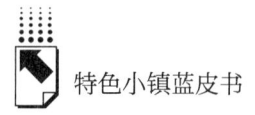

联并统一管理，从而使得各个设备之间协同运作，备受"世界500强"中制造业企业的青睐。

9. 机器人

Anki：开发了一种名叫Cozmo的汽车外形机器人，该机器人具备人脸表情识别、空间认知和行动路径计算能力，可与人互动且富有幽默感。目前，Cozmo的开发包仅能被提供给成年人进行开发，Anki希望未来通过可视性研发环境的开发，让孩子也能参与到Cozmo机器人的开发中。

10. 文本智能

Narrative Science：于2010年1月成立于芝加哥。Narrative Science发明了Quill平台，该平台可以用自然语言解释数据，以前所未有的速度和规模将数据陈述出来，使数据更易被客户和员工理解。

11. 图像智能

Orbital Insight：采用图像处理和机器学习技术，通过分析购自运营商的卫星图像上的标志内容，对油价上涨、通货膨胀和自然灾害等市场变动进行预测，为金融公司、美国政府机构和公益组织等客户提供超前且无偏颇的辅助信息。

Clarifai：成立于2013年。Clarifai采用图像处理技术，对相似图片进行自动分类和标记，以供使用者通过视觉相关性搜索图片，该技术于2015年扩展到视频领域。

Captricity：于2011年由伯克利大学毕业生Kuang Chen创办，目前总部在加州奥克兰。Captricity采用以人工智能技术为主、以人工检查为辅的图像扫描方式，识别图片中的数据，实现数据捕获。美国众多政府机构和医疗行业均在使用此软件。

Blue River Tech.：研发出的人工智能机器人可智能识别需要灌溉、施肥和除虫的作物，并对其执行相应操作，从而使农业有持续稳定的发展。2017年9月，Blue River Tech.被John Deere收购。

12. 生物

Zymergen：将人工智能技术与数学、自动化和生物学理论相结合，开发出可对生物实验各个阶段进行监控和预测的智能平台。该平台的主要功能可概述为：在实验初始阶段，智能执行最有前景的方案，以缩短解决问题的时间；在收集实验结果阶段，智能提示实验员是否选择了适当的参数、测量是否准确、是否有遗漏的测量参数，使作业过程更高效；在分析阶段，通过整合所有数据，为进一步的实验设计提供参考意见。

（三）美国人工智能产业聚集区域

美国人工智能领域内的领先企业主要分布在美国西海岸的硅谷、东海岸的纽约与波士顿，及中部地区的几个城市。本小节将对几个主要的美国人工智能产业聚集区域进行介绍。

1. 硅谷

创业公司选择硅谷的原因可以归结为人才、信息、巨头和风投的汇聚，具体如下。

（1）技术性人才聚集。硅谷拥有众多世界名校和人工智能开发实验室，它们为硅谷地区源源不断地输送人才和技术。学校包括斯坦福大学（Stanford University）、西北理工大学（Northwestern Polytechnic University）、圣塔克拉拉大学（Santa Clara University），以及加州大学伯克利分校（University of California-Berkeley）等；实验室包括斯坦福大学的人工智能实验室（Artificial Intelligence Lab）、伯克利的人工智能研究实验室（Berkeley Artificial Intelligence Research Lab）、由特斯拉CEO成立的OpenAI实验室、百度的深度学习机构（Institute of Deep Learning），以及优步的人工智能实验室（Uber AI Lab）等。

（2）人工智能领域前沿科技信息汇聚。人工智能大会是了解人

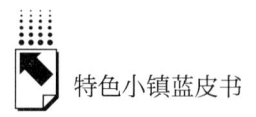

工智能领域最新研发方向及信息的最好途径。2017年内，17个世界级人工智能大会中有6个在硅谷举办。

（3）巨头聚集。人工智能领域的巨头企业大多在硅谷，如苹果、谷歌，以及Facebook。并且，很多成功的创业公司都是由巨头企业的员工创办的，如Sentient Technology公司，就是由当年创造出Siri的三位工程师创办的。

（4）风险投资者聚集。20世纪80年代，人工智能只停留在理论阶段，提供的商业价值非常有限，硅谷经历了一次人工智能产业崩塌，导致投资者撤资，给硅谷带来"人工智能的冬季"。但即使是在那个时候，众多风险投资家仍然坚信人工智能是未来发展的必经之路，如今，很多风险投资者都选择定居硅谷，它们认为人工智能技术更像是一种新方法，可以用来解决新的问题。

2. 纽约

纽约有81所大学，超过60万名学生，远远超过美国任何一个城市，丰富的大学实验室资源为纽约提供了不逊色于硅谷的研发能力。另外，纽约是各媒体行业、金融行业、房地产产业聚集的城市，而目前人工智能尚未被广泛应用于这些领域，这给了野心勃勃的创业家无限契机。有专家预测，下个10年纽约将超越硅谷，成为人工智能的摇篮。

3. 西雅图

西雅图是美国华盛顿州的首府，也是美国西海岸最大的城市。在20世纪，西雅图迎来了信息科技公司成立的一股潮流，这在之后的几十年里极大地促进了西雅图的经济发展。说起西雅图，不得不提微软与亚马逊。

微软于1974年在西雅图成立，主要研发和制造计算机类及家用电器类的硬件和软件，并提供更新和售后，在2016年全球科技公司中年营业额最高。成立之初，微软专注于软件开发，开发的明星软件包括 Office 办公软件、网络搜索引擎 Bing、即时通信软件 MSN 和云计算软件 Azure 等。2008 年，随着新任 CEO 的上任，微软收购了手机软硬件研发的先驱 Danger Inc.，走向了硬件开发的道路，于 2012 年推出了平板电脑 Surface，并在收购诺基亚后推出了手机 Microsoft Mobile。2014 年随着微软现任 CEO 的上任，开发团队重新审视软件市场，并开始加大对云计算领域的投资，这个策略使微软股价达到自 1999 年以来的新高。在人工智能领域，微软设有人工智能研究分部，希望通过与研究机构和政府合作，以创新的思路，用云科技解决世界难题，该部门目前负责网络搜索引擎 Bing 的开发。同时，微软还开办了想象学院（Microsoft Imagine Academy），在这里可以学习编程技术、信息安全技术及云平台技术等，这为学生在科技领域的发展铺路。

亚马逊于 1994 年成立于西雅图，专注于电子商务领域。2015 年，亚马逊超过沃尔玛成为美国最具价值的零售商。2016 年，亚马逊是世界上市值第四大的企业。但是很多人不知道，亚马逊也是云计算研究方面的巨头，早在 20 多年前，亚马逊就开始投资人工智能方面的研究。目前，亚马逊的人工智能技术被广泛应用于无人机、实体零售店以及电商中，包括给消费者推荐相似商品、帮助消费者对比商品、选择最优的快递路径，以及构建人工智能客服等。

4. 五大湖区域

五大湖区域包括位于美国东北部五个湖周围的八个州和加拿大南部的安大略州。美国的八个州为伊利诺伊州（首府斯普林菲尔德）、印第安纳州（首府印第安纳波利斯）、密歇根州（首府兰辛）、明尼苏达州（首府圣保罗）、纽约州（首府奥尔巴尼）、俄亥俄州（首府哥伦布）、宾夕法尼亚州（首府哈里斯堡）和威斯康星州（首府麦迪逊）。五大湖地区的农业技术较为发达，位于伊利诺伊州的著名农业设备生产公司 John Deere 收购了位于加州的以针对农业的人工智能技

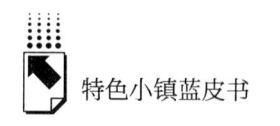

术出名的 Blue River Tech. 公司，以期将农业生产技术可视化、自动化、智能化。另外，值得一提的是，位于五大湖区域的芝加哥拥有众多人工智能研究团队，包括排名全美第七的伊利诺伊大学项目组，排名全美第三十四的芝加哥大学人工智能项目组，美国联邦情报局参与投资的 Narrative Science 项目组，还有一些新兴的人工智能公司如 Mothion AI、Semantify、Avant、Rithmio 等。专家预测，未来五年内芝加哥将成为世界上重要的人工智能产业聚集地。

5. 德州奥斯汀

德州首府奥斯汀是美国人口数量排名第十一的城市，之所以会吸引众多创业公司，离不开其优秀的人才、良好的企业发展环境、适宜居住的环境，以及对创业公司各方面的支持。

（1）人才方面。从 19 世纪开始，随着德州对首府的建设以及德州大学奥斯汀分校（University of Texas at Austin）的开办，奥斯汀逐渐成为政治和教育的中心，25 岁以上奥斯汀居住者中，43% 以上的人拥有学士学位，16% 的人拥有硕士及以上学位。

（2）企业发展方面。在 20 世纪，大量科技公司的入驻致使奥斯汀成为科技和商业的中心，并获得了"硅山"（Silicon Hills）的称号。世界 500 强企业中也有众多企业将总部或分部设于奥斯汀，包括亚马逊、苹果、思科、eBay、谷歌、IBM、英特尔、甲骨文、PayPal、戴尔等。近些年，很多奥斯汀居住者提出"让奥斯汀继续保持古怪"，希望能保护小的、独特的本地企业不被大企业收购，保持奥斯汀的多样性。

（3）居住环境方面。奥斯汀于 2012 年被美国联邦调查局评为美国第二安全的大城市，2017 年被《美国新闻与世界报道》（*U. S. News & World Report*）称为美国最适宜居住的城市。

（4）创业支持方面。奥斯汀有一类专门帮助创业公司制定规范化管理方案的公司，如 Austin Technology Incubator、Capital Factory、

TechRanch 等。这些公司通过各种各样的方式帮助创业公司尽快走上正轨，包括提供创业课程，帮助创业公司制订下一步发展计划；直接引入自己的管理团队到初创企业，帮助企业学习经验并避免在创业的路上走弯路；帮助创业公司处理一部分业务，如融资等。最后，值得一提的是，在众多创业公司中，人工智能企业青睐奥斯汀离不开人工智能巨头 IBM 的影响，这是因为 IBM 公司的人工智能 Watson 就诞生于位于奥斯汀的 Thomas J. Watson Research Center。

（四）中国人工智能小镇发展背景

人工智能的发展对于中国来说是一个绝佳的机会，这主要表现为：（1）作为全球第一人口大国，中国拥有最多的互联网群体和数据资源，这为人工智能的发展提供了丰富的应用场景和海量的市场；（2）随着中国人口数量红利的下降，人工智能带来的人机协作模式可以有效降低中国劳动力成本；（3）目前中国的传统行业如医疗、交通、金融、制造等发展仍然相对落后，推动人工智能在各传统行业中的应用，在带动传统行业转型升级的同时，也将为社会创造巨大的效益。

但是人工智能在中国的发展也存在诸多问题，具体表现在规范化、规模化、资金支持、周边配套支持，以及工作生活一体化五个方面。（1）规范化。人工智能发展至今，标准领域尚处于空白状态，具体表现为：尚未对人工智能的概念达成一致，没有形成统一的技术体系架构，平台与应用之间的接口和协议五花八门，软硬件、数据、网络、系统、测试评估等方面的研发、应用、服务无章可循。大多数初创型企业都是以点状形式在探索如何和互联网、大数据、云计算等进行有机整合。（2）规模化。一方面，初创型企业在人工智能领域的研究分散、相对独立，没有形成上下游产业链，无法实现规模效应；另一方面，创业者在空间的分布较分散，导致交流成本和交易成

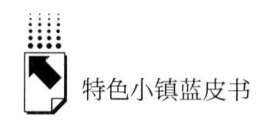

本高。（3）资金支持。人工智能领域对人才和资本要求高，而消费市场又尚未形成，初创型企业资金有限，短期内投入难以获得明显的经济回报，发展乏力。（4）周边配套支持。目前支持人工智能产业发展的周边配套建设不足，比如缺乏产业资源的数据库、缺乏为青年创业者提供指导的平台、缺乏帮助创业者精益创业的组织等。（5）工作生活一体化。人工智能产业的发展缺乏一个融工作和生活于一体的人工智能产业从业人员安居乐业的场所。上述问题无法依靠市场自发解决，人工智能产业的发展急需政府从培育新型产业的高度加以积极引导、重点扶持，建设一个集人才、技术、资本、周边配套服务及工作生活于一体的创业中心。随着我国特色小镇的崛起，"人工智能+特色小镇"将是完美的载体，人工智能小镇应时而生。

在建设方面，人工智能小镇应具备：以人工智能为核心呈金字塔层级形式分布的相关企业群，完备的产业基础设施，足够数量和便捷的资本供应者，专业的中介服务机构，专业的传媒机构，集产学研于一体的产业大学和培训中心，良好的生态环境和完备的生活娱乐设施。在这个过程中，工程量庞大，需要有专门的产业组织者来协调和推进，通过一系列产业政策吸引人工智能相关企业入驻，通过创业要素将人工智能领域的从业人员聚合到一起，最终形成一个人工智能生态系统，而这项使命需要政府、传统地产商及创业投资机构三方共同承担。

据统计，目前我国新建的人工智能小镇包括但不限于以下几个。

（1）杭州。2017年7月9日，位于杭州城西科创大走廊的中段、未来科技城（海创园）核心区块的中国（杭州）人工智能小镇正式开园。小镇以人工智能技术为核心，覆盖云计算、大数据、物联网等业态，集中力量招引智能可穿戴设备、机器人、无人机、虚拟/增强现实等领域的企业，致力于成为具有全球影响力的人工智能创新研发中心。

2017年11月15日，位于杭州湾信息港，由中国智慧健康谷和中国人工智能谷构成的"华佗健康小镇示范基地"正式运营，该示范基地为全球首个聚焦智能医疗健康生态的基地，致力于打造涵盖医疗健康领域全产业链生态的大平台。

（2）天津。2017年6月29日，在天津的世界智能大会上，中国人工智能产业技术创新战略联盟与天津东丽区签署协议，将在天津建立人工智能小镇。该联盟为中国人工智能领域内成立最早、规模最大的专业联盟，由阿里、腾讯、百度、华为、京东等企业，和北大、清华、中科大等高校组成，囊括国内几乎所有的人工智能研发者。该联盟预计在国内建立30个人工智能产业与示范小镇，截至2017年7月，已洽谈10个城市。

（3）河源。2016年11月29日上午，河源市人民政府与科大讯飞签约共同打造人工智能小镇，依托科大讯飞在人工智能领域国际领先的技术及成果，双方围绕传统产业转型升级和新兴产业培育发展，从"互联网+"智慧教育应用、"大数据+"智慧城市服务应用和"人工智能+"区域医疗三方面展开深度合作。

（4）东莞。大岭山"天安人工智能小镇"项目领导小组对接会于2017年2月22日举行，小镇定位"AI+创新产城社区"，通过引进各种优势资源，结合已拥有的高级智能装备企业，打造国内领先的"工业互联与智能制造示范平台"，发挥智能制造的经济效益和社会效益。小镇计划总投资500亿元，区域总产值预计可达1500亿元。

（5）青岛。青岛市政府在2017年工作报告中提出，要超前谋划脑科学、人工智能等面向未来的科技创新中心。对此，有市政协委员建议打造一个人工智能小镇，一方面，由政府牵头，依托已经获批的青岛智能家居科技创新中心，引进一批大数据、手势识别、语音识别等基础研究领域的知名企业，打造一个云功能的创业平台；另一方面，由政府、地产商和创投机构联合成立一个人工智能小镇的科技地产基金。

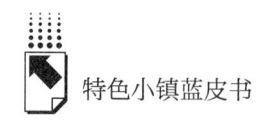

二 中国人工智能小镇案例：中国(杭州)人工智能小镇

(一)发展背景

根据杭州市科委编写的《杭州市智能产业调研报告》，截至2016年底，杭州共有36家人工智能企业，超过广州的32家，打破了"北上广深"的传统优势格局，排名全国第四。由此可见，杭州作为我国重要的电子商务中心、区域性金融服务中心和高新技术产业基地，在发展人工智能的道路上，已具备良好的软件研发能力和创新创业环境，具有得天独厚的优势。根据图2所示的人工智能产业结构图，可总结出杭州市人工智能企业的生态图，即图3，从图3中可以看出杭州市人工智能产业的发展主要表现为以阿里巴巴、海康威视、新三华和网易为首的大企业偏底层切入，全产业链覆盖，初创型企业则以后发优势偏上层应用，垂直发展，发展势头强劲。

(二)发展优势

杭州人工智能领域的创业公司主要分布在杭州高新技术产业开发区、浙大科技园、杭州城西科创大走廊（杭州城西科创产业集聚区）三个主要区域。中国（杭州）人工智能小镇位于文一西路1818－2号，处于杭州城西科创大走廊的中段、未来科技城（海创园）的核心区块。依托杭州在信息经济和互联网产业领域的独特优势，伴随着"十三五"规划对城西科创大走廊交通运输体系的重资构建，借助未来科技城已经形成的人才、资本、产业基础及特色小镇的建设经验，中国（杭州）人工智能小镇致力于成为具有全球影响力的人工智能创新研发中心。

图 3　杭州市人工智能企业生态

资料来源：摘自《杭州市人工智能产业发展现状及对策研究》（寿伟义、章正平、潘学等，《杭州科技》2017 年第 2 期）。

1. 城西科创大走廊

杭州城西科创大走廊是全省 15 个省级产业集聚区之一，东起浙江大学紫金港校区，西至浙江农林大学，跨西湖区、余杭区和临安市，全长约 35 公里，南北向宽约 7 公里，总面积约为 224 平方公里，包含浙江大学、杭州电子科技大学、浙江工业大学、浙江农林大学等 15 所高校，呈"一带、三城、多镇"的空间格局。"一带"即以文一西路－科技大道为核心的，东西向联结主要科创节点的创新带、交通带、产业带、生活带和生态带；"三城"即浙大科技城、未来科技城、青山湖科技城；"多镇"即沿线分布的具有不同功能的特色小镇和创新区块，目前已经建设或规划了近 20 个特色小镇，中国（杭州）人工智能小镇就是其中之一。

"十三五"时期，为构建现代综合交通运输体系，杭州城西科创

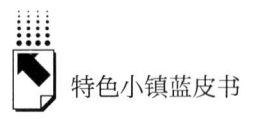

大走廊综合交通基础设施建设总投资近2000亿元。2016年8月5日，浙江省交通运输厅发布了《杭州城西科创大走廊综合交通规划方案》。方案构建了"一枢一轴三通道"的交通主格局，形成了"外联内畅强枢纽"的现代综合交通体系发展方向，确立了高效综合运输服务体系，致力于实现"15分钟进入高速公路网、30分钟走廊内部三城之间，以及至杭州主城区快速联通，1小时通达杭州东站和萧山国际机场两大门户枢纽"的目标。为中国（杭州）人工智能小镇的发展奠定了良好的产业发展环境和交通运输基础。

2. 杭州未来科技城

杭州未来科技城坐落于城西科创大走廊的核心区域，是全国4个未来科技城之一，也是第三批国家级海外高层次人才创新创业基地。不同于一般的创新创业园区，未来科技城是由实力雄厚的央企共同参与建设的，根据国家产业发展政策和科技发展规划，围绕促进我国产业结构优化升级和国有经济布局结构的战略性调整，从一开始就把建设目标锁定在"具有世界一流水准、引领我国应用科技发展方向、代表我国相关产业应用研究技术最高水平的人才创新创业基地"。目前已初步形成以生物医药、信息技术、新能源新材料、金融服务、文化创意为主的研发经济和服务经济集群。未来科技城北至杭长高速公路，东至杭州绕城高速公路，南至杭徽高速公路（02省道），西至南湖，规划面积113平方公里，区位优势明显：从浙江省层面看，地处沪宁杭"金三角"地带中心，既是杭州对接上海、江苏的桥头堡，也是浙皖两省交流的重要门户；从杭州市层面来看，该区域紧邻杭州市中心，地铁5号线和3号线贯穿其间，还有杭徽高速、文一西路、文二西路等主干道路直达市区；从区域周边来看，毗邻杭州西溪国家湿地公园和浙江大学，环境优美，资源丰富。

在"人才引领、创新驱动"的理念下，未来科技城首期的建设快速对接国际人才资源和产业发展，集聚了大批高层次创新人才和科研团队，为余杭区战略性新兴产业的发展以及现代产业体系的构建打开了一个快速通道，成为浙江省、杭州市和余杭区吸引聚集海外高层次人才与高端产业的大磁场，推动区域经济转型升级的人才引擎。截至目前，未来科技城累计引进海外高层次人才2550余名，其中"国千"115名、"省千"145名，成为浙江省海外高层次人才最为密集、增长最快的人才特区；累计培育科技型中小微企业3200家，市级高新技术企业135家，国家高新技术企业109家，省级研发中心26家，省级企业研究院13家、省级重点企业研究院7家，领军型创新创业团队5支。为人工智能小镇的人才引进奠定了良好的基础。

3. 梦想小镇

在特色小镇的建设与运营方面，众所周知，未来科技城有一座梦想小镇。自2015年3月启动以来，它逐渐被打造成浙江乃至全国特色小镇的标杆，为人工智能小镇的建设奠定了坚实的基础。梦想小镇围绕"互联网+"创业的定位，构筑"孵化—加速—产业化"的企业发展全程接力式产业链条，为"有梦想、有激情、有知识、有创意"的"泛大学生"创业群体提供富有激情的创业生态系统。一方面，打通小镇与周边区域在空间、配套等方面的隔膜，将孵化出来的项目积极推介到周边科技园和存量空间中去加速和产业化；另一方面，重点培育和发展互联网金融、科技金融，集聚天使投资基金、财富管理机构、股权投资机构，着力构建覆盖企业发展初创期、成长期、成熟期等各阶段的金融服务体系。

发展至今，梦想小镇已累计引进上海苏河汇、北京36氪、深圳紫金港创客等知名孵化器以及500Startups、Plug&amp Play 2家美国硅谷平台；聚集创业人才11000余名，创业项目1140余个，形成了一支以"阿里系、浙大系、海归系、浙商系"为代表的创业"新四军"队伍，创新创业势头良好。在金融服务体系的构建方面，浙商成长基金、物产基金、新昌投资、海邦基金等一大批金融项目相继落户，集

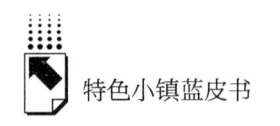

聚金融机构810余家，管理资本1750亿元，形成了比较完备的金融业态。与此同时，梦想小镇还设立了5000万元天使梦想基金、1亿元天使引导基金、2亿元创业引导基金、2亿元创业贷风险池、20亿元信息产业基金，为初创企业的发展提供坚实的资金后盾。中国（杭州）人工智能小镇距离梦想小镇不到2公里，凭借梦想小镇的建镇和运营经验，引进梦想小镇在人工智能产业方面的人才和项目，共享金融服务体系，使得自身与梦想小镇形成互补，错位发展。

（三）发展目标

中国（杭州）人工智能小镇规划面积100万平方米，东至东西大道、西到城东路、南至城南路、北临余杭塘南路，预计3~5年内，分4期建设完成，一期22万平方米办公空间，二期26万平方米办公空间，三期22万平方米商业综合体，四期30万平方米人才公寓。2017年5月，一期主体建设完成，2017年7月9日，22万平方米办公空间首先投入使用。小镇定位人工智能技术创新，覆盖大数据、云计算、物联网等业态，集中力量招引机器人、智能可穿戴设备、无人机、虚拟/增强现实、新一代芯片设计研发等领域的"单打冠军"企业，围绕坚持人才引领、坚持创新驱动、坚持全链融合、坚持开放共享四个基本原则（见图4），致力于聚集一批人工智能领域高精人才，形成具备较强国际及区域产业合作和竞争能力的高端人工智能产业集群，并为人工智能产业集群打造涵盖产业资源的交换中心，产业孵化、研发和支持中心，产业传媒中心，产业从业人员的生活中心在内的四个功能中心（见图5）。

小镇就高端人才引进、创新平台孵化、科技服务体系建立及产业发展引领制定了自2017年起三年内的四大发展目标。（1）聚集一批高端人才和创新团队。聚集5000名以上人工智能领域的创新创业人才，其中包括500名海外高层次人才，50名国家级、省级"千人计划"人才。（2）形成一批创新创业平台载体。累计组建10家以上高

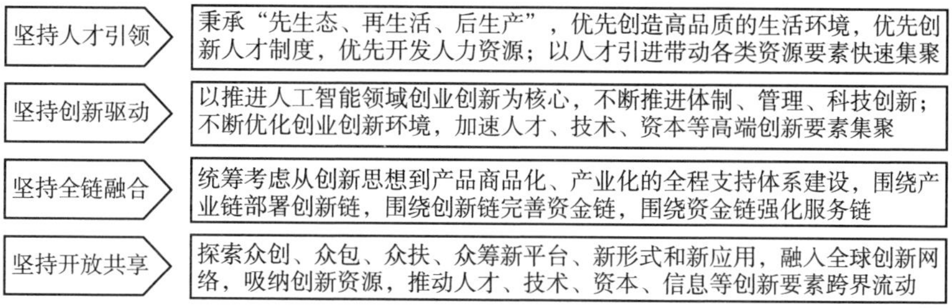

坚持人才引领	秉承"先生态、再生活、后生产",优先创造高品质的生活环境,优先创新人才制度,优先开发人力资源;以人才引进带动各类资源要素快速集聚
坚持创新驱动	以推进人工智能领域创业创新为核心,不断推进体制、管理、科技创新;不断优化创业创新环境,加速人才、技术、资本等高端创新要素集聚
坚持全链融合	统筹考虑从创新思想到产品商品化、产业化的全程支持体系建设,围绕产业链部署创新链,围绕创新链完善资金链,围绕资金链强化服务链
坚持开放共享	探索众创、众包、众扶、众筹新平台、新形式和新应用,融入全球创新网络,吸纳创新资源,推动人才、技术、资本、信息等创新要素跨界流动

图4 四个基本原则

资料来源：根据"中国（杭州）人工智能小镇"公众号发布的《中国人工智能小镇简介》整理。

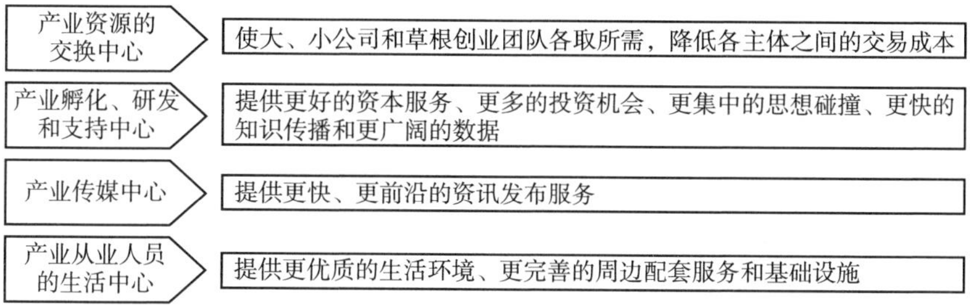

产业资源的交换中心	使大、小公司和草根创业团队各取所需,降低各主体之间的交易成本
产业孵化、研发和支持中心	提供更好的资本服务、更多的投资机会、更集中的思想碰撞、更快的知识传播和更广阔的数据
产业传媒中心	提供更快、更前沿的资讯发布服务
产业从业人员的生活中心	提供更优质的生活环境、更完善的周边配套服务和基础设施

图5 四个功能中心

资料来源：根据中商产业研究院发布的《2017年版中国人工智能小镇研究报告》整理。

水平的企业研发中心和专业研究院，搭建30个孵化平台，孵化1000个创新创业项目，建成以市场为导向、以企业为主体、产学研用相结合的技术创新体系。（3）打造具有人工智能行业特点的科技服务业集聚地。集中100家各类创业服务中介机构，1000亿元基金及投资机构资产，打造多层次、多元化的孵化体系和科技金融链，构建全功能、高效率、低成本的创业创新服务体系，形成具有人工智能产业特点的科技服务业聚集地。（4）构建未来产业发展的重要引擎。借助良好的产业基础和人才优势，通过建设小镇推动未来科技城人工

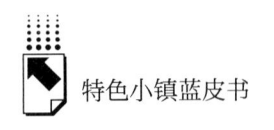

产业的快速壮大，积极转变"模式创新强、技术创新弱"的现状，构建辐射、带动浙江未来产业发展的战略引擎。

（四）实施路径

为达成既定发展目标，小镇将围绕政府政策（见表3）从四条路径推进自身建设。(1) 加快相关项目和平台的落地。借助全球人工智能高峰论坛热度，面向全球招引"人才引领、创新优先"的潜力项目与"世界领先、国内一流"的大平台。(2) 加快高端人才引进。借助政府政策，充分利用大走廊"新四军"之一"海归军"的优势，大力引进海内外人工智能方面的高层次领军人才和创新团队，有针对性地培育高精尖人才，引导区域内相关人才向小镇集聚。(3) 加快配套服务建设。着力优化空间规划，全力推进交通、网络、教育、医疗、商业广场、中介服务平台及公共服务平台的建设与完善，使城市功能更好地满足人工智能创业创新和产业培育需求。(4) 加快引导资本集聚。加快引进投资公司，通过完善市场化投融资机制，构建"创业苗圃+孵化器+加速器"的创业全程孵化引导链条，使社会资本有效促进人工智能方面的技术成果转化、人才培养、共性技术和关键技术研发。

表3　中国（杭州）人工智能小镇相关政策

序号	事项	内容
1	《杭州未来科技城（海创园）引进海内外高层次人才、加快人工智能产业发展的若干政策意见》	围绕人工智能产业孵化、加速、产业化不同发展阶段、不同类型以及人才创业创新需求，实施全方位政策扶持
2	浙江省聚集人工智能人才12条政策	2017年7月9日，在中国（杭州）人工智能小镇启动仪式上，浙江省打算用5年的时间集聚50位国际顶尖的人工智能人才,500位科技创业人才,1000位高端研发人才,1万名工程技术人员,10万名技术人才

续表

序号	事项	内容
3	浙江省省长发言	2017年7月9日,在中国(杭州)人工智能小镇启动仪式上,浙江省省长指出,浙江将集中力量、集聚资源、集成政策、集约服务,力争通过3年努力,实现全省人工智能产业规模超500亿元,建成杭州人工智能、宁波智能经济两大百亿级产业基地,使人工智能产业引领浙江未来发展
4	杭州市科委针对"人工智能产业化路径"给出6条建议	2017年7月9日,在中国(杭州)人工智能小镇启动仪式上,杭州市科委针对"人工智能产业化路径"给出6条建议:完善政策扶持体系,聚焦核心技术研发,建设创新平台体系,优化产业布局,建设标准体系和加强知识产权保护,聚集国内外资源
5	浙江省人工智能发展专家委员会成立	2017年9月28日,浙江省人工智能发展专家委员会成立大会在城西科创大走廊召开,首届专家委员会由全球42名人工智能及相关领域具有重要影响力的专家组成

资料来源:笔者根据网络资料整理。

(五)发展现状

截至2017年10月18日,中国(杭州)人工智能小镇已进行三批人工智能小镇项目评审,签约入驻了浙大－阿里前沿技术研究中心、上海交大John Hopcroft计算机中心、浙江省智能诊疗设备制造业创新中心、中乌人工智能产业中心、北航虚拟现实/增强现实创新研究院、暾澜智慧谷、百度(杭州)创新中心、贝壳社等国内外较高水平的人工智能领域创新平台16个,以及人工智能创新项目120个。国内重量级的之江实验室也于2017年9月6日上午正式挂牌成立。还正积极招引斯坦福大学人工智能实验室转化中心、Facebook等的一批人工智能引领性、标杆性项目,以进一步向全球一流的人工智能新高地迈进。

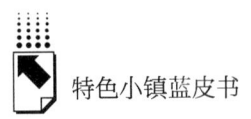

三 中国人工智能应用县案例：德清县

（一）发展背景

德清县位于浙江省北部，地处长三角腹地，总面积937.92平方公里，常住人口约65万人。近年来，全县地区生产总值、财政总收入、固定资产投资等指标年均两位数增长，高新技术产业增加值占规模以上工业增加值的半壁江山。2017年7月，国务院正式发布《关于新一代人工智能发展规划》，德清县第一时间响应布局人工智能产业，着手规划智能生态城，编制了《中国新一代人工智能应用县发展规划》，计划在未来发展中通过人工智能和行业大数据的结合，着力打造智能制造、智能健康、智能农业、智能汽车、智能家居等人工智能业态。

（二）发展优势

受益于扎实的产业基础、聚集的创新要素、优越的区位条件、良好的生态环境，德清县具备发展人工智能产业的良好现实基础，具体如下。（1）产业基础扎实。全县工业产值超千亿元，上市企业包括鼎力机械、兔宝宝、佐力、我武生物等，累计达到11家，已形成高端装备制造、生物医药、绿色家居等主导产业，培育形成地理信息、通用航空等一批战略性新兴产业，为人工智能产业的发展奠定了良好的产业基础。（2）创新要素集聚。首创产学研相结合的"德清模式"，拥有全国第三个、全省首个落户县域的国家级高新区，以及首批国家科技成果转移转化示范县创建单位，55项国家和省重要改革试点落地生根，这些可为人工智能产业项目发展提供有效支撑。（3）区位条件优越。德清深度融入杭州"半小时经济圈"，紧邻杭州城西科创大走廊，位于杭州都市区创新产业经济带之中。2017~2022年这5年，高铁、杭宁高速、杭州二绕、杭德轻轨、机场形成的综合交通网络将真正实现德清、杭州两地"零距离"，实现科技人才大融合。(4) 生态环境良好。德清拥有名山、湿地、古镇，是国家级生态县，在全国首次农村人居环境普查中位居第一，规划中的智能生态城就坐落于莫干山国际旅游度假区和下渚湖风景区交会处，良好的生态环境已成为招才引智的重要因素和比较优势。

（三）发展目标

到2020年，德清县将全面建成全国首个新一代人工智能应用县，以增强产业竞争力、融合人工智能应用、提升创新能力、突破体制机制为四大发展目标，打造具有全国先进水平的智能生态城，成为全国人工智能应用引领发展的县域标杆。其中，四大发展目标具体如下。(1) 显著增强产业竞争力。带动规模以上高新技术产业增加值超过200亿元；人工智能核心产业规模年增速达到10%以上；培育50家年产值超亿元的龙头骨干企业。(2) 高效融合人工智能应用。通过融合人工智能应用，提供便捷的公共服务、高效的政府治理、精细的城市管理。(3) 明显提升创新能力。引入双创高层次人才1000名以上，引入"千人计划"人才50名以上，年均专利授权、软件著作权超100项。(4) 创新突破体制机制。探索符合人工智能发展需要的政策体系和制度环境。

（四）实施路径

为达成既定发展目标，德清县制定筑平台、强技术及育产业、深融合、活机制、制保障五大实施路径，具体如下。

1. 筑平台

打造智能生态城主平台。智能生态城主平台聚焦智能、创新、生态、开放、共享主题，有着"四园六区"的空间规划格局，即高校

科创园、协同科创园、智能总部园、生态智创园和生态涵养区、智农示范区、生态活力区、生态栖居区、高铁站前区、商务文创区，占地约12平方公里，涵盖高校教育、科技研发、创新孵化、总部经济和成果转化五大功能，旨在构建完善的人工智能技术创新生态链和打造生产、生活、生态融合的空间平台。

高校科创园：以高校教育功能为主体，重点建设浙江工业大学德清校区，共建浙江工业大学（德清）大学科技园，将其打造成为人工智能前沿理论研究基地、产学研合作基地、教育实训基地、人才培训与输送基地。

协同科创园：以科研与转化功能为主体，共建浙大人工智能研究所德清研究院，集聚一批国家级（省级）人工智能实验室、工程技术（研发）中心、国际合作中心等平台，打造开放型协同创新中心。

生态智创园：以创业孵化功能为主体，建设海创园、"千人计划"产业基地等载体，打造"创业苗圃+孵化器+加速器+产业园"全方位服务链；建设一批众创空间，提供创新创业载体和社群交流平台。

智能总部园：以总部经济功能为主体，建设智能化商务楼宇等办公集群，强化智能商务服务，打造长三角智能经济总部基地。

2. 强技术、育产业

德清县人工智能产业生态如图6所示，通过人工智能技术攻关，强化技术创新成果转化和产业化，重点发展智能制造、通航智造、智能健康、智能家居、智能汽车和智能农业等产业，探索发展"人工智能+"新业态。

培育人工智能科创产业。加强与中国工程院、浙江大学、浙江工业大学、中电集团五十五所、中测新图等国内一流的科研院所和企业合作；着力开展人工智能技术研发创新攻坚；引进一批人工智能软硬件制造企业；大力发展大数据与云计算，推动深度学习、机器学习、

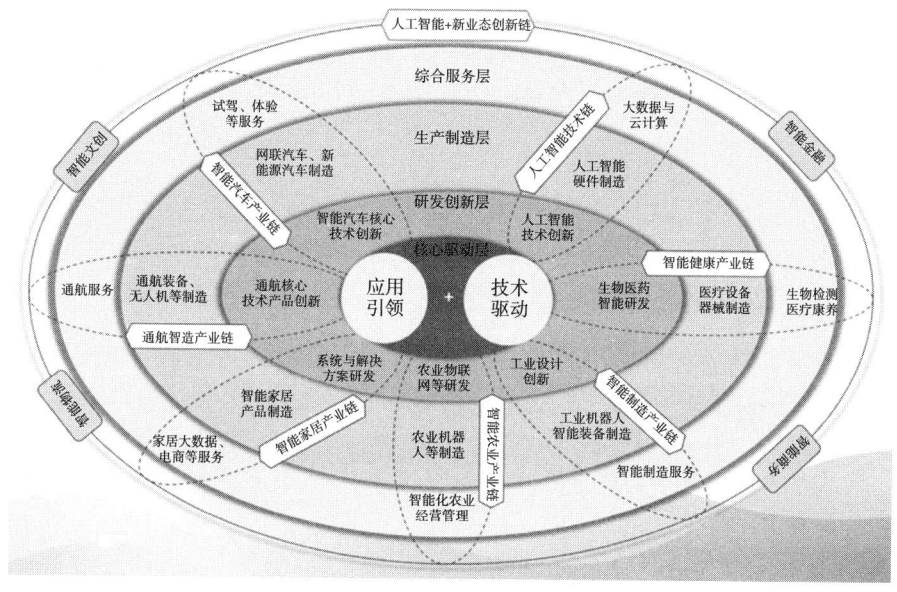

图6 德清县人工智能产业生态

资料来源：摘自德清县内部资料。

机器视觉等技术创新、验证和产业化。

提升发展智能健康产业。加快推动佐力医药和我武生物等龙头骨干企业转型，加强与天士力集团、迪安诊断等知名企业合作；积极建设生物医药智能研发产业集群和智能生物监测服务产业集群；加快建设智能医疗装备与医疗器械研发生产基地；配套发展智能康养服务，建立医疗健康产业新优势。

着力发展智能制造产业。积极与良渚梦栖小镇互动，加强与浙江大学工业设计平台合作，打造智能工业设计基地；推动鼎力机械、天马轴承等企业向智能制造转型；加强与新松机器人等企业合作，研发智能工业机器人、智能装备等高端产品；同步发展智能制造服务业，提供智能工厂、智能车间建设系统性解决方案和企业上云等服务。

创新发展智能家居产业。积极引进国内家居行业龙头企业，重点

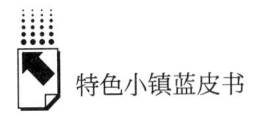

发展智能家电、智能厨具、智能卫浴等家居产品制造产业；建设智能家居技术研发中心，加强家居物联网、智能控制等关键技术研发和产品突破；拓展智能家居服务业，推动德华兔宝宝、诺贝尔瓷砖等企业开展智能家居产品个性化定制。

培育发展通航智造产业。加快建设智能通航小镇、中航通飞研究院，以及无人机工程技术（研发）中心；加强与航天南洋、广州极飞、中科遥数、璞翼航空等企业合作；大力培育发展航空智能装备、智能无人机、智能遥感设备等通航产业，打造长三角通航高端装备制造基地。

大力培育智能汽车产业。积极引进国内外顶尖的汽车企业，重点发展智能网联汽车和新能源汽车制造，培育汽车大数据和车联网等核心配套服务；依托地理信息产业的雄厚基础，深化与阿里、中兵等企业合作，推动智能网联汽车试驾、无人汽车驾驶等体验服务，打造智能网联汽车制造与应用基地。

大力发展智能农业。持续深化新田农庄等传统企业智能化改造试点；积极与浙大物联网、拓普云农等机构和企业合作，加快农业物联网发展；推进农业领域机器人和大数据应用，建立智能农业信息遥感监测网络，强化智能农业生产管理。

培育"人工智能+"新业态。加快发展智能金融、智能商务、智能物流、智能文创等产业；大力推进长三角金融后台基地、德清港智慧物流基地、莫干山国际影视文创基地等项目建设；积极推广基于人工智能的新型商务服务与决策系统，推动企业发展模式和服务模式转型。

3. 深融合

以构建先进的智能化基础设施为基础，加快人工智能技术与社会治理、政府治理及公共服务的广泛渗透和深度融合，构建智能社会。

深化人工智能与社会治理融合：围绕社会治理的热点难点问题，加强与城云科技等企业合作，通过建立德清"城市大脑"、实施"雪亮工程"等项目，加快人工智能技术与城市管理、安防、安检、环保及能源等方面的融合，推动社会治理现代化。

深化人工智能与政府治理融合：建立基于大数据智能等技术的政府智能决策平台，推进政务服务机器人应用，优化政务业务流程，提升政府行政效能，实现高效透明的政府治理，打造先进智能政府。

深化人工智能与公共服务融合：围绕提高人民生活水平和质量的目标，打造智能社区服务体系，推广智能健康管理、智能交通出行、智能教育服务、智能休闲旅游等，形成广泛的智能化环境，推动全社会智能化水平大幅提升。

构建先进的智能化基础设施：加快构建新型智能网络，积极推进联通华东云数据基地等项目建设，提升大数据服务支撑能力，建立安全的智能应用环境，形成符合智能经济、智能社会需要的基础设施体系。

4. 活机制

探索符合人工智能发展需要的政策和机制，形成全国人工智能应用机制创新标杆。

创新数据资源应用支撑机制，包括创新数据资源的集聚机制、开放管理机制和安全管理机制。依托德清县大数据管理发展中心，建立政务数据资源目录和大数据交易平台，整合数据资源，打破信息"孤岛"，推动数据开放流动和市场化交易。

创新高端人才支撑机制，包括人才引进培育机制、人才评级与激励机制和人才服务保障机制。坚持以项目带人才、以平台接人才、以乡土汇人才、以需求育人才，在杭沪苏等人才集聚地设立人才"飞地"。

探索鼓励技术创新与引用的管理机制，包括"容错纠错"机制、管理体制和统计监测机制。其中，"容错纠错"机制包括：建立项目和技术的容错事项清单和甄别举措，建立"试错"风险资金池，创新科技创新保险产品。管理体制包括：建立新产品新业态管理制度体系，建立跨部门协同监督管理体制，探索新技术、新产品运行机制。统计

监测机制包括：建立统计监测评价体系，建立智能经济统计数据库，定期发布统计监测报告和评估报告，应用评价结果引导产业发展。

5. 制保障

建立健全发展人工智能的保障措施，让人工智能的建设与发展无后顾之忧。

加强统筹领导与组织实施：成立中国新一代人工智能应用县暨智能生态城建设推进工作领导小组；拟成立智能经济发展局；建立联席会议制度；设立专家咨询委员会。

优化资源配置与要素供给：设立重大人工智能项目库，优先保障入库项目用地、用能、优惠政策、金融资金等扶持。

创新开发建设与运营模式：成立专业开发运营公司，加强与国内一流企业开展项目合作，建立健全市场化专业运营服务平台和以大数据为支撑的智能服务体系。

推进标准研制与规范保障：制定人工智能产业发展指导目录和行业准入标准，鼓励人工智能企业在优势领域参与主导行业、国家、国际标准研制，健全政策、产权制度保障。

全方位营造良好发展氛围：以承办世界地理信息大会为契机，通过创组织、办峰会等形式扩大对外影响力，将自身打造成为国际知名的人工智能技术应用和交流中心。

（五）发展现状

2017年9月26日，德清县智能生态城正式揭牌，并签约了浙江大学人工智能研究所德清研究院项目等19个人工智能领域的项目。德清县着重围绕产业竞争力、创新能力、人工智能应用、体制机制创新对人工智能应用县发展的主要指标做了整体安排。同时，就发展内容和实施时间等事项制定了人工智能科创重大平台表、人工智能产业重大项目表，以及人工智能应用重大示范工程表"三张表"。

B.8 中国基金小镇发展状况

谢文武 吴青松 俞璐 于飞*

摘　要： 特色小镇的智慧化架构是指通过信息化改造提升传统动能，以数据集中和共享为途径，推动相关政府部门打破信息壁垒，有效提升小镇规划、建设、管理、服务的智慧化水平。本文以玉皇山南基金小镇的智慧化改造为研究对象，深入分析了玉皇山南基金小镇智慧化的发展背景、发展优势、发展目标、实施路径、发展现状和创新效应，并从不同角度对该基金小镇与国内其他基金小镇进行了比较分析。在此基础上，本文展示了该基金小镇在行政管理系统、小镇数据管理分析监控系统、小镇机构申报系统三个管理平台以及一个展示平台方面的领先优势，从而归纳出玉皇山南基金小镇在智慧化架构上的创新价值。

关键词： 玉皇山南　基金小镇　智慧化架构　创新效应

一　基金小镇的发展背景

基金小镇，就是将多家基金公司聚集在一起形成的金融资源聚集地。

---

* 谢文武，浙江大学城市学院商学院副院长，特色小镇可持续发展研究院执行院长。吴青松，杭州玉皇山南基金小镇管委办公室主任。

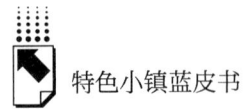

这一城镇模式主要效仿国外,比如美国著名的格林尼治对冲基金小镇等。我国目前已经有多个基金小镇正在创建,其中杭州市玉皇山南基金小镇、嘉兴市南湖基金小镇等发展较为迅速,并且成效也比较显著。国内的基金小镇在创建过程中,呈现与国外基金小镇较为相似的特点。

从全球范围来看,私募(对冲)基金的地理分布具有靠近金融中心并相对集聚的倾向,其中最有代表性的地方是美国格林尼治对冲基金小镇及康涅狄格州对冲基金走廊。康涅狄格州的对冲基金数量占美国的8%,管理的资产规模占美国的11%,是美国第三大对冲基金基地。美国排名前200的对冲基金中,有18家在康涅狄格州,其中有10家在格林尼治。格林尼治小镇的基金所管理的资产达到3500亿美元,被称为对冲基金大本营。除格林尼治外,韦斯特波特、斯坦福和南诺沃克也是对冲基金较为集中的地方,如全球最大对冲基金桥水公司和对冲基金巨头之一的SAC就分别位于韦斯特波特和斯坦福。沙丘路是硅谷乃至全美最显赫的一条道路,聚集了美国最重要的风险投资机构,这条道路对于美国新兴市场的意义如同华尔街对于证券市场。从30年前开始,这里就逐步成为风险投资机构设立办公室的首选之地,如今汇聚了美国60%的风险投资机构,形成了良好的积聚效应,也由此成为硅谷的发展引擎。几乎每个顶级的硅谷公司都在创业初期接受过来自沙丘路的风投资金,比如苹果、微软、亚马逊等。在纳斯达克上市的科技公司至少有一半是由这条街上的风险投资公司投资的。从格林尼治和沙丘路的发展路径可以看出,基金小镇要实现金融机构的集聚发展,除了优美的自然环境和居住环境以外,还需要有一定的要素禀赋,如此才能够发展壮大。

基金小镇这一新兴的资本运作方式,正成为金融市场管理财富中的一支高素质力量。基金小镇建成后,将通过汇集金融资源、营造金融氛围、建设金融生态,在辐射范围内实现资本对接产业、资本服务创业、资本推动创新。基金小镇是基金集聚的空间载体,可以集聚天使、VC、PE、并购、PIPE等基金，覆盖企业发展所需的各个阶段，形成基金全产业链布局；即使单个基金公司的投资策略只关注某些行业领域的某些环节，但基金小镇可以通过基金集聚效应，促使众多基金公司产生协同作用，从而带动整条产业链在当地的布局，帮助当地加快新兴产业发展和传统产业转型升级。基金小镇建设模式也越来越受到地方政府青睐，目前全国各地多个省市区正在积极规划建设基金小镇，期望通过金融资源的导入和集聚，打造先发优势，引导资本投向区域实体经济，以金融创新助力实体经济转型升级。国内基金小镇大多兴起于近几年，普遍发展时间不长，但发展速度较快，如位于杭州的玉皇山南基金小镇，北京房山基金小镇、南湖基金小镇、鄞州四明金融小镇、慈城基金小镇，以及天府国际基金小镇等，都已有相当数量的基金公司入驻。

集"特而强、聚而合、小而美、活而新"等特点于一身的特色小镇，为中国新型城镇化发展创新提供了生动鲜活的案例，为新常态下经济转型升级提供了新的思路。与此同时，以基金小镇为代表的特色小镇的发展也面临着产业发展、改善民生、政务管理和社会治理等方面的一系列挑战。智慧特色小镇是在传统特色小镇基础上，将智慧城市的相关理念融入特色小镇建设中，通过各类信息化建设，实现特色小镇生产生活和社会管理的智能化。因此，应该如何借助云计算、物联网、移动互联网等相关科技来进一步推动特色小镇的发展，使其向智慧特色小镇演进，实现发展的创新性与可持续性，成为当前的一个热点问题。

二 基金小镇案例：杭州玉皇山南基金小镇

（一）发展背景

浙江省利用自身的信息经济、块状经济、山水资源、历史人文等

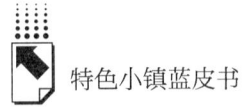

领域的独特优势,加快创建一批特色小镇,不仅符合经济社会发展规律,而且有利于破解经济结构转化和动力转换的现实难题,是浙江省适应和引领经济新常态的重大战略选择。浙江省全省已经有7个市、66个县出台了特色小镇专项扶持政策。杭州市上城区委敏锐地把握住千载难逢的机遇,充分打好"三改一拆""五水共治"转型升级组合拳,在陶瓷品加工仓库、厂房、市场集聚的玉皇山南区域,按照产城融合的思路,以生态品质的改善推动产业的转型,再以产业的转型升级带动"青山绿水就是金山银山"的发展。玉皇山南基金小镇也正是在这样的背景下,充分发挥现有优势,抓住浙江省特色小镇发展战略的有利时机,敢想敢干,勇于创新,取得了优异的政策效果,入选浙江省首批"特色小镇",并获评浙江省级现代服务业集聚示范区20强之一,在浙江、全国乃至国际上的知名度日益增长。

上城区是杭州市的老城区、小城区、中心城区,在新的发展阶段,需要实现高位可持续发展,巩固提升城区品质,同时也面临全省深入推进"三改一拆""五水共治"倒逼转型升级的重要机遇。玉皇山南区块改造前是一个仓库与民居混杂的待发展区域。该区块经历过多次的转型发展,2008年以前主要是杭州陶瓷品市场的仓库和石料加工所在地,之后由于创建山南国际设计创意产业园,环境得到了较好的优化提升。2014年,上城区委、区政府经过深入调研和分析,在原有发展基础上,全面推进玉皇山南环境整治和产业重塑,在提升居民生活品质的同时,推动产业转型升级,重点打造高端金融产业生态圈,建成规划面积5平方公里、核心区域3平方公里、拥有园林式办公面积达100万平方米的基金小镇。

在创建基金小镇过程中,当地政府遇到了四大难题。(1)土地利用空间小。玉皇山南区块受到南宋皇城大遗址、城市天际线等城市规划影响,限高、限挖、限建等制约众多,也面临玉皇山村集体所有制土地、国有土地以及铁路用地交错的实际问题,土地性质多样,改造实施难度大。(2) 民生改善问题多。"三改一拆"任务重，需拆迁1602 户，建设安置住房面积约 20 万平方米，整治改善风景区内农居面积约 2 万平方米，辖区基础设施不全，水环境污染问题明显，居民居住空间狭小、日常生活和交通出行不方便，改善生活愿望十分强烈。(3) 文化保护任务重。玉皇山南区块有国家级、省市级文保单位和文保点 6 处，安家塘历史地段 1 处，历史建筑 3 处，文保点、历保建筑亟待修缮，实现有机更新的任务紧迫。(4) 转型升级难度大。原有产业以仓库租赁和石料加工为主，其中陶瓷品市场 2.5 万平方米的可用建筑，每年靠仓储出租获得 800 万元的营业收入，仅贡献税收40 万元，产出效益不高。发展高端金融产业所必需的土地、人才和资金等要素都短缺，转型升级的难度很大。

玉皇山南基金小镇创造性地利用有限的物理空间和政策空间，抓住金融体制改革中的几个关键要素，即金融生态的有效构建、金融资源的市场化配置，以及资金来源的多元化，形成了地方金融创新特色。杭州市金融发展也接轨正在规划的钱塘江金融港湾，打通上海金融中心，打通国际金融市场，充分利用政策资源、大数据资源，引进国际化专业人才和国内大量从事金融行业、互联网金融的企业，不断提升基金小镇在全国乃至国际上的影响力。可以说，玉皇山南基金小镇顺应了国家供给侧结构性改革和浙江省金融领域体制、机制改革趋势，以"精准定位、精致空间、精确引导、精细服务"为方向，突出企业主体作用，发挥政府在经济发展中的引导、管理、服务职能，打造金融产业生态圈，切实探索功能性平台产业集聚、转型升级、创新发展之路，打造全市、全省乃至全国供给侧结构性改革和金融服务的典型范本。

（二）发展优势

杭州与中国最重要的国际金融中心——上海的距离仅 175 公里，

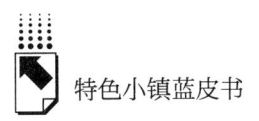

高铁行驶时间为45分钟，与上海具有同城效应。具备按"纽约－波士顿"模式（344公里，飞行时间60分钟）和"曼哈顿－格林尼治"模式（28.1英里，行车时间40分钟）与上海进行金融产业分工和协同的条件。杭州发展私募金融产业，一方面与上海重点发展的公募市场和公募基金产业错位，另一方面又能够与上海大型金融机构、资本市场和公募基金协同合作，服务于上海金融中心发展。同时，也能够把私募金融服务领域扩展到江苏省的苏州、无锡等发达城市，有效对接长三角高净值投资者的需求。上海和杭州的关系更多的是合作而不是竞争关系。浙江的民资活跃，同时上海也集聚着全球性的金融资源，浙江完全可以与上海通过加强区域间的学习和资源共享，实现互利互惠。杭州也可以充分利用自身优势，采用错位发展的模式，以融入上海又差异于上海的战略、格局，进一步推动民间资本有效对接上海国际金融中心和中国（上海）自由贸易试验区建设，以实现协同共赢发展。杭州可以大力推动建立民间投资管理中心，一方面能够解决中小企业借贷难问题，另一方面可以鼓励和引导民间投资，从而更好地发挥民资对经济社会发展的促进作用。

杭州作为上海的"后花园"，发展私募金融产业有可能享受上海金融人才的溢出效应，吸引高端私募投资人才落户，通过私募金融产业链实现借力发展。目前，上海已不仅将吸纳人才聚焦在优势凸显的金融领域，而且有条不紊地开展以技术为导向的跨界型人才聚合，其人才结构正在向高端化、多元化、复合型的方向迈进。其中，以互联网金融为代表的典型业态，成为沪上人才争夺战的主战场。上海的高端人才聚集，辐射着长三角地区的人才发展态势。以杭州、苏州、南京、无锡为代表的长三角"崛起势力"，正在形成"第二梯队"，逐步缩小与传统一线城市的差距。可以说，上海领跑所带来的溢出效应，间接对人才向杭州等周边地区扩散起到了极大的提升作用。

玉皇山南基金小镇总占地面积3000余亩、总建筑面积25万余平方米。结合周边优美的自然生态,在设计中大量采用观景平台和阳光中庭结构,强调建筑与环境、景观的有机结合,打造多种风格迥然、形态各异的建筑组团。近年来,玉皇山南基金小镇陆续被评为省、市现代服务业集聚示范区,并被列为杭州市"十二五"规划重点金融项目基地,具备了非常好的金融产业发展优势。玉皇山南基金小镇位于杭州市上城区,北依西湖、南临钱塘江、东靠杭州新CBD(钱江新城)、西望群山,可谓山水相依、城湖合璧。区内汇集四大公园——八卦田遗址公园、白塔公园、江洋畈生态公园、将台山南宋佛教文化生态公园。玉皇山南基金小镇向北通过玉皇山隧道与西湖核心景区和杭州城市中心直接相连,与延安路、庆春路传统金融集聚区联系便利;西接虎跑路,方便进入西湖西线景区并直达西溪湿地;东连复兴路迅速上中河高架通达南北,并可通过之江路连接钱江新城CBD及未来的钱江金融城;南可通过钱江一桥、四桥,与新兴的滨江高新区、湘湖金融集聚区交通通达。

玉皇山南与上海的金融区位关系,类似于格林尼治与纽约的金融区位关系。格林尼治距离纽约40~70分钟路程,处在纽约东北向的康涅狄格州对冲基金走廊上。玉皇山南距离上海高铁45分钟路程,与上海具有同城效应;在90分钟交通圈内,可搭建连通上海、南京、宁波及长三角洲南翼的大金融空间。同时,玉皇山南紧靠杭州市中心,距西湖3公里、距杭州新CBD钱江新城6公里、距萧山国际机场半小时车程,为一处交通便利、闹中取静的绝佳产业集聚园。因此可以充分发挥杭州的"后花园"优势,借力和对接上海国际金融中心,按照"纽约-格林尼治"模式进行金融产业分工和协同,承接上海金融人才和产业的溢出效应,与上海重点发展的公募基金错位,把私募金融产业做大做强。

杭州拥有极为稀缺的城市人文、自然环境资源,坐拥国内第一流的城市品位、生活品质和独一无二的城市型山水环境,对私募基金等高端财富管理机构具有强烈吸引力。玉皇山南基金小镇规划区域背靠世界文化和景观遗产——杭州西湖和玉皇山，三面环山，一面临江，拥享西湖风景名胜区凤凰山景区的八卦田、白塔两大景群，负阴抱阳，坐北朝南，风水极佳。具有"三个融合"的特征。一是历史与人文的融合。玉皇山南基金小镇地处南宋皇城遗址，是南宋造币（会子）之处和祈福（八卦田）之地，人文历史深厚，文化源远流长。位于杭州吴越文化与南宋文化的交会点，邻近世界上最早的国家发行纸币——"会子"的印制地，是中国金融文化、皇家文化和商帮文化的重要起源地和集聚地。二是环境与文化的融合。基金小镇背靠西湖和玉皇山，周围有八卦田遗址公园、白塔公园、江洋畈生态公园、将台山佛教文化生态公园四大景群，区内文化、建筑、环境、景观有机结合、特色鲜明。三是金融与文创的融合。既集聚着国内一流的私募金融机构，也集聚着包括诺贝尔文学奖获得者莫言在内的一流文创企业和文化人士，为两者间的对话搭建了桥梁，这是国内任何私募金融集聚区所无法比拟的。因此，它对高端金融人士具有很强吸引力。

（三）发展目标

在玉皇山南基金小镇建设过程中，当地政府的目标是以"新理念、新路径、新模式、新载体"推动基金小镇创新发展，通过理顺政府与市场关系，把落实省委"三改一拆"决策与推进老城区转型发展有机结合，通过"政府引导、企业主体、市场化运作"，创造"多赢"的局面，使之成为浙江省"三改一拆"的样板、转型升级的窗口、金融改革的平台。

一是创新政府服务的新理念。以"店小二"式的服务思维打造发展软环境，针对金融产业国际化、市场化、专业化的特征积极谋求政府职能转变，通过良好的宣传、引导和精准服务，推动政府从管理向服务转型。在"店小二"式的服务理念指导下，通过创新"政府＋新型运作主体"管理模式，探索企业主导、政府引导、市场运作"一站式"服务机制，为企业提供精准服务，减少企业运作障碍，降低企业运营成本，从而有效突破低端产业向高端产业转型升级的瓶颈。

二是创新老城区转型发展新路径。在有限的物理空间约束条件下，以高端金融产业生态圈为建设目标，充分发挥玉皇山南区块的特点，科学规划，强力推进，并有效实施一体化的综合政策，实现经济、民生、文化和生态"四位一体"的包容性增长，激活老城区的发展活力，形成新时期产城融合的发展新路。在玉皇山南基金小镇的建设中，做到"三个融合"：（1）园区建设与生态环境的融合，通过科学规划与有序推进，解决园区基础设施建设与国家4A级景区环境的兼容；（2）产业空间与物理空间的融合，在有限的空间里最大限度地利用金融产业的发展空间，实现单位面积经济效益的最大化；（3）经济发展与民生发展的融合，既解决区域经济发展定位，也最大限度地改善居民生活环境与生活质量。

三是创新特色小镇发展的新模式。紧紧抓住特色小镇"产业主导，多元融合"的要求，化劣势为优势，以"超前规划、提前布局、高标准建设"的创新发展模式，将玉皇山南基金小镇打造成我国最有代表性的特色小镇。与国内其他特色小镇相比，玉皇山南基金小镇地处老城区，遗留问题多，推进难度更大。基于对杭州市金融业发展和钱塘江金融港湾建设的深刻理解以及对该区块的自我认识，注重三个精：（1）精心布局，以超前的思维进行规划和布局，抓住"三改一拆"的机会，全方位推进园区改造，无论是旧厂房、旧仓库改造，还是新建筑修建，都采用最高标准实施；（2）精准定位，找准比较优势，精准定位发展私募基金产业，精准定位政府与市场的关系，让经济业态从传统的市场领域转变为高端金融产业新领域；（3）精确

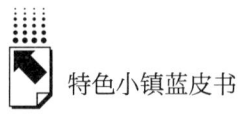

引导,坚持"四位一体",坚持"市场化运作、产业链招商、生态圈建设",通过高水准的管理和服务集聚高质量的资金和人才,从而实现超常规发展。

四是创新资源有效配置的新载体。发挥玉皇山南基金小镇这一载体的独特优势,以国际化视野精准引才、引企,形成人才全球化、资金全球化、投资多元化的特色,构建开放式体系下的全球资源配置机制,使之具有很强的国际竞争力。玉皇山南基金小镇以各类基金产业为核心,嫁接一系列的金融共生性产业和辅助性产业,形成完整的全球化产业链和生态圈。在人才政策上充分体现全球化引才的政策导向,借助国际化的合作平台,吸引大批金融领域的国内外高端人才。

(四)实施路径

基于金融业互联网使用的特殊性,以及区域业务的重要性,玉皇山南基金小镇在建设规划中通过采用互联网、云计算、大数据等技术构建小镇智慧化实施路径,包括格局规划和应用导入,这是落实小镇智慧化顶层设计、决定小镇建设成败的关键。随着金融监管层对私募基金行业的监管力度不断加大,小镇管理层亟须建立起一个完整的智慧化管理运营平台,对内实现小镇企业的监管、统计、考核、资源对接服务,及园区的管理、应急、运营、安防、消控等服务,对外实现相关资源的打通及小镇的宣传推广。

第一,为智慧化架构提供环境保障。针对空间不足、环境杂乱等难题,着力优化城区空间功能布局,花大力气综合整治玉皇山南地区。(1)加快山南国际创意金融园建设,努力实现园区扩容提质。山南国际金融创意园已有凤凰山、天龙寺组团(约4万平方米)投入使用,马儿山、安家塘、甘水巷、目术塘四个组团目前正在紧张施工中,加大园区建设力度,加快建设步伐,实现马儿山组团竣工交付使用,安家塘、甘水巷、目术塘组团及樱桃山生态公园配套建筑竣工交付。全面推进汽修厂地块项目、大畈鱼塘南项目、樱桃山农居项目建设。在园区的建设过程中，在园区的景观设置、绿化配置方面下足功夫，加大投入，确保园区的高品质，为吸引高端优质企业的入驻创造良好的招商环境。（2）大力推进安置房和停车场库建设，全力做好两项实事工程。安置房和停车场库项目是惠及上城百姓的实事工程、民生工程。加快复兴单元15-3地块安置房续建项目。加快两处停车场库建设：甘水巷地下停车场项目，2013年上半年完成地块拆迁和景区内项目审批工作；大畈鱼塘北地下停车场项目，目前已就旅游集散中心涉及土地指标问题与市旅游集团达成共识，完成土地摘牌和方案审批，启动建设。（3）高效完成区域道路、公园景点、人才公寓项目，完善生产、生活配套设施。做好南宋皇朝街巷综合工程涉及的之江路（虎跑路至飞云江路）、樱桃山路、甘水巷综合整治。同步做好樱桃山路、甘水巷综合整治，充分利用两条路现有的路巷曲折、古树众多的特点，结合截污纳管、电力上改下等工程，精心设计，合理施工，确保两条路整治后达到古朴素雅、曲径通幽的效果，为本区域的安家塘、甘水巷、樱桃山等创意园组团提供高品质的基础配套。全面建成樱桃山生态公园，主要包括地下停车场、附属建筑、绿化景观、水系沟通以及公园周边的环境整治项目。建成目术塘创意园人才公寓。对目术塘现有房屋结构做适当优化调整，进行外立面改造，完善网络宽带等弱电系统，将其改造成创意园人才公寓，为园区吸引优质企业、优秀人才提供必要的住房保障，进一步提升园区竞争力。（4）统筹做好拆迁安置、做地招商工作，确保经济社会综合发展。一是做好拆迁工作，全面完成安置任务。完成安家塘、甘水巷、樱桃山地块余留住户拆迁工作，确保安家塘、甘水巷、樱桃山三个创意园组团全部建成投入使用。同时配合风景名胜区白塔公园建设，启动白塔岭、老复兴路一带拆迁工作，全年完成拆迁任务126户。全面完成山南人家、白塔人家两个小区安置任务，全年共安置拆迁户360

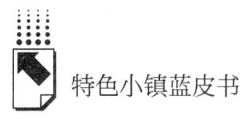

户。二是完成轿子巷地块做地工作,轿子巷地块将进行合作开发,共同招商,启动项目建设,为园区增加大体量物业,提升规模优势。三是全面完成马儿山、安家塘、甘水巷四个组团的招商任务,按照文创和金融两大产业导向,坚持高品质选商。

第二,为智慧化架构提供制度供给保障。针对高端金融产业基础薄弱,招商引资困难,强化制度供给,搭建市场化运作平台,精确引导产业发展,推进金融企业集聚发展。(1)强化产业政策落地。出台《关于打造玉皇山南基金小镇的若干政策意见》和《关于建设金融人才管理改革试验区的若干政策意见(试行)》等8个文件,针对重点企业实施"一企一策"贴身政策,设立园区企业创新成果奖励政策、企业融资奖励政策、企业税收奖励政策、优秀人才奖励政策等,引导金融企业入驻。(2)强化管理机制创新。进一步完善私募(对冲)基金小镇领导小组的工作职能,对基金小镇的政策优惠等进行研究、创新。政府扮演"服务者"角色,为机构入驻基金小镇提供良好的硬件环境、政策配套、服务配套。各级党委、政府及时研究解决项目推进中遇到的重大问题,以定期召开重点项目协调会、重点项目联席会等形式,研究解决项目推进中的各种问题。各项目责任单位定时上报项目推进情况。加快市场化运作机制改革,发起成立多方参股的发展基金和种子基金,在小镇管委会下设投资建设公司和运营公司,扶持重点产业。创新专业化管理模式,聘请著名经济学专家、上海市互联网金融行业协会会长万建华为小镇镇长,由行业领军人物代替政府人员行使职责,谋划中长期规划和重大事项决策,聘请对冲基金投资管理公司和浙江省金融发展促进会为促进单位,负责机构动员及专业配套服务,提高招商引资效率。(3)强化服务机制创新。在全市率先推动政府管理和公共服务标准化建设,打造为企服务"无缝隙政府"。开通绿色通道制度,实行并联审批制度创新,为入驻企业提供全程化的跟踪服务。建立行政服务中心,设立工商事务服务室，实施一站式便捷服务制度。简化企业办事程序，试点工商登记全程电子化，率先开展"五证合一""一照一码"制度试点，设立公安出入境服务站，方便基金小镇"居民"不出镇即可办理出入境业务。

第三，为智慧化架构提供要素保障。针对金融产业要素保障的不足，结合自身特色，在空间保障、资金保障和人才保障上做足文章。(1) 完善发展空间保障。将园区的人文、地理、环境、生态、资源优势有效地整合在一起，打造"一步一景"园林式办公环境，让每一家入驻企业都能享有别墅式的办公楼。(2) 完善建设资金保障。根据整体规划，玉皇山南综合整治工程共需资金70亿元，除了通过市财政拨款及出让地块平衡外，努力在政府、产权单位、入驻企业三者间寻找最大公约数，通过"三个一点"，即"园区支付一点，玉皇经联社拿出一点，政府财政支持一点"，实现资源最优化，达到"三赢"目的。(3) 完善金融人才保障。建设金融人才管理改革试验区，实施金融人才分类认定办法，评选十大杰出金融人才和二十大突出贡献人才，让人才有成就感、获得感。以全球化视野精准聚才、育才、用才，探索"市场化引才"新机制，通过"种子基金"孵化模式吸引海外高端团队回国创业。打造高端人才平台，推动对冲基金人才协会总部落地杭州，与高盛集团、美国CFA旗下对冲基金人才协会建立合作关系。在购房、租房、信息化应用、经营用房装修、人才引进等方面给予资助和补贴。推进金融人才公寓建设，满足机构引进人才的需求。

第四，为智慧化架构提供平台保障。基金小镇除了为入驻基金公司发展提供良好的生活服务平台和企业发展平台外，还站在更高的层面，积极优化自身品质，丰富自身内涵，提升自身档次，从多个角度升级自有交流平台。(1) "金融+旅游"的4A小镇创建。小镇内正在推进信息化工作，包括WiFi全覆盖，组建基础数据库及旅

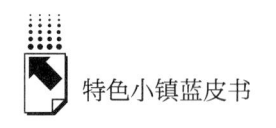

游系统子数据库,建设景区安防等旅游信息化管理平台等。将通过一两年的时间,将自身打造成全国首个金融与旅游资源结合的4A级景区,成为自然生态资源与现代人文有效结合的新一代旅游示范小镇。小镇正在细化一些旅游规划方案,将陆续对交通沿线环境进行整治,统一设立外部交通标识,规范自驾游配套服务等。(2)基金小镇展示中心(小镇会客厅)。为进一步加大宣传力度,提升接待质量,当地政府着手建设基金小镇展示中心(小镇会客厅)。目前,基金小镇展示中心(小镇会客厅)已完成装修并投入使用,2015年12月正式开放使用。(3)浙江省金融博物馆项目。玉皇山南基金小镇管委会和浙江省金融办合作,推进浙江省金融博物馆项目。引进浙江省金融业发展促进会拟创办成立"浙江金融博物馆",将收集汇总浙江省最有代表性的金融历史文物和资料,梳理浙江省金融发展的历史脉络。(4)全球对冲基金西湖峰会。此次峰会汇聚了国内外一流私募证券及对冲基金管理人、百余位海内外对冲基金业界领袖。近年来,全球金融局势变幻莫测、中国资本市场风起云涌。如何用国际视野看待世界变化和中国机会,如何在全球化背景下谋划中国资本市场和对冲基金的发展,中国对冲基金如何面对未来的新机遇和新挑战,如何打造中国对冲基金的产业链和配套环境,全球对冲基金巨头共同解读了上述问题。美国白宫总统学者委员会专员兼复瑞渤交易投资公司副董事长庞晓东、美国金融分析师协会(CFA)全球CEO保罗·史密斯(Paul Smith)、景林资产管理有限公司董事长蒋锦志及美国桥水基金中国区总裁王沿,美国全国期货业协会(NFA)主席、HTG创始人克里斯托弗·K.海米尔(Christopher K. Hehmeyer)、朴盛资本创始人、高盛集团前董事总经理王铁飞6位国内外金融业界领袖先后发表主旨演讲,聚焦对冲基金产业的发展历史及趋势、中国私募基金的发展及展望、金融危机后美国金融业的复苏历程及教训、格林尼治成为对冲基金之都的成因和结果等主题。在行业领军人物对话环节，英国华人金融家协会会长王昌南，PAG创始人、HFSB协会理事克里斯·格拉德尔（Chris Gradel），国信证券总裁陈鸿桥，永安期货总经理施建军，工银标准银行董事长毕明强等海内外行业知名人士，围绕如何促进私募对冲基金产业的发展开展了睿智、活跃的对话讨论。

（五）发展现状

玉皇山南基金小镇先后获得省级示范特色小镇、省级现代服务业集聚示范区、杭州市金融人才管理改革试验区等荣誉，在G20峰会上作为接待中外媒体的两大定点宣传窗口之一。2015年习近平总书记对以玉皇山南基金小镇为代表的特色小镇建设给予了肯定性批示，2016年11月中共中央政治局常委、中央书记处书记刘云山专程来玉皇山南基金小镇做调研指导工作。玉皇山南基金小镇也获得极高的国际性声誉，得到全球顶尖的美国格林尼治基金小镇高度评价，并与之建立起紧密合作关系。杭州市上城区积极发挥玉皇山南基金小镇的独特优势，加快小镇基础设施建设，优化创新环境，引进优质项目，集聚高端智力，相继吸引了中信证券、永安期货、凯泰资本等国内一流的金融公司入驻，构建了一条对接北京、上海，辐射"长三角"的金融产业链，成为配套完善、规模巨大、发展迅猛的浙江省金融资本、财富管理的高地，成为浙江省转型升级、金融创新的典型范本。2013年底，园区入驻企业仅128家，其中园区自身企业121家（文创类76家、金融类45家）；全年新增企业29家（文创类16家、金融类13家）。截至2015年12月底，园区企业总数达到500家（其中金融类402家、文创类98家），管理资产规模突破2000亿元。而到2016年6月底，入驻的企业总数已经达到1024家（见图1）。可以说，基金小镇在短短几年时间，已经形成了非常良好的产业生态，如此才吸引到这么多的企业集聚。

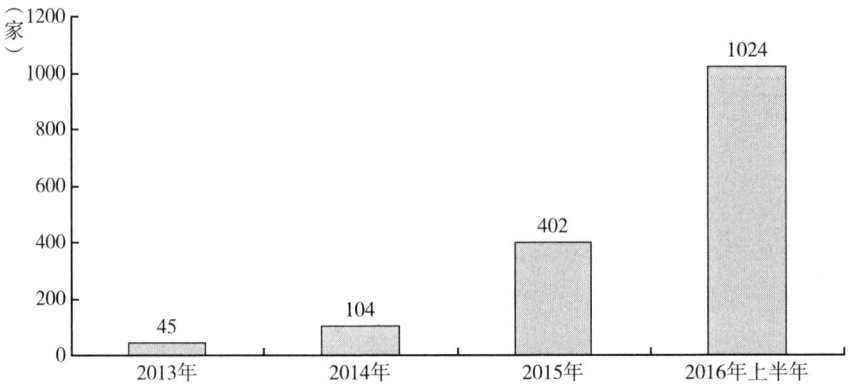

图1 玉皇山南基金小镇入驻金融机构数量

小镇基金产业生态链已初步形成。一是期货板块优势明显。目前，小镇期货规模已占浙江省期货总规模的1/3，吸引到永安期货、南华期货等国内实力靠前的期货公司，以及在二级市场期货领域首屈一指的投资和管理机构敦和资管、国内大宗商品贸易商标杆企业远大物产、杭州热联集团等。二是股权投资产业链日臻完善。集聚了一流股权投资机构，吸引了一大批国内外顶尖的投资机构和人才团队，如以赛伯乐、凯泰资本为代表的股权投资机构，管理资产规模均突破百亿元。吸引了省市政府及部分民间产业母基金落户，以国开行、工商银行、建设银行、浙商银行资管业务为代表的产业基金，以及省市各类产业母基金相继落户小镇。集聚了以财通资管等为代表的资管公司，也吸引了股权投资行业权威数据分析机构、中介机构清科集团入驻。三是财富管理机构蜂拥扎堆。大量私募基金公司的入驻带动了财富管理机构的集聚。交通银行成立山南对冲基金支行，专门服务小镇企业，浙商银行、中信证券等银行、券商的入驻也进一步夯实了小镇财富管理示范基地的基础。

玉皇山南基金小镇运用现代化、国际化的运作模式和管理理念，融合政府推动力、市场主导力、企业主体力，打造高端产业生态圈，并已经开始取得良好的经济效应。2012年，园区实现税收13580万元，地方财政收入达7500万元，同比分别增长45%和42%，获得省、市各类奖项5项。到2014年，山南产业园实现税收1.7亿元，地方财政收入达8800万元，同比增长26%和14%，增长势头强劲。2015年则是取得重大突破，税收突破4亿元。2016年6月底，杭州玉皇山南基金小镇资金管理规模达4020亿元，投向629个实体经济项目，资金规模为1240亿元（其中省内353亿元）；2016年仅上半年的税收收入就达到6.49亿元，地方财政收入为2.99亿元（见图2），远远超过2015年全年的总额。

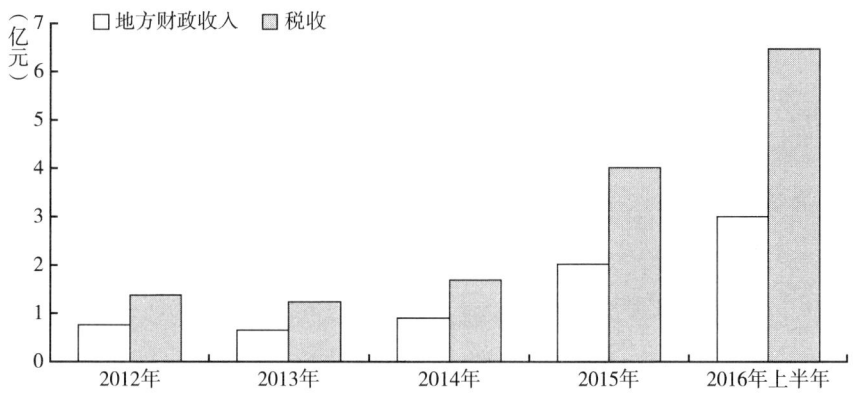

图2 玉皇山南基金小镇税收和地方财政收入

基金小镇的发展不仅带来了可观的就业、税收等直接经济效益，还加强了资本与产业的对接，有效助力实体经济发展，加速推动了众多中小企业的成长和转型，从而实现了金融资本与实体经济的互利共赢发展。例如，杭州产业投资基金已累计投资31家本市企业，总投资金额达15.6亿元，带动社会投资7.2亿元。从2015年5月挂牌至今，基金小镇有800多亿元资金投入实体经济，受益企业600余家，涉及上市企业60余家。

（六）创新效应

玉皇山南基金小镇建设带来的创新效应，体现在以下几个方面。

1. 创新要素集聚效应

玉皇山南基金小镇通过建设产业链上下游的服务配套，引入产业链各环节的参与者，使自身成为一个资源整合平台和信息获取平台，在使机构、企业、投资人三大主体能够获取便捷的服务的同时，带动其他支持性机构的发展，从而推动自身在基金领域实现全产业链的覆盖，成为集生态居住功能、财富聚集功能于一身的综合性平台，构建具备多种业态和新型金融机构的多元化金融格局，为创新发展提供良好的要素集聚效应。从主要城市金融中心发展衍生的相关服务，以及美国对冲基金小镇的发展经历看，私募（对冲）基金产业除了增加税收外，还会对基金相关的其他衍生产业产生明显的带动作用，并会促进直接就业和间接就业的增长。这些行业可能包括以下几种。（1）与私募（对冲）基金主要业务直接相关的金融部门。对冲基金产品的发行可以通过银行理财、专户理财、信托等不同渠道，对冲基金根据投资品种的不同需要通过证券公司或者期货公司完成交易，这增加了对与其业务直接相关的金融部门的需求。（2）一般性的金融专业服务部门。从全球主要城市金融中心区域发展的经历可以看到，对冲基金产业的发展会带动一批相关服务的专业化，包括：账户清算、数据供应、金融市场和金融产品的研究服务、IT 外包、第三方审计、合规审查、法律顾问等。这有助于中长期金融服务领域发展的专业化和独立性。（3）与金融相关的其他衍生高端服务。金融企业的进驻虽然不会像一般传统企业带来明显的上下游生产型的产业链，但平行层面的交际网络容易衍生出更加丰富的高端专业化服务。（4）与高端人才引进相关的生活服务。作为智力密集型产业，金融和其他高科技产业一样，行业需要吸引相对高端的人才进入，与此伴随的是相对高档的生活环境和服务设施。

在小镇建设初期，管委会就十分注重招引有知名度的私募金融机构，以龙头作用带动私募金融产业的快速集聚。随着浙江赛伯乐、敦和资管、杭州联创等纷纷入驻，湖畔山南资管、玉皇山南对冲基金资管、永安国富资管、财通资管、中信证券（浙江）等大型资管类公司成功落地，玉皇山南基金小镇企业总管理规模快速突破。除此以外，小镇还搭建有各种投融资信息交流、项目对接和产业母基金引导平台，比如参照北京中关村"车库咖啡"模式打造升级版基金小镇车库咖啡；借鉴上海虹口的做法，设立相应的财政性扶持基金，借助社会力量筹建母基金，形成多方位、多层次的专项资金扶持体系。加强与省市政府引导产业基金对接，吸引优质金融企业入驻，形成资本集聚效应。

玉皇山南基金小镇在创建过程中，非常注重以企引企，推动全产业链打造，构建涵盖私募基金产业、辅助性产业、共生性产业、配套支持产业等相关产业的多层次生态圈，打造国内最完善和最高效的私募（对冲）基金产业链和生态系统，实现资本推动人才、土地、技术等要素集聚。一是通过与高盛集团合作，利用其在华尔街的金融人脉资源，吸引华尔街金融人才归国发展。二是与浙江对冲基金人才协会进行战略合作，通过协会搭建人才输送桥梁。三是与浙江玉皇山南对冲基金投资管理有限公司合作，实现海内外招商，尤其是引进来自美国、英国、新加坡、中国香港等的高端金融团队和人才。目前，已有4家海外对冲基金团队通过山南对冲入驻小镇。四是把握国内公募基金管理人"奔私"的契机，定向招引，帮助其团队创建公司落地小镇或帮助他们加入小镇私募机构担任明星基金管理人。

目前，玉皇山南基金小镇已有前索罗斯基金经理戴霁昕，芝加哥著名衍生品交易对冲基金经理、芝加哥华人交易俱乐部副主席毛煜

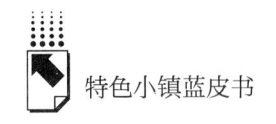

春,美国著名量化对冲基金 Citadel 基金经理、纽约证券分析师协会会员、特许金融分析师王锋等多名高端金融人才。还有王铁飞、王昌南、郭海晖等国际金融界顶尖人士带领的量化投资团队。

赛伯乐是入驻基金小镇的第一家私募股权基金,其主导创建的杭州硅谷孵化器积极引导国际化优秀创投、天使投资基金、创业组织等回杭对接,引进国际化的创业投资理念及合作机构,其中包括 AME 杨致远基金、Formation 8、中经合基金、丰元创投基金、硅谷天使会、SV Tech Fund、加拿大溢斯得瑞基金、富士康基金、硅谷天使会、硅谷创业者联盟、硅谷高创会等。赛伯乐创设了"1+2"的管理模式。"1"是指市高科技投资公司,由该公司作为硅谷孵化器的出资主体,并负责整体管理和运行。"2"是指海外团队和外派团队,采用赛伯乐海外专业团队、浙江赛伯乐公司和杭州外派团队相结合的管理模式。其中,海外专业团队负责孵化器的日常运营管理、入孵人才项目的培育、顾问团队和合作伙伴的选择等工作;杭州外派团队主要负责与杭州风险投资、产业投资机构,以及区、县(市)的人才项目对接,参与日常管理运营并负责海外资产的安全运作;浙江赛伯乐公司负责孵化器日常管理,并对每个入孵项目以 10% 比例进行配套投资。

除引进创业项目回杭对接落户之外,杭州硅谷孵化器同时也在努力成为杭州市企业"走出去"的海外窗口服务平台。2015 年,杭州硅谷孵化器和浙江省高新技术企业协会、浙江省电子商务联合会、浙江省科技中介代表团等各类协会、行业组织,以及浙江大学创新研究院、杭州电子科技大学、杭州大华技术股份有限公司、杭州迪安诊断技术股份有限公司、浙江盾安集团、浙江三维通信技术股份有限公司、杭州市创投引导基金合作创投机构等科研院校、上市公司、产业集团、创投机构进行对接,并初步形成了帮助在杭企业、创投在海外引进技术、项目和产业化并购的相关服务意向。

2. 转型升级溢出效应

玉皇山南基金小镇服务实体经济，推动产业转型升级，支持传统产业和新兴产业中的优秀企业发展。坚持产业智慧化和智慧产业化"两化驱动"，做好"科技+金融""人才+资本"文章，推动私募金融与现代科技融合发展，实现跨界融合、协同发展。激发企业、高校、科研机构的创新活力，引导私募资本向高新技术企业、科技初创型企业投入，促进科技成果转化，增强内生发展新动力，打造转型升级新引擎，实现发展方式由资源依赖向创新驱动转变。

风险投资对于科技创新、高新技术企业发展的作用，已经被市场所认可。我国现在正在进行供给侧结构性改革，以适应经济发展新常态。供给侧结构性改革从企业角度出发，需要企业淘汰落后产能，进行转型升级，同时要考虑市场需求，提高供给质量。在改革过程中，会出现很多投资机会，风险投资将资金投入有发展前景的转型中的企业，帮助企业成功转型。同样市场需求的变化，也会带来新的商机，催生新兴产业，这些产业的初步发展需要风险投资资本的支持，当企业做大做强，风险投资退出获得盈利。

如最早入驻小镇的浙江赛伯乐投资管理有限公司，根据杭州硅谷孵化器国际化、专业化以及重点加强与杭州对接的建设运营目标要求，采用赛伯乐海外专业团队、浙江赛伯乐公司和杭州外派团队相结合的模式。同时，杭州市高科技投资有限公司委派子公司杭州高科技创业投资管理有限公司总经理赵弋常驻硅谷，负责硅谷优秀高科技项目、人才与杭州市对接，并充分利用海外母基金的资源引导更多硅谷创业企业来杭产业化发展，拓宽项目人才引进渠道。杭州硅谷孵化器2015年全年共帮助孵化投资项目、其他硅谷企业与杭州市对接超过20项（次），帮助各类高端人才与杭州对接超过10人（次）。至2015年底，杭州硅谷孵化器已成功完成CENTRILLION（第三代基因芯片）、才云（云容器技术）、诺知（公共平台大数据分析）3个重

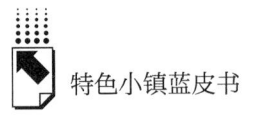

点项目的引进回杭落户。另有 Namocell（单细胞抓取技术）、Pier Deck（互联网金融一站式服务平台）2个重点项目已基本确定落户杭州经济技术开发区和杭州高新（滨江）区。此外，还有5个项目初步具备在杭州落地的意向。这些确定落户杭州的项目，创始人及团队人才层次高，均拥有具有较高壁垒的核心技术，产品产业化前景广阔，对杭州市引进高科技项目、高端人才有很好的示范作用。杭州硅谷孵化器作为为杭州服务、连接杭州与硅谷优秀项目和高端人才的桥梁，通过所投资项目体现出很高的成长价值，有效增强了杭州市对硅谷优秀华人创业及非华人创业企业的吸引力，为未来吸引更多优质高科技企业对接回杭打下了基础。

再以凯泰资本为例。由于发展阶段与经济体制的原因，我国的房地产、钢铁、煤炭、低端制造等产业占据了社会大量的金融资源，中国经济结构调整的核心是社会资本流向的调整，从而提高资金和资源的配置效率。在中国经济结构调整与转型升级的大背景下，社会资本将从出口型、资源消耗型的产业流向内需型、创新型的产业。正是在这样的背景下，凯泰资本重点关注消费和创新产业领域的投资。凯泰资本看好中国消费升级领域的投资机会，比如文化娱乐、医疗健康、休闲旅游等消费升级产业方向；也看好技术创新领域的投资机会，比如精准医学、生物技术、核聚变能源技术等领域。美国、欧洲、中国等的生物技术逐步进入产业化的节点。全球许多顶尖实验室的生物技术，比如哈佛、MIT、清华、北大、浙大、中科院的生物技术逐步进入产业转化阶段。此外，中国已经进入工业化的中后期，在工业化的进程中产生了严峻的老龄化与健康问题。因此，在技术逐步成熟、健康需求驱动的产业化背景下，凯泰资本选择生物医疗，包括生物技术和医疗健康作为自己未来天使和VC阶段核心的投资方向之一。

还有好望角投资公司，其投资理念可以概括为"聚焦裂变复式协作整合汽车数据服务行业",即以营销传媒业务为基础构建开放性的汽车数据平台、聚焦突破新车交易平台、重点布局汽车金融和汽车后市场服务平台,三大平台复式协作整合,不断裂变创造新的价值。其特点是走专业化道路,用互联网大数据来改造提升汽车全产业链,目标是打造汽车数据公司。好望角投资以行业聚焦为根本,自2010年起专注于数字营销领域的股权投资,2015年后对团队和投资方向进行整合升级,聚焦于汽车服务领域,致力于以数据为核心、以复式协作为整合战略重塑汽车服务业。

再看安丰创投公司,其投资的一家供应链管理公司"川山甲"登陆新三板。安丰创投公司董事长阮志毅介绍,安丰先后为"川山甲"注资7500万元,并进行了转型引导。"川山甲"转型后,采用先进的物联网技术,为500多家制造商打理工业品辅料,西门子、通用电气、吉利汽车等企业都是其签约客户,如果这套物联网系统在全国应用,每年可以为制造业节约近1万亿元。

3. 创新创业引领效应

创新创业是指基于技术创新、产品创新、品牌创新、服务创新、商业模式创新、管理创新、组织创新、市场创新、渠道创新等方面的某一点或几点而进行的创业活动。创新创业是创新基础上的创业活动,既不同于单纯的创新,也不同于单纯的创业。创新强调的是开拓性与原创性,而创业强调的是通过实际行动获取利益。因此,在创新创业这一概念中,创新是创业的基础和前提,创业是创新的体现和延伸。

玉皇山南基金小镇不承担孵化功能,因为相对而言,园区需要配套给创业型企业的服务更多,但是对政府而言创业型企业的税收收益相对较低。出于商业化运作考虑,园区更愿意将有限的场地给优质的股权投资公司,以使"平效"最大化。但为了更好地服务园区内的投资公司,基金小镇会和其他孵化园区联合举办各领域的项目路演推介会，并邀请园区内的企业参与。许多投资公司通过这些活动对接到了较为优质的创业项目，并且投资公司之间也会协同合作，一起参与创业项目的投资。基金小镇进一步发挥"车库咖啡"等创新创业载体作用，提升管理服务内涵，优化创新创业环境，让想创业、能创新的人都有机会、可作为。设立政府主导型创业投资基金，鼓励和引导小镇基金投资本土创业项目，进一步拓展推动创新创业的多元化融资渠道，让中小微企业的创新细胞活跃起来，用私募金融的集聚效应，换取大众创业、万众创新的乘数效应，撑起经济发展新未来。

如浙江赛伯乐公司帮助成立的杭州硅谷孵化器作为杭州海外高层次人才创新创业大赛、江干钱塘之星创新创业大赛等杭州各类人才活动的重要支持单位，积极帮助推荐海外优秀项目、参与项目评审。2015年，杭州市首次举办"创客天下·杭州海外高层次人才创新创业大赛"，在杭州硅谷孵化器的协助下，共有300多个海外项目报名参赛，最终8个项目入围总决赛，其中冠军项目当场得到风投公司近1亿元的资金。

和阿里巴巴有着颇深渊源的湖畔山南资本，也引领着"互联网+"以及相关领域的创新创业。湖畔山南资本秉承与逐梦者一起成长的理念，在风险投资领域不断前行。其创始人谢世煌为阿里巴巴"十八罗汉"之一，团队成员皆出身阿里巴巴投资部，拥有精英团队的湖畔山南资本专注于互联网相关产业的创业投资，第一期资金规模达5亿元，从创立之初到现在，已投资30余家企业，其中4家公司已登陆新三板市场。除了投资外，湖畔山南资本力图更多地为创业企业输入创业经验、管理理念等，为创业企业的成长提供全方位的支持，帮助创业企业跨过一道道创业发展中遇到的障碍，提高创业的成功率。

还有红榕资本，它是一家以创业投资为主要经营业务的公司，虽然规模并不是很大，成立的时间也比较短，但一直秉承技术优先、宁缺毋滥的原则，在不断发展壮大的过程中，也帮助很多中小企业实现了飞跃式发展，不仅使它们解决了财务上的困难，同时还让这些企业获得了全方位的智力支持。红榕资本公司各股东拥有矿业、医药行业、文化传媒行业、酒店旅游行业、餐饮业、高端制造业等行业的创业发展经验，并均在各自行业取得骄人业绩。自成立以来，红榕资本先后投资了多家企业，分涉高新技术产业、服务业、环保业和医药生物行业。

4. 财富管理增长效应

金融服务业已发展成为杭州市的支柱产业之一，杭州市金融机构数量占浙江省的近六成，金融业总量与发展质量位于全国各城市前列。在浙江省金融业的发展规划中，杭州市定位是"中小企业金融服务中心"和"民间财富管理中心"。杭州市"十二五"金融业发展规划已确定了建设"中小金融机构总部集聚区、资产（财富）管理投资机构集聚区"的目标。

财富管理同时面向企业和个人，一方面在传统产业回报率下降时，为传统企业提供向高技术产业、战略性新兴产业转型的通道，是促使金融资源流与实体经济对接的重要环节；另一方面在民间资本雄厚的长三角地区，有助于为高净值人群财富增值提供更多选择，为民间资本投向实体经济提供重要渠道。杭州明确打造财富管理中心的政策目标，有利于吸引更多综合性金融机构、财富管理机构进驻，有利于加速资金流、人才流、信息流的汇集，有利于放大杭州金融产业发展的"洼地效应"。金融机构与人才的集聚，也有望对城市消费形成拉动。更重要的是，财富管理机构的集聚有利于进一步盘活杭州乃至浙江的资本存量，聚沙成塔，为实体经济转型升级提供更有力的资本支持。

玉皇山南基金小镇预计在未来5年，集约化引进和培育100家以上、辐射带动周边300家以上各类私募（对冲）基金、私募证券期货基金、量化投资基金及相关财富管理中介机构，管理资产余额超过5000亿元人民币。在未来5~10年，推动杭州市私募（对冲）基金机构数和管理资产额在全国省会城市中占据榜首，推动浙江省私募基

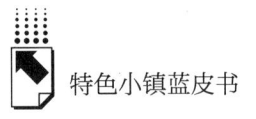

金机构数和管理资产额在全国省域经济中居于前列,成为与上海协同错位发展、民间资本活跃的财富管理高地。

5. 金融资本辐射效应

玉皇山南基金小镇在创建过程中,真正做到了引领浙江、辐射华东、服务全国,成为资本高地、金融体制改革创新平台。招商银行和贝恩资本联合发布的《2015中国私人财富报告》显示,全国可投资资产在1000万元以上的高净值人群超过100万人,其中上海、江苏和浙江都超过了10万人。浙江省民间资本存量达到1万亿元,是全国性的"资金洼地"和"资本高地"。当前,浙江已经成为全国金融改革最活跃的地区,提出要把金融产业打造为七大万亿级现代产业之一,持续做强主力金融,发挥主力支撑作用,打造"资金洼地""资本高地"。浙江银行业存贷比的平均水平高于全国。大量资金涌入浙江,又随着浙商足迹向外扩散,进入实体经济,一进一出,形成完整的循环体系。

杭州作为浙江省的省会城市和经济中心,高净值人群和企业总部的聚集度在长三角仅次于上海,是我国资本聚集度最高的城市之一。2015年,杭州市在中国证券基金业协会备案的私募基金管理机构达到104家,注册资本(认缴资本)为60.09亿元,分别占全省的55%和82.4%。备案私募基金42支,占全省的68.9%。在杭州还有许多阳光私募,有众多没有注册登记的私募团队。未来,杭州将成为长三角南翼最重要的区域金融中心,成为在全国有影响力的中小金融机构总部集聚区、财富管理机构集聚区和金融服务外包等公共服务基地。杭州私募基金集聚度和活跃度仅次于北京、上海和深圳,居于国内主要城市第四位。有关部门预计,10年后我国私募基金规模将达到7.8万亿元,比目前增长25倍,而杭州市私募基金行业未来10年有望争取到全国市场30%的份额。

以玉皇山南基金小镇为典型代表的杭州正在成为金融机构竞相进

驻的资本热土和金融高地，必将在金融资源的配置中起到越来越重要的作用，不仅仅能满足本地区的资金需求，更会在未来发挥资本的辐射作用。玉皇山南基金小镇创建时间虽然不长，但是产生的辐射效应非常大，对产业资本和金融资本进行了高效配置，为实体经济的腾飞装上了"加速器"。玉皇山南基金小镇运用金融资本的杠杆，撬动实体经济转型发展。目前，小镇"造血"实体经济的资金已经有800多亿元，受益企业600多家，涉及医药健康、节能环保、消费升级、先进制造等产业，帮助60多家企业成功上市。

三 中国范围内不同基金小镇的对比

（一）国内知名基金小镇发展现状

国内基金小镇大多兴起于近几年，普遍发展时间不长，但发展速度较快。目前在国内，北京、天津、浙江、新疆、福建等地都在打造自己的私募基金集聚中心。位于杭州的玉皇山南基金小镇、北京房山基金小镇、嘉兴南湖基金小镇、鄞州四明金融小镇、慈城基金小镇等，都已有相当数量的基金公司入驻。相对来说，当前发展较有代表性的主要是玉皇山南基金小镇、嘉兴南湖基金小镇和北京房山基金小镇，三者的基本发展情况见表1。

表1 国内知名基金小镇基本情况（截至2015年底）

小镇名称	正式成立时间	入驻企业（家）	资产管理规模（亿元）	税收（亿元）
嘉兴南湖基金小镇	2014年7月	1282	1500	3.20
玉皇山南基金小镇	2015年5月	402	2000	4
北京房山基金小镇	2015年7月	77	1500	—

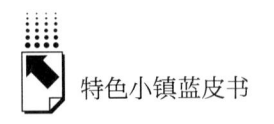

1. 嘉兴南湖基金小镇

位于浙江省嘉兴市的南湖基金小镇是国内首个基金小镇。2010年12月，在省委、省政府的关心支持和省级相关部门的帮助指导下，南湖区积极申报并获批成为全省首批七个金融创新示范区试点单位之一。在成功申报省级金融创新示范区后，南湖区委、区政府决定将要素需求较少、产出效应明显的股权投资业作为推进金融创新示范区建设的主导产业，并提出打造实体基金集聚地——基金小镇。南湖基金小镇总规划面积2.04平方公里，位于嘉兴市东南区域核心地块，具体在长水路以南、三环南路以北、三环东路以西、庆丰路以东地块，距嘉兴高铁站、沪杭高速公路出口均约2公里，区位优势明显。经过近几年的发展和培育，南湖基金小镇在吸引股权投资产业集聚、服务区域实体经济发展等方面取得了一定的成效。

一是基金小镇股权投资产业进一步集聚。截至2015年底，已累计引进股权投资类企业1282户。其中投资类管理公司210户，注册资金39.39亿元；投资类合伙企业1072户，认缴资金1500亿元，实缴资金600亿元。信业基金、华夏幸福、方兴地产、中兴创投、北京喜神、稳盛投资等国内知名机构新设基金加速向南湖区集聚设立。

二是基金小镇经济效益进一步体现。南湖基金小镇税收效益逐步释放，2015年实现税收3.2亿元，同比增长113%，2012~2015年年均税收增长超300%，实现了从百万元到千万元再到亿元的跨越。南湖基金小镇引进的基金共计投资项目33个，投资金额达129.31亿元。其中，投资嘉兴项目17个，投资金额达80.45亿元，为区域金融创新和转型升级提供了推动力。

三是基金小镇金品牌进一步打响。借助微博、官方微信、专题报道、集中采风、基金招商网、高层次峰会等形式开展多角度宣传，南湖基金小镇在业内取得了一定的品牌效应和较高的知名度，信业、鼎信、方兴地产等国内知名机构新设基金加速向南湖区集聚设立。同时，南湖基金小镇建设得到省市领导的高度重视，《南湖区打造"基金小镇"的做法和启示》等多篇信息获浙江省省长、副省长和嘉兴市委书记等省市领导批示。

2. 北京房山基金小镇

在京西房山区的长沟镇，一个新型的产业生态圈——基金小镇初现雏形。房山区政府将小镇定位为国内最大的以生态环保、智慧科技、宜居宜业、业城融合为主题的基金产业生态圈。小镇正整合产业链上下游资源，支持资产管理计划等家庭财富管理产品及其他财富管理产品的良性发展。据了解，截至2016年2月底，已经引进文资光大、国开城市发展基金、柒壹资本、追远财富等77家企业入驻，资产管理规模超过1500亿元。小镇还将培育孵化成熟的基金管理人和资产管理公司，并与北京大学、中央财经大学、沃顿商学院等合作成立研究院及基金研究中心和培训中心。北京房山基金小镇力争到2020年，引进、培育具有较大规模的基金机构超过500家，管理的资产总规模超过1万亿元。优质高效的服务平台、生态绿色的自然环境、配套齐全的基础设施、毗邻国家高速的便利交通，融合成为小镇建设产业生态圈的另一个"撒手锏"。北京房山基金小镇的一期工程（建筑面积32万平方米）已竣工并投入使用，包括办公基地、住宅及相关生活配套等。另外，总建筑面积2.78万平方米的北京房山基金小镇国际会议中心已在2015年投入使用。

3. 鄞州四明金融小镇

鄞州四明金融小镇位于浙江省宁波市。小镇引进量化投资、私募基金、财富管理等金融产业，定位国内一流的财富管理集聚区、长三角创新金融中心。已与华旗盛世、中钰资本签订战略合作协议，在鄞州区成立总规模超过100亿元的基金项目。依托小镇内的鄞州公园、

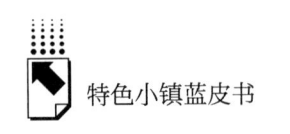

博物馆、商业广场等诸多社区资源，小镇管理部门还计划让小镇成为金融精英休闲聚会、高端沙龙以及开展财富教育、体验旅游的优先选择，以及金融精英的社交聚会区。四明金融小镇从产业政策和人才政策两大方面对优惠扶持政策加以细化，在落户开办、场地供给、贡献奖励、人才引进等方面对入驻机构予以扶持。

4. 金柯桥基金小镇

金柯桥基金小镇坐落在浙江省绍兴市。在与天堂硅谷成立产业转型升级基金后，绍兴柯桥区又有"双百产业""文创产业"等多只政府产业基金陆续诞生。经过各方近半年的努力，"金柯桥基金小镇"已初具规模，除政府产业基金落地外，另有30余家金融私募机构已签约落户柯桥。金柯桥基金小镇的发展目标是通过集聚一批有资质、有品牌的私募金融机构，力争到2018年底引进、培育100家以上私募金融机构。同时，借助产业基金的市场化运作，充分发挥市场在资源配置中的决定性作用，加大对产业转型升级的支持力度，促进柯桥区经济社会持续健康发展。

5. 慈城基金小镇

慈城基金小镇位于浙江省宁波市。慈城镇近年来不断强化优质服务理念，为投资商提供全程服务，及时跟踪和帮助企业解决经营中遇到的困难和问题，千方百计为投资者创造"放心、舒心、安心"的投资环境，使项目能够引得进、留得住、发展好。慈城基金小镇已集聚了200余家股权类企业，贡献税收超7亿元。

6. 梅山海洋金融小镇

梅山海洋金融小镇坐落在浙江省宁波市。该小镇将围绕多层次的海洋金融支持体系，重点发展航运基金、航运保险、船舶租赁以及航运价格衍生品等航运金融业务，发起设立海洋主题产业基金、海洋专业银行，集聚引进涉海私募股权、创投、并购重组等新兴海洋特色金融业态。根据规划，梅山海洋金融小镇核心区占地约1平方公里，3

年内计划总投资约50亿元。主要包括海洋金融创新基地、海洋金融高端会务区、滨海金融创意展示区、海洋金融研发培训实验区、金融机构高端私享互动区、金融信息服务公共平台区。

（二）国内基金小镇的共同特点

1.区域人文地理优势明显

玉皇山南基金小镇自然不必赘述。再看国内其他在建基金小镇，它们都具备区域人文地理优势。北京房山基金小镇，落地于"首都的后花园"房山区，房山地处北京西南部，是距离北京城区最近的郊区，有着优越的地理位置、绝佳的自然环境和便捷的交通路网。从这里出发抵达金融街，车程不超过1个小时。

再以嘉兴南湖基金小镇为例，它借鉴的是美国沙山路（Sand Hill Road）建设模式。沙山路位于美国加州的门洛帕克（Menlo Park），长度2~3公里，连接美国的州际公路I-280和阿尔卡米诺路（El Camino Real），是通向斯坦福大学和硅谷的重要路径。1972年，第一家风投机构在沙山路落户，风险资本极大地促进了硅谷的成长。1980年，苹果公司成功上市，吸引了更多风险资本来到硅谷，沙山路逐渐成为"风险资本"的代名词。嘉兴的地理环境和沙山路非常相似，地处中国最具经济活力的长江三角洲都市圈的中心位置，东接上海，北邻苏州，西连杭州，南濒杭州湾。距离中国的国际金融中心上海只有半个小时的高铁车程，南湖区完全借鉴沙山路的模式，目标是做一个中国版的沙山路。

2.区域经济发展水平较高

以北京房山基金小镇、杭州玉皇山南基金小镇和嘉兴南湖基金小镇为例可以明显看出，基金小镇所在区域的经济水平较发达（见表2），处于经济较有活力的地方，这为基金小镇的发展提供了良好的经济基础。

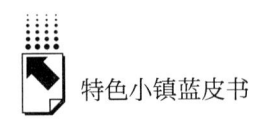

表2 基金小镇所在城市经济发展水平比较（2015年）

小镇名称	所在城市	所在城市地区生产总值（亿元）	所在城市地区生产总值全国排名	人均地区生产总值（万元）	城镇居民人均可支配收入（元）
房山基金小镇	北京	22968.6	2	10.58	52859
玉皇山南基金小镇	杭州	10053.6	10	11.31	48316
南湖基金小镇	嘉兴	3517.1	48	7.81	45499

北京市2015年实现地区生产总值近22968.6亿元，按可比价格计算，同比增长6.9%，增速比上年回落0.4个百分点；北京全市人均地区生产总值为10.58万元；按常住地分，城镇居民人均可支配收入为52859元，农村居民人均可支配收入为20569元。

杭州市2015年实现地区生产总值10053.58亿元，正式成为全国"万亿元俱乐部"成员。全市人均地区生产总值为11.31万元。根据世界银行划分贫富程度标准，杭州市已达到"富裕国家"水平，步入发展新阶段。2015年，杭州市城镇常住居民人均可支配收入为48316元，同比增长8.3%（扣除物价上涨因素实际增长6.4%）；农村常住居民人均可支配收入为25719元，同比增长9.2%。

嘉兴市2015年实现地区生产总值3517.06亿元，比上年增长7.0%。全年人均地区生产总值7.81万元。城镇常住居民人均可支配收入为45499元，农村常住居民人均可支配收入为26838元，均高于全省平均水平，分别排全省第4位和第1位。可以看出，尽管嘉兴地区生产总值仅在全国排在第48位，但是区域经济发展水平较高，农村常住居民的人均可支配收入排在全省第1位，显示出深厚的经济发展底蕴。

3. 区域金融生态环境良好

金融生态是指金融业生存和发展的外部环境及其对外部环境冲击的自我调控的制度安排。从广义上讲，金融生态环境包括政治环境、经济环境、法律环境、人文环境等方面。从狭义上讲，微观层面的金融生态环境包括法律、社会诚信体系、会计与审计准则、中介服务体系、企业改革、银企关系及金融企业的制度安排和服务水平等方面，各因素相互联系、相互依赖、相互作用，形成金融生态环境的有机整体。对基金小镇的建设来说，良好的区域金融生态环境既是金融产业集聚的主要动力，也是小镇可持续发展的重要保障。杭州市的区域金融环境在前面已有较为详细的分析。北京市作为地区生产总值仅次于上海的城市，有大量的金融机构的总部。到目前为止，北京是全国拥有金融机构总部最多的城市。与北京、杭州的基金小镇相比，其他基金小镇也基本上都具备较好的区域金融生态环境（见表3）。

表3 基金小镇所在城市的区域金融发展水平比较（2015年）

单位：亿元，家

城市	金融业增加值	金融机构存款余额	金融机构贷款余额	上市公司数量
北京	3926.30	128573	58559.4	265
杭州	978.03	29863.83	23327.95	118
嘉兴	243	5957	4919.82	40

以南湖基金小镇所在的嘉兴市为例，2015年末，嘉兴全市银行业纳入授信总额联合管理贷款余额1461亿元，占全部企业贷款余额的39.5%；由联合授信方式转型为银团贷款13项，累计新签银团数量列全省前三；共切断复杂担保链2600余条，涉及担保金额逾200亿元。全年累计处置不良贷款53.67亿元，年末不良贷款余额为60.12亿元，不良贷款率为1.22%，低于全省平均水平1.15个百分点，资产质量连续排全省第一。实现了企业银行融资利率负担、银行信贷资产不良率、企业资产负债率"三个全省最低"。2015年，嘉兴在全省率先成立2家专属命名的科技支行，并通过科技信贷风险补偿基金，将财政资金引入科技支行，鼓励科技支行按风险补偿基金的

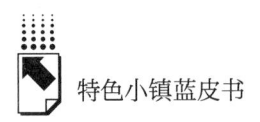

10倍进行授信。到2015年底，全市首批1200万元的科技企业投贷联动产品成功落地，市本级117家科技型企业拿到银行贷款7.12亿元，全市科技金融信贷余额达420亿元。同时，嘉兴市的金融支撑作用强于全省，直接融资规模也在持续扩大，金融服务质量有所改善。

4. 地方政府引导力度较大

在各个基金小镇的创建过程中，地方政府的引导力度较大，在政策的研究制定、政策的奖励力度及兑现可行性、注册的便捷程度，以及各类相关资源的提供和支持等方面都给予了较高程度的保障，为投资类企业的相关行政审批设立"绿色通道"，实现营业执照、印章、组织机构代码证、税务登记证、开户许可证等全套注册手续的简便化。

随着各地政府吸引私募基金落户的竞争趋于激烈，越来越多的私募基金发现，这种竞争正迅速演变为各地私募基金落户税收优惠幅度的比拼，甚至某些私募基金瞄准地方政府对招商引资的热情，要起了融资套利的把戏。全国范围内，地方政府出台了优厚的补贴和优惠政策，吸引金融服务领域租户入驻。比如，在北京的房山基金小镇，如果公司打算购买写字楼或公寓，政府将提供每平方米补贴2000元、最高补贴100万元的优惠。比如，杭州市的上城区政府专门成立了区私募（对冲）基金小镇领导小组，对基金小镇的政策优惠等进行研究、创新；活用现有政策资源，制定并实施了较为科学的扶持机制，实现了省市区三个层次扶持政策的叠加。目前，玉皇山南基金小镇的扶持政策涵盖企业所得税、营业税、落户奖励、购房补贴等诸多方面。

再看嘉兴南湖基金小镇，它非常注重服务环境、信用环境和诚信政府等投资软环境的打造。针对合伙企业注册登记的特殊性，招商人员主动协调工商、税务等部门，开辟基金注册登记的"绿色通道"，专人为企业提供"一站式"全程服务。（1）政策兑现服务。向符合入驻要求的企业提供政策鼓励，并遵守承诺，按时兑现政策，基金小镇服务人员全程协助政策奖励的申请。（2）基金注册服务。嘉兴南湖基金小镇为投资类企业的相关行政审批设立了"绿色通道"，完成营业执照、印章、组织机构代码证、税务登记证、开户许可证等全套注册手续仅需3个工作日（特殊情况可以更快办理），企业注册可以全程委托基金小镇服务人员制作资料及办理，免费提供注册地址，无须提供身份证原件，无须到场面签。（3）基金变更服务。嘉兴南湖基金小镇考虑到私募基金的特性——需要多次变更合伙企业信息，对于合伙企业信息变更也开通了相应的"绿色通道"，整个流程只需要3个工作日（特殊情况可以更快办理），企业变更合伙企业信息可以全程委托基金小镇服务人员制作资料及办理，无须提供身份证原件，无须到场面签。（4）基金迁入服务。嘉兴南湖基金小镇为原本在外地注册的企业，整理了迁入流程，开通了整个企业迁入的"绿色通道"，在收到档案资料后仅需3个工作日即可完成工商迁入程序（特殊情况可以更快办理），企业迁入后可协助企业领取变更后的档案。（5）基金清算服务。嘉兴南湖基金小镇考虑到私募的项目结束清算过程，专门为企业定制化整理清算流程。整个清算过程均由基金小镇服务人员与工商、税务沟通并整理相关资料。

（三）玉皇山南基金小镇智慧化架构的主要优势

城云科技（中国）有限公司凭借强大的技术服务运营能力，为基金小镇提供了从基础设施的建设到专业金融监管平台的全方位的智慧园区解决方案，主要包括四大方面内容：（1）基础IT设施，包括室内外无线访问接入点（Wireless Access Point）和IP电话；（2）智慧办公服务，主要是基于各种应用场景的视频会议系统；（3）智慧管理系统，包括园区管理平台、应急智慧中心、智慧停车系统、智慧安防、智慧消控等；（4）信息化综合管理平台，包括小镇行政管理

系统、小镇数据管理分析监控系统、小镇机构申报系统及小镇展示平台。玉皇山南基金小镇正是基于智慧化架构带来的领先优势，短短几年时间内已经成为国内基金小镇中的领先者，无论是发展速度还是产生的效应，都远远超过国内其他相似的基金小镇。

1. 小镇行政管理系统

玉皇山南基金小镇充分借鉴国际先进理念和运作模式，通过对行政管理体系进行智慧化改造，实现了管理上的创新。一是机构招引和运作管理模式的改造提升。充分运用"看得见的手"和"看不见的手"，以社会化、市场化、专业化的发展机制来运作招商引资工作。为全力推动自身建设，委托浙江省金融业发展促进会、永安期货股份有限公司和敦和资产管理有限公司开展招商。通过"产业链招商"和"生态圈建设"模式，开展专业化的园区发展和促进工作；提供从机构动员、落户服务、天使投资，到资本中介、基金募集、产品营销、业务协同等系列化的全产业链配套服务；动员国内大型金融机构、国际知名对冲基金入驻，为入驻机构提供资本对接服务和渠道对接服务。

二是政府工作机制的智慧化改造提升。进一步完善管委会相关管理规章制度，优化其工作职能，改进其工作方式，提高其办事效率。进一步做好建设体制改革，严格执行新的征收补偿工作实施机制。设立工商事务服务室，提供企业名称预先核准、企业登记注册、品牌培育、消费投诉处理等业务受理、咨询和指导服务。建立多方会商协调机制和定期数据分析机制，以区市场监管局为中间枢纽，联结省工商局、市市场监管局等有关方面。加强对拆迁安置、物业管理等矛盾纠纷易发多发领域问题的关注，进一步落实重大决策社会稳定风险评估工作。

三是行业组织、行业龙头企业和行业中介机构效率的提升。运用"人才+资本"双轮驱动模式和"雁阵式发展"模式，动员会员资源和产业链服务关系开展机构招引和配套服务工作，以集约化引进和培育各类私募（对冲）基金、私募证券期货基金、量化投资基金及相关财富管理中介等机构。

四是公共服务体制的智慧化改造提升。正式启用行政服务中心，大力推进"五证合一"快审快批，加速整合国税、地税、人力社保、市场监管等各部门资源，构建涵盖公共服务、工作、医疗、教育、休闲等功能的智慧化空间。实行"一站式"服务，协助企业做好项目申报、资金扶持对接、银企对接。组织做好各类政策解读、宣讲。进一步提升智能化管理水平，积极打造多网融合的数据处理中心。2016年5月28日，工商事务服务室正式进驻玉皇山南基金小镇；6月17日下午，第一本"五证合一"营业执照正式发放到企业手中。2016年9月28日，首张"五证合一、一照一码"营业执照发放。新执照在"五证合一"的基础上，将以往代表五个部门的五个号码统一为一个"统一社会信用代码"，实现了"一表申请、一网互联、信息共享、一照通用"功能，为小镇企业办事提供了诸多便利。基金小镇开展股权变更登记工作。深化"店小二"式服务，结合股权投资类企业投资人分散、变更频繁、时效要求高等实际需求，进一步简化私募基金的核名、股东变更等手续，采取"本人签名传真存底，管委会出具证明担保、股东本人延期补签"的方式，提升服务水平和效率。

2. 小镇数据管理分析监控系统

落实浙江省金融办、统计局以及发改委的统计要求，建立起日常运营工作的信息化管理机制，实现小镇智慧运营，打通小镇内外相关数据，做好企业资源对接服务。第一，玉皇山南基金小镇的一个重要成效是针对私募基金的行业特点，通过构建企业数据平台、启动风险应急机制、实施退出机制和设立专业研究机构，打造了一个稳健的区域金融风险监控机制。第二，玉皇山南基金小镇不断完善和优化数据采集机制，通过管委会与区统计局协作，打造企业数据平台，加强对基金公司的实时监控。以区市场监管局为中间枢纽，联结省工商局、市市场监管局，建立了多方会商协调机制和风险应急机制，实行对入驻企业的全面监管。第三，通过对违反自律公约或风控不合规、不到位的机构实施退出机制，从源头上防范金融风险。第四，通过设立私募基金研究院，建立私募基金管理人的评价和监测系统，开展私募基金领域风险防控和预警机制研究。

3. 小镇机构申报系统

近一年来，玉皇山南基金小镇注册的私募企业突破1800家，总管理规模突破6000亿元。对于基金小镇来说，监管是行业生存和发展的前提，监管越严，行业才能发展越好，尤其是随着小镇规模逐渐扩大，监管的必要性日渐凸显。2017年是私募监管元年，玉皇山南基金小镇始终把金融监管摆在首位，通过互联网、云计算、大数据等技术构建机构申报系统，提升监管效率，减少金融成本，力图建立一个健康、安全、有序的金融生态环境。该系统可帮助小镇实现对企业申报的无纸化监管和零公里审批，为双方节省了大量处理烦琐流程的时间。具体来说，一方面，企业可直接通过该系统向小镇发出申报请求；另一方面，小镇中每一家入驻企业在该系统上都有对应身份的唯一ID，企业的所有详细信息都登记在案，以供随时查阅，通过这个ID，政府及小镇的监管方可以对管理流程实现线上操作，避免备案信息不实、信息披露不完全的现象。

4. 小镇展示平台

玉皇山南基金小镇展示平台由三个子系统构成，分别为山南综合展示子系统、山南移动展示子系统（公众号微网站）、山南数据云中心。建成展示中心，作为对外交流展示的窗口；和省金融办合作，推进浙江省金融博物馆项目；和省科技厅、省教育厅合作，设立浙江省高校科技成果转化基地、杭州市科技成果转化中心；结合G20峰会在杭州举办,高标准、高品质举办好全球对冲基金西湖峰会。除此之外,结合自身特质,按照国际化标准,全方位打造金融机构优质服务功能平台。

一是打造企业发展平台。通过建设总面积达2000多平方米的创投社区服务中心,为金融企业提供项目路演、政策咨询等服务,启用目术塘小企业孵化器,扶持有潜力的金融小企业发展,构建了高端企业孵化平台;通过与各大银行、券商、期货等机构建立直通端口,引入股权交易中心和德勤中国等知名会计师、律师事务所,提供了私募基金"募、投、管、退"的全过程资源整合与对接平台;通过与彭博、Wind资讯、浙江对冲基金人才协会等合作打造全球化的信息交流平台,建设基金经理人之家(FMC),定期举办"小镇财富讲堂"等,形成了完善的中介服务平台。

二是打造生活服务平台。与邵逸夫医院合作建设国际医疗中心,面积达800平方米,小镇员工可以体验到国际化的医疗服务;建成娃哈哈国际学校,40名外籍员工子女已入学;加快推进国际化幼儿园建设,总用地面积8400平方米;启动南星地区社区文体中心项目,为企业员工提供文化体育休闲场所。

四 小结

随着世界经济加速向以网络信息技术产业为重要内容的经济活动转变,以信息化改造提升传统动能,提高供给质量和效率,助推供给侧结构性改革,推动传统产业数字化、智能化、网络化转型升级,是特色小镇建设以及发展的大趋势。在追求生产、生态、生活"三生融合"和打造更宜居、更可持续的特色小镇的发展理念指引下,能够解决实际问题、能够节能减排、能够人人参与的新型智慧小镇解决方案得到越来越多的关注和认可。在基金小镇的建设中采用互联网技术，以推行电子政务和建设智慧小镇为抓手，以数据集中和共享为途径，能够推动相关政府部门打破信息壁垒，有效提升小镇规划、建设、管理、服务的智慧化水平，并通过"互联网+教育""互联网+医疗""互联网+文化"等惠民工程，让互联网发展成果惠及小镇人民。玉皇山南基金小镇在相关方面的尝试，可以说取得了巨大的成功，成为特色小镇智慧化的典范。

参考文献

[1] 包勇：《未来科技城（海创园）：打造城西科创大走廊示范核心区》，《浙江日报》2017年9月7日，第007版。

[2] 车欣薇、部慧等：《一个金融集聚动因的理论模型》，《管理科学学报》2012年第3期，第16～29页。

[3] 陈道亮：《之江实验室落户杭州人工智能小镇》，《杭州日报》2017年9月7日，第016版。

[4] 陈向阳：《金融中介、金融集聚与区域经济增长——基于广东省16个城市的面板数据》，《产业经济评论（山东）》2016年第1期，第48～64页。

[5] 程鹏宇：《乌镇指数正式发布》，《杭州日报》2016年11月19日，第003版。

[6] 邓薇、吕勇斌、赵琼：《区域金融集聚评价指标体系的构建与实证分析》，《统计与决策》2015年第19期，第153～155页。

[7] 丁艺、李靖霞、李林：《金融集聚与区域经济增长——基于省际数据的实证分析》，《保险研究》2010年第2期，第20～30页。

[8] 丁艺、李林、李斌：《金融集聚与区域经济增长关系研究》，《统计与决策》2009年第6期，第131～134页。

[9] 杭州城西科创产业集聚区：《杭州城西科创大走廊加速推进人工智能小镇建设发展》，http://www.hzcxkc.gov.cn/content.php?id=831，2017年10月18日。

[10] 何宜庆、吕弦：《我国东中部地区城市群金融集聚辐射分析》，《生态经济》2015年第5期，第45~48页。

[11] 黄解宇、杨再斌：《金融集聚论》，北京：中国社会科学出版社，2006。

[12] 黄永兴、徐鹏、孙彦骊：《金融集聚影响因素及其溢出效应——基于长三角的实证分析》，《投资研究》2011年第8期，第111~119页。

[13] 李超、张玉华：《基于空间面板数据模型的中国省域金融集聚及其影响因素研究》，《金融管理研究》2014年第2期，第107~127页。

[14] 李红、王彦晓：《金融集聚、空间溢出与城市经济增长——基于中国286个城市空间面板杜宾模型的经验研究》，《国际金融研究》2014年第2期，第89~96页。

[15] 李冕：《金融集聚的成因、演化和效应：一个综述》，《财经界（学术版）》2015年第2期，第8~9页。

[16] 梁琳：《金融服务业集聚机制的研究综述》，《管理观察》2016年第4期，第163~165页。

[17] 刘红、叶耀明：《交易费用视角下的金融集聚效应》，《金融理论与实践》2007年第12期，第11~13页。

[18] 刘红、叶耀明：《金融集聚与区域经济增长：研究综述》，《经济问题探索》2007年第11期，第46~52页。

[19] 刘军、黄解宇、曹利军：《金融集聚影响实体经济机制研究》，《管理学刊》2007年第4期，第152~153页。

[20] 刘沛、黎齐：《金融集聚对产业结构提升的空间外溢效应研究——以广东省为例》，《科技管理研究》2014年第10期，第187~192页。

[21] 潘英丽：《论金融中心形成的微观基础——金融机构的空间集聚》，《上海财经大学学报》2003年第1期，第50~57页。

[22] 任英华、姚莉媛：《金融集聚核心能力评价指标体系与模糊综合评价研究》，《统计与决策》2010年第11期，第32~34页。

[23] 沈芳明：《7月9日，中国（杭州）人工智能小镇开园》，《杭州

日报》2017年7月10日，第003版。

[24] 沈豪杰:《在中国，如何成功创建人工智能小镇?》，http://news.xinhuanet.com/itown/2017-01/16/c_135987004.htm，2017年1月16日。

[25] 沈明羿:《基于SWOT分析的互联网产业发展策略研究——以杭州未来科技城为例》，《经济研究导刊》2017年第21期，第24~27页。

[26] 施卫东:《城市金融产业集聚对产业结构升级影响的实证分析——以上海为例》，《经济经纬》2010年第6期，第132~136页。

[27] 寿伟义、章正平、潘学冬、王宪保、王辛刚:《杭州市人工智能产业发展现状及对策研究》，《杭州科技》2017年第2期，第11~15页。

[28] 腾讯研究院:《2017全球人工智能人才白皮书》，http://36kr.com/p/5105918.html，2017年12月2日。

[29] 腾讯研究院:《中美两国人工智能产业发展全面解读》，https://wenku.baidu.com/view/0302a46711661ed9ad51f01dc281e53a5802512c.html?from=search，2017年7月26日。

[30] 王璠:《金融机构集聚因素模型分析——以长江三角洲为例》，《现代经济信息》2013年第15期，第334~335页。

[31] 徐晓光、许文、郑尊信:《金融集聚对经济转型的溢出效应分析：以深圳为例》，《经济学动态》2015年第11期，第90~97页。

[32] 尹力波:《人工智能发展报告（2016~2017）》，北京：社会科学文献出版社，2017，第16~18页。

[33] 浙江省交通运输厅:《郭剑彪厅长就杭州城西科创大走廊综合交通规划方案答记者问》，http://www.zjt.gov.cn/art/2016/10/18/art_73_957249.html，2016年10月18日。

[34] 周凯、刘帅:《金融资源空间集聚对经济增长的空间效应分析——基于中国省域空间面板数据的实证分析》，《投资研究》2013年第1期，第75~88页。

[35] Beck, T., A. Demirguc-Kunt, V. Maksimovic, "Financing Patterns around the World: Are Small Firms Different?," *Journal of*

Financial Economics, 2008, 89 (3): 467 – 487.

[36] Brenner, T., N. Weigelt, "The Evolution of Industrial Clusters: Simulating Spatial Dynamics," *Advances in Complex Systems*, 2001, (1): 127 – 147.

[37] Kindleberger, C. P., "The Formation of Financial Centers: A Study in Comparative Economic History," Princeton Studies in International Finance Princeton, 2011, (3): 258 – 305.

[38] Li Jing, Bai Jiang, "Measurement of Regional Financial Agglomeration Level in China," *Seeking Truth*, 2014, (7): 52 – 58.

[39] Pandit, N. R., Gary A. S. Cook and Peter G. M. Swann, "The Dynamic of Industrial Clustering in British Financial Services," *The Service Industrial Journal*, 2001, (21): 33 – 61.

[40] Sokol, M., "Space of Flows, Uneven Regional Development, and the Geography of Financial Services in Ireland," *Growth and Change*, 2007, 38 (2): 224 – 259.

[41] Wang Lei, "Areview of the Research on Financial Industry Agglomeration and Economic Growth," *China Management Information*, 2013, (8): 38 – 39.

[42] Zhao, X. B., "Spatial Restructuring of Financial Centers in Mainland China and Hong Kong: Geography of Finance Perspective," *Urban Affairs Review*, 2003, 38 (4): 535 – 571.

附 录

Appendix

B.9 中国特色小镇智慧化大事记

陈菲菲 向社赟 徐 杰

中国的特色小镇,兴起于浙江,壮大于长三角。特色小镇建设是推动中国经济转型升级的重大举措,也是新型城镇化的重要载体。

我国特色小镇的灵感来自国外的特色小镇,如瑞士的达沃斯温泉/会展/运动小镇、美国的布兰森音乐小镇、法国的格拉斯香水小镇,它们产业富有特色,文化独具韵味,生态充满魅力,主客尽享福祉。

浙江是我国特色小镇建设的"代表"。在2015年的浙江省两会上,浙江省人民政府工作报告这样描绘特色小镇:"以新理念、新机制、新载体推进产业集聚、产业创新和产业升级。"在2015年初省政府工作报告出炉之后,特色小镇便吸引了各方关注,全省各地对打造特色小镇已蓄势待发。根据规划,接下来三年里浙江将重点培育100

个特色小镇，在产业上聚焦信息、环保、健康、旅游、时尚、金融、高端装备制造等七大产业，兼顾茶叶、丝绸、黄酒、中药、青瓷、木雕、根雕、石雕、文房等历史经典产业。

2015年4月，浙江省政府出台了《浙江省人民政府关于加快特色小镇规划建设的指导意见》，对特色小镇的创建程序、政策措施等做出了规划，并提出加快规划建设一批特色小镇是省委、省政府从推动全省经济转型升级和城乡统筹发展大局出发做出的一项重大决策。浙江特色小镇的形态"小而美"，是城乡之间的诗意联结，是"产城人文"一体的复合载体。

2015年底，中共中央总书记、国家主席习近平对特色小镇、小城镇建设做出重要批示："从浙江和其他一些地方的探索实践看，抓特色小镇、小城镇建设大有可为，对经济转型升级、新型城镇化建设，都具有重要意义。"国务院总理李克强和副总理张高丽也先后对特色小镇和小城镇建设做出重要批示，要求各地学习浙江经验，重视特色小镇和小城镇的建设发展，着眼供给侧培育小镇经济，走出新型的小城镇之路。

2016年2月，《国务院关于深入推进新型城镇化建设的若干意见》发布，明确提出加快培育特色小城镇，发展具有特色优势的休闲旅游、商贸物流、信息产业、先进制造、民俗文化传承、科技教育等魅力小镇。一时间，特色小镇成为旅游新业态的热门词汇。

2016年3月，《中华人民共和国国民经济和社会发展第十三个五年规划纲要》提出加快发展中小城市和特色镇，因地制宜发展特色鲜明、产城融合、充满魅力的小城镇。

2016年7月，住建部、国家发改委、财政部联合发出《关于开展特色小镇培育工作的通知》，提出在全国范围内开展特色小城镇培育工作，到2020年，培育1000个左右各具特色、富有活力的休闲旅游、商贸物流、现代制造、教育科技、传统文化、美丽宜居等特色小镇，引

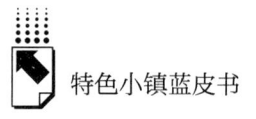
特色小镇蓝皮书

领带动全国小城镇建设，不断提高建设水平和发展质量。特色小镇的培育要符合以下要求：特色鲜明的产业形态，和谐宜居的美丽环境，彰显特色的传统文化，便捷完善的设施服务，充满活力的体制机制。

2016年8月，住建部发布《关于做好2016年特色小镇推荐工作的通知》，明确了各省市推荐上报2016年特色小镇工作的各项细节，特色小镇推荐上报工作进入实质性开展阶段。

2016年10月，住建部和中国农业发展银行联合发布《关于推进政策性金融支持小城镇建设的通知》，明确指出要充分发挥政策性金融的作用，支持以转移农业人口、提升小城镇公共服务水平和提高承载能力为目的的基础设施和公共服务设施建设，支持为促进小城镇特色产业发展提供平台支撑的配套设施建设，优先支持贫困地区的小城镇建设，统筹融资需求。

2016年10月，国家发改委发布了《关于加快美丽特色小（城）镇建设的指导意见》，为建设完善特色小镇提供了更新、更全面的指导意见，提出：总结推广浙江等地特色小镇发展模式，立足产业"特而强"、功能"聚而合"、形态"小而美"、机制"新而活"，将创新性供给与个性化需求有效对接，打造创新创业发展平台和新型城镇化有效载体；按照控制数量、提高质量，节约用地、体现特色的要求，统筹地域、功能、特色三大重点，以镇区常住人口5万以上的特大镇、镇区常住人口3万以上的专业特色镇为重点，兼顾多类型多形态的特色小镇，因地制宜建设美丽特色小（城）镇。

2016年10月，根据《关于开展特色小镇培育工作的通知》（建村〔2016〕147号）的精神和相关规定，在各地推荐的基础上，经专家复核，会签国家发展改革委、财政部，住建部认定北京市房山区长沟镇等127个镇为第一批中国特色小镇。

2016年12月，在总结近年来企业参与城镇建设运营行之有效的经验基础上，国家发展改革委、国家开发银行、中国光大银行、中国企业联合会、中国企业家协会、中国城镇化促进会联合发布了《关于实施"千企千镇工程"推进美丽特色小（城）镇建设的通知》，开启了政企银社联合推进特色小（城）镇建设的新探索。

2016年12月，中共中央、国务院联合发布《关于深入推进农业供给侧结构性改革加快培育农业农村发展新动能的若干意见》，提出培育宜居宜业特色村镇，围绕有基础、有特色、有潜力的产业，建设一批农业文化旅游"三位一体"、生产生活生态同步改善、一产二产三产深度融合的特色村镇；支持各地加强特色村镇产业支撑、基础设施、公共服务、环境风貌等建设。

2017年1月，国家发改委与国家开发银行联合发布《关于开发性金融支持特色小（城）镇建设促进脱贫攻坚的意见》，为深入推进特色小（城）镇建设与脱贫攻坚战略相结合，将向特色小（城）镇提供金融支撑，从而带动区域性脱贫，打赢脱贫攻坚战。

2017年1月，住建部与国家开发银行联合发布《关于推进开发性金融支持特色小城镇建设的通知》提出三项重点支持内容：支持以农村人口就地城镇化、提升小城镇公共服务水平和提高承载能力为目的的设施建设；支持促进小城镇产业发展的配套设施建设；支持促进小城镇宜居环境塑造和传统文化传承的工程建设。

2017年4月，住房和城乡建设部、中国建设银行联合发布《关于推进商业金融支持小城镇建设的通知》，要求支持改善小城镇功能、提升发展质量的基础设施建设。中国建设银行将统筹安排年度信贷投放总量，加大对小城镇建设的信贷支持力度。对纳入全国小城镇建设项目储备库的推荐项目，予以优先受理、优先评审和优先投放贷款。

2017年5月，《体育总局关于推动运动休闲特色小镇建设工作的通知》提出：到2020年，在全国扶持建设一批体育特征鲜明、文化气息浓厚、产业集聚融合、生态环境良好、惠及人民健康的运动休闲特色小镇；带动小镇所在区域体育、健康及相关产业发展，打造各具

特色的运动休闲产业集聚区,形成与当地经济社会相适应、良性互动的运动休闲产业和全民健身发展格局;推动中西部贫困落后地区在整体上提升公共体育服务供给和经济社会发展水平,增加就业岗位和居民收入,推进脱贫攻坚工作。

2017年6月,《农业部关于组织开展农业特色互联网小镇建设试点工作的通知》提出:力争在2020年试点结束以前,原则上以县(市、区)或垦区为单位,在全国建设、运营100个农业特色优势明显、产业基础好、发展潜力大、带动能力强的农业特色互联网小镇。在小镇内,培育一批经济效益好、辐射带动强的新型农业经营主体,打造一批优势特色明显的农业区域公用品牌、企业品牌和产品品牌,将小镇培育成农业农村经济的重要支柱。

2017年7月,《住房城乡建设部关于保持和彰显特色小镇特色若干问题的通知》针对国内特色小镇培育尚处于起步阶段,部分地方存在不注重特色的问题,提出各地要坚持按照绿色发展的要求,有序推进特色小镇的规划建设发展。一是尊重小镇现有格局、不盲目拆老街区。二是保持小镇宜居尺度、不盲目盖高楼。三是传承小镇传统文化、不盲目搬袭外来文化。

2017年7月,《国家林业局办公室关于开展森林特色小镇建设试点工作的通知》指出,国家林业局决定在国有林场和国有林区开展森林特色小镇建设试点工作,为全面推进森林特色小镇建设探索路子、总结经验。在森林资源丰富、生态环境良好的国有林场和国有林区林业局的场部、局址、工区等适宜地点,重点利用老旧场址工区、场房民居,通过科学规划设计、合理布局,建设接待设施齐全、基础设施完备、服务功能完善,以提供森林观光游览、休闲度假、运动养生等生态产品与生态服务为主要特色的,融合产业、文化、旅游、社区功能的创新发展平台。

2017年8月,为贯彻落实党中央、国务院关于推进特色小镇建设的部署，按照《住房城乡建设部关于保持和彰显特色小镇特色若干问题的通知》（建村〔2017〕144号）和《住房城乡建设部办公厅关于做好第二批全国特色小镇推荐工作的通知》（建办村函〔2017〕357号）的要求，在各地择优推荐的基础上，经组织现场答辩、专家评审和公示，住建部认定北京市怀柔区雁栖镇等276个镇为第二批全国特色小镇。要求各省（区、市）住房城乡建设部门要做好特色小镇建设工作的指导、支持和监督，进一步保持和彰显特色小镇特色，同时，督促检查第二批特色小镇按照专家评审意见予以整改。

2017年8月，国家体育总局发布《关于公布第一批运动休闲特色小镇试点项目名单的通知》，指出经对各省、自治区、直辖市体育局，体育总局有关直属单位和中国足球协会推荐的运动休闲特色小镇申报项目进行筛选，决定将北京市房山区张坊运动休闲特色小镇等96个项目列为第一批运动休闲特色小镇试点项目，并对项目建设提出相关要求：充分认识做好运动休闲特色小镇试点项目建设的重大意义；进一步优化和完善运动休闲特色小镇建设规划；充分发挥市场主体作用；突出体育特色，形成产业链和服务圈；积极探索体育扶贫新模式；充分发挥政府引导作用，合法合规、积极稳妥地推进项目建设，防范风险发生。

2017年10月，《农业部办公厅关于开展农业特色互联网小镇建设试点的指导意见》指出，为进一步规范农业特色互联网小镇建设，厘清建设的总体思路、融资模式、重点任务和机制路径，提出坚持政府引导、市场主体，坚持创新驱动，坚持绿色发展，坚持合作共赢，坚持试点先行的基本原则。力争到2020年，在全国范围内试点建设、认定一批产业支撑好、体制机制灵活、人文气息浓厚、生态环境优美、信息化程度高、多种功能叠加、具有持续运营能力的农业特色互联网小镇，以完成建设一批农业特色互联网小镇、探索一批农业农村数字经济发展的新业态新模式、培育一批绿色生态优质安全的农业品

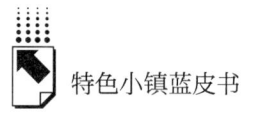

牌的试点任务。

2017年11月，杭州市余杭区人民政府、浙江在线新闻网站、联通（浙江）产业互联网有限公司在中国产业互联网高地余杭临平产业互联网小镇联合主办了特色小镇产业互联网（2017年）峰会暨浙江省特色小镇信息技术产业技术联盟成立大会。会上，浙江省特色小镇信息技术产业技术联盟揭牌成立，并联合中国联通产业互联网研究院一起正式公开发布中国第一部《特色小镇智慧化顶层设计白皮书》。

2017年12月，国家发改委、国土部、环保部、住建部联合发布的《关于规范推进特色小镇和特色小城镇建设的若干意见》称，近年来，在各地积极稳妥推进特色小镇和小城镇建设过程中，出现了概念不清、定位不准、急于求成、盲目发展以及市场化不足等问题，有些地区甚至存在政府债务风险加剧和房地产化的苗头。为此，该意见明确指出：特色小镇建设不搞区域平衡、产业平衡、数量要求和政绩考核，防止盲目发展、一哄而上；防止千镇一面和房地产化；防止政绩工程和形象工程；防止政府大包大揽和加剧债务风险。并明确了推进特色小镇和特色小镇建设的五大基本原则，即坚持创新探索、坚持因地制宜、坚持产业建镇、坚持以人为本和坚持市场主导。对此，国务院有关部门将对已公布的两批403个全国特色小城镇、96个全国运动休闲特色小镇等，开展定期测评和优胜劣汰。

2017年12月，农业部发布《关于支持创建农村一二三产业融合发展先导区的意见》，提出要按照"一年有规划、两年有起色、三年见成效"的总体安排，力争在全国范围内培育打造和创建一批产业融合方式先进、经济效益显著、产业集群发展高效、与农民利益联结紧密的融合发展先导区，形成多元化的融合发展新模式新经验，着力促进农民就业创业，拓宽增收渠道，构建现代农业生产体系、产业体系和经营体系，推动农村产业兴旺，助推美丽乡村和美丽中国建设，为实施乡村振兴战略，实现农业农村现代化提供强有力的支撑。

社会科学文献出版社　　**皮书系列**

❖ 皮书起源 ❖

"皮书"起源于十七、十八世纪的英国,主要指官方或社会组织正式发表的重要文件或报告,多以"白皮书"命名。在中国,"皮书"这一概念被社会广泛接受,并被成功运作、发展成为一种全新的出版形态,则源于中国社会科学院社会科学文献出版社。

❖ 皮书定义 ❖

皮书是对中国与世界发展状况和热点问题进行年度监测,以专业的角度、专家的视野和实证研究方法,针对某一领域或区域现状与发展态势展开分析和预测,具备原创性、实证性、专业性、连续性、前沿性、时效性等特点的公开出版物,由一系列权威研究报告组成。

❖ 皮书作者 ❖

皮书系列的作者以中国社会科学院、著名高校、地方社会科学院的研究人员为主,多为国内一流研究机构的权威专家学者,他们的看法和观点代表了学界对中国与世界的现实和未来最高水平的解读与分析。

❖ 皮书荣誉 ❖

皮书系列已成为社会科学文献出版社的著名图书品牌和中国社会科学院的知名学术品牌。2016年,皮书系列正式列入"十三五"国家重点出版规划项目;2013~2018年,重点皮书列入中国社会科学院承担的国家哲学社会科学创新工程项目;2018年,59种院外皮书使用"中国社会科学院创新工程学术出版项目"标识。

权威报告·一手数据·特色资源

皮书数据库
ANNUAL REPORT(YEARBOOK) DATABASE

当代中国经济与社会发展高端智库平台

所获荣誉

- 2016年，入选"'十三五'国家重点电子出版物出版规划骨干工程"
- 2015年，荣获"搜索中国正能量 点赞2015""创新中国科技创新奖"
- 2013年，荣获"中国出版政府奖·网络出版物奖"提名奖
- 连续多年荣获中国数字出版博览会"数字出版·优秀品牌"奖

成为会员

通过网址www.pishu.com.cn或使用手机扫描二维码进入皮书数据库网站，进行手机号码验证或邮箱验证即可成为皮书数据库会员（建议通过手机号码快速验证注册）。

会员福利

- 使用手机号码首次注册的会员，账号自动充值100元体验金，可直接购买和查看数据库内容（仅限使用手机号码快速注册）。
- 已注册用户购书后可免费获赠100元皮书数据库充值卡。刮开充值卡涂层获取充值密码，登录并进入"会员中心"—"在线充值"—"充值卡充值"，充值成功后即可购买和查看数据库内容。

数据库服务热线：400-008-6695
数据库服务QQ：2475522410
数据库服务邮箱：database@ssap.cn
图书销售热线：010-59367070/7028
图书服务QQ：1265056568
图书服务邮箱：duzhe@ssap.cn

中国社会发展数据库（下设12个子库）

全面整合国内外中国社会发展研究成果，汇聚独家统计数据、深度分析报告，涉及社会、人口、政治、教育、法律等12个领域，为了解中国社会发展动态、跟踪社会核心热点、分析社会发展趋势提供一站式资源搜索和数据分析与挖掘服务。

中国经济发展数据库（下设12个子库）

基于"皮书系列"中涉及中国经济发展的研究资料构建，内容涵盖宏观经济、农业经济、工业经济、产业经济等12个重点经济领域，为实时掌控经济运行态势、把握经济发展规律、洞察经济形势、进行经济决策提供参考和依据。

中国行业发展数据库（下设17个子库）

以中国国民经济行业分类为依据，覆盖金融业、旅游、医疗卫生、交通运输、能源矿产等100多个行业，跟踪分析国民经济相关行业市场运行状况和政策导向，汇集行业发展前沿资讯，为投资、从业及各种经济决策提供理论基础和实践指导。

中国区域发展数据库（下设6个子库）

对中国特定区域内的经济、社会、文化等领域现状与发展情况进行深度分析和预测，研究层级至县及县以下行政区，涉及地区、区域经济体、城市、农村等不同维度。为地方经济社会宏观态势研究、发展经验研究、案例分析提供数据服务。

中国文化传媒数据库（下设18个子库）

汇聚文化传媒领域专家观点、热点资讯，梳理国内外中国文化发展相关学术研究成果、一手统计数据，涵盖文化产业、新闻传播、电影娱乐、文学艺术、群众文化等18个重点研究领域。为文化传媒研究提供相关数据、研究报告和综合分析服务。

世界经济与国际关系数据库（下设6个子库）

立足"皮书系列"世界经济、国际关系相关学术资源，整合世界经济、国际政治、世界文化与科技、全球性问题、国际组织与国际法、区域研究6大领域研究成果，为世界经济与国际关系研究提供全方位数据分析，为决策和形势研判提供参考。

法律声明

"皮书系列"(含蓝皮书、绿皮书、黄皮书)之品牌由社会科学文献出版社最早使用并持续至今,现已被中国图书市场所熟知。"皮书系列"的相关商标已在中华人民共和国国家工商行政管理总局商标局注册,如 LOGO( )、皮书、Pishu、经济蓝皮书、社会蓝皮书等。"皮书系列"图书的注册商标专用权及封面设计、版式设计的著作权均为社会科学文献出版社所有。未经社会科学文献出版社书面授权许可,任何使用与"皮书系列"图书注册商标、封面设计、版式设计相同或者近似的文字、图形或其组合的行为均系侵权行为。

经作者授权,本书的专有出版权及信息网络传播权等为社会科学文献出版社享有。未经社会科学文献出版社书面授权许可,任何就本书内容的复制、发行或以数字形式进行网络传播的行为均系侵权行为。

社会科学文献出版社将通过法律途径追究上述侵权行为的法律责任,维护自身合法权益。

欢迎社会各界人士对侵犯社会科学文献出版社上述权利的侵权行为进行举报。电话:010-59367121,电子邮箱:fawubu@ssap.cn。

社会科学文献出版社